Peter Hahnen
Liederzünden!

In Zusammenarbeit mit der
„Arbeitsstelle für Jugendseelsorge der Deutschen Bischofskonferenz"

arbeitsstelle für jugendseelsorge
der Deutschen Bischofskonferenz

Peter Hahnen

Liederzünden!

Theologie und Geschichte
des Neuen Geistlichen Liedes

Lahn-Verlag
Verlag Haus Altenberg

Fotonachweis
Seite 165: privat; alle anderen Fotos: Peter Hahnen

Bibliografische Information der Deutschen Nationalbibliothek

Die Deutsche Nationalbibliothek verzeichnet diese Publikation in der Deutschen Nationalbibliografie; detaillierte bibliografische Daten sind im Internet über http://dnb.d-nb.de abrufbar.

ISBN 978-3-7840-3433-1 (Lahn-Verlag)
ISBN 978-3-7761-0236-9 (Verlag Haus Altenberg)

© 2009 Lahn-Verlag GmbH, 47623 Kevelaer, Deutschland,
www.lahn-verlag.de
Alle Rechte vorbehalten.
Umschlagabbildung: © Tatiana Grozetskaya – Fotolia.com
Umschlaggestaltung: Elisabeth von der Heiden, Geldern
Satz: Schröder Media GbR, Dernbach

Inhalt

Geleitwort
Prof. Dr. Wolfgang Bretschneider,
Präsident des Allgemeinen Cäcilien-Verbands für Deutschland 9

Vorwort 11

Teil I: Von Liedern und Menschen
Theologische Würdigung des Neuen Geistlichen Liedes 13

Einleitung: Liederzünden so oder so 14

Historische Vergewisserung. Oder: Kein Wohin ohne Woher! 16

Abgrenzungen des NGL. Oder: Kein Profil ohne Kanten 24
Erstes Profilmerkmal: Reproduzierbarkeit 24
    Stichwort: musikalische Faktur 24
    Stichwort: Besetzung 26
Zweites Profilmerkmal: Sitz im Leben 26
    Stichworte: Gemeinde und Gottesdienst 26
Drittes Profilmerkmal: Entstehungszusammenhang 28
    Stichwort: Situationsbezug 28
    Stichwort: Merkantilität 30
Weitere Profilpunkte im Überblick 32

Theologische Relevanz und Perspektiven
des Neuen Geistlichen Liedes (NGL) 35
Wo steht das NGL heute? 35
Quo vadis NGL? 39
    Trend gegen die Lieder-Müdigkeit 39
    Mehr gutes Neues, als mancher denken möchte 40
    Gründe für das Verharren im alten Neuen 40
    Das Singen des Neuen entdecken 42
    Die Wasserscheide Merkantilisierung 43
Auf die Praxis schauen 44

Aktuelle Programmatik des NGL 48

Kirchenmusik mit Signalcharakter 51
Der Nutzen des Gesangs 52
Was soll im Gottesdienst gesungen werden? 54
Kein Begriff vom Lied in der Liturgie
   ohne einen Begriff von Liturgie 55
Noch einmal: Was soll gesungen werden? 56
Erwartungen an (neue) Lieder 57

Ist das NGL tot? 58

Teil II: Aus der Werkstatt
Gespräche mit Textern und Komponisten 61

„Die Lieder leben weiter"
Alois Albrecht im Gespräch 62

„Gott in unserer Mitte feiern"
Fritz Baltruweit im Gespräch 71

„Der Reim ist eine Falle"
Alexander Bayer im Gespräch 87

„Damit etwas von der Nähe Gottes zu spüren ist"
Norbert M. Becker im Gespräch 110

„Christentum ist menschgewordene Hoffnung"
Peter Janssens im Gespräch 123

„Lieder haben eine Wirkung"
Thomas Laubach im Gespräch 146

„Ich bin ein optimistisch zweifelnder Sucher"
Gregor Linßen im Gespräch 165

„Ich hab das Träumen noch nicht aufgegeben"
Thomas Quast im Gespräch 188

„Wir brauchen eine Liturgie, die mit unserem Leben zu tun hat"
Kathi Stimmer-Salzeder im Gespräch 202

„Nix geht flöten! Alles kommt!"
Wilhelm Willms im Gespräch 222

Anhang

Tipps, Kontakte, Lesehinweise 237

Der Autor 239

Geleitwort

Die Gefahr, sich beim Thema „Neues Geistliches Lied" die Finger zu verbrennen, scheint wieder größer zu werden. Pauschalverdächtigungen und Generalverurteilungen aus den „wilden Jahren" nach dem Zweiten Vatikanischen Konzil „feiern" zum Teil an prominenter Stelle wieder fröhliche Urständ. Auf kirchenmusikalischen Tagungen und Symposien wettert und kämpft man in jüngster Zeit wieder vermehrt gegen die verheerenden Auswirkungen der Popularmusik in der Kirche: Zerstörung der hochwertigen Kirchenmusiktradition, Ausverkauf der einst so hoch stehenden Musikkultur, Banalisierung des heiligen Kultes. Nun bin ich weit davon entfernt, faktische Missstände, fatale Entwicklungen in der Kirchenmusik zu leugnen oder zu vertuschen. Es gab und gibt sie. Wo ich sie erlebe, tun sie mir weh. Das bringt mich aber nicht dazu, einen neuen kirchenmusikalischen Fundamentalismus auferstehen zu lassen. Es war schon immer einfacher, die Welt – auch und gerade die kirchenmusikalische – in Schwarz und Weiß einzutauchen und die Menschen in rechte und linke, gotterfüllte und gottlose, wahre und falsche einzuteilen. Gerade in Zeiten der Orientierungslosigkeiten lauert die Gefahr der „terribles simplificateurs" überall.
Rattenfänger haben Hochkonjunktur. Wer sich mit der Geschichte der Kirchenmusik auch nur ein wenig beschäftigt hat, weiß, welche Höhen und Tiefen – zuweilen auch Untiefen – sie in früheren Jahrhunderten durchschritten hat. Wer zum Beispiel die Jahre vor dem II. Vaticanum noch miterlebt hat, wird ehrlicherweise nicht behaupten können, dass die Qualität der gottesdienstlichen Musik über jeden Zweifel erhaben gewesen wäre. Es hat eine beeindruckende Musikkultur gegeben, aber auch eine Musikpraxis, die der heiligen Liturgie unwürdig war. Dies bezieht sich sowohl auf die Qualität von Werken wie auf ihre Ausführung. Papst Benedikt XVI. hat deshalb Recht, wenn er fordert, dass auch die „musica sacra" sich immer wieder einem Reinigungsprozess zu unterwerfen habe.
Das Thema Neues Geistliches Lied (NGL) ist ein außerordentlich differenziertes und vielschichtiges, was schon mit dem Problem seiner Definition beginnt. Deshalb verbieten sich vorschnelle und plakative Urteile, meist sind es ja Verurteilungen. Wenn das vorliegende Buch „Liederzünden" es sich zur Aufgabe gemacht hat, Licht in den NGL-Nebel zu bringen, indem es Wegbereiter und Weggefährten zu Wort kommen lässt, dann ist dies mehr als verdienstvoll. Es bietet damit die Chance, sich nicht mehr auf Vermutungen, Anmutungen und selbst gezüchtete Emotionalitäten zu versteifen, vielmehr authentische Zeugen

zu hören und ihren Zielen und Visionen nachzuspüren. Sie sollen damit nicht heiliggesprochen werden. Das wollten und wollen sie selbst am allerwenigsten. Aber dass man sie anhört, ihren ehrlichen Absichten traut, das können sie von uns erwarten. Und wir sollten es kritisch tun, unterscheidend und differenzierend, ohne Scheuklappen, klärend, nicht verklärend. Das wäre ganz in ihrem Sinn.

Es ist an der Zeit – hoffentlich mit Hilfe des Heiligen Geistes –, die kirchenmusikalische Neuzeit mit ihren vielfältigen Entfaltungen und Innovationen in den Blick zu nehmen – offen, nicht verengt. Dass sich auch auf diesem Feld Spannungen, Ungereimtheiten, Übertreibungen, Missverständnisse und falsche Erwartungen eingestellt haben, muss keinen überraschen, der um die Gesetze der Geschichte weiß. Wer allerdings in der Kirchenmusik vornehmlich seine Ruhe haben will, der sollte sich ins tönende Museum zurückziehen. Es dürfte nun überaus spannend sein, zu fragen, wo und wie das NGL im Strom einer lebendigen Tradition seinen Platz und seine Position gefunden hat. Denn auch das „Neue Lied" kann inzwischen eine beachtliche Tradition vorweisen. Das kann ein wenig stolz machen, vor allem aber sollte es neue Kraft geben. Andererseits muss ihm aber auch die Gefahr der Erstarrung und Selbst-Verliebtheit bewusst bleiben. Deshalb könnte es – im Blick auf seine Zukunft – auf die nächste Seite seines Stammbuches das geniale Wort von George Bernhard Shaw notieren: „Tradition ist wie eine Straßenlaterne – der Dumme hält sich daran fest, dem Klugen leuchtet sie den Weg."

Prof. Dr. Wolfgang Bretschneider,
Präsident des Allgemeinen Cäcilien-Verbands für Deutschland

Vorwort

Aus Zuschriften und mündlichem Feedback auf meinen ersten Band zum Thema Neues Geistliches Lied (1998) erfuhren Verlag und Autor, dass zahlreiche gar nicht so sehr fachwissenschaftlich motivierte Leser das Buch, dem damals meine Doktorarbeit zugrunde lag, wegen der im Anhang abgedruckten Interviews mit Textern und Komponisten gekauft hatten. Diese vollständigen Abschriften ausführlicher Gespräche unter anderem mit Alois Albrecht, Peter Janssens und Wilhelm Willms waren für die Forschung hilfreiche Quellentexte. Freunde und Anwender des Neuen Geistlichen Liedes aber fanden darin offensichtlich eine lesenswerte weil aufschlussreiche und teils wohl auch spannende Lektüre. Konnte man hier doch mehr über Beweggründe und Arbeitstechniken der Protagonisten des Neuen Geistlichen Liedes erfahren. Zwei Zyklen öffentlicher Künstlergespräche und einige Podiumsdiskussionen, zu denen mich die Veranstalter der Katholikentage in Ulm, Saarbrücken und Osnabrück (2004, 2006, 2008) eingeladen hatten, zeigten ein großes Interesse an Begegnungen und Auseinandersetzung mit aktuell engagierten Künstlern. Das Neue Geistliche Lied nicht nur als Medium zu nutzen, sondern nach geistlichen und praktischen Motiven seiner „Macher" und nach Einblicken in die Werkstatt seiner Schöpfer zu fragen, diese Chance wurde gern wahrgenommen.

Der vorliegende Band greift diesen Faden auf und legt neben einer aktuellen theologischen Einführung und Würdigung des Genres NGL eine Reihe von Gesprächen mit derzeit aktiven und maßgeblichen Kreativen vor. Insgesamt wurden sechs ausführliche Gespräche eigens für dieses Buch geführt. Teilweise erstreckten sie sich über mehrere Treffen und werden hier in autorisierter Fassung publiziert. Ergänzt wird die Liste durch eine Auswahl jener älteren Gespräche – unter anderem mit Peter Janssens –, die auf besonderes Interesse stießen und hiermit nun in einem neuen (und erschwinglichen) Druck gemeinsam mit den jüngeren Dokumenten vorliegen. Dass auch bei diesem Projekt manche Protagonisten fehlen, die durchaus Bedeutung haben und deren Meinungen ich gerne mit aufgenommen hätte, liegt allein im beschränkten Platz begründet, den dieses Buch einhalten muss. Zu jenen, deren Ideen mir beim Abfassen der theologischen Einleitung vor Augen standen, gehören unter anderem Stephanie Dormann, Eugen Eckert, Dietmar Fischenich und Robert Haas. Vielleicht lassen sich dokumentierte Begegnungen mit ihnen nachholen und publizieren, wenn nicht in einem späteren Folgeband, so doch auf dem Internetportal www.ngl-deutschland.de.

Allen genannten Künstlern und auch noch recht jungen, viel versprechenden Schöpfern wie Daniel E. Schmidt, Johannes Keßler und Claudia Nietzold gilt mein Dank für das Vertrauen in der Zusammenarbeit der letzten Jahre. Sie schloss auch Kritik ein, fruchtete aber immer wieder in konstruktiver Zusammenarbeit und Begegnung, nicht zuletzt auf der „Überdiözesanen Fachtagung Neues Geistliches Lied", die ich mittlerweile in ihre 21. Runde führen darf.

Dies bringt mich zum Dank an die Leitung der „Arbeitsstelle für Jugendseelsorge der Deutschen Bischofskonferenz" (afj), die dieses Buchprojekt mit dem nötigen Rückenwind ausstattete. Insbesondere Sabine Wißdorf als Geschäftsführerin sei hier genannt. Marita Fuchs, die als Mitarbeiterin die neueren Gespräche von rauschenden Bändern transkribierte und meine Tätigkeit in Düsseldorf unterstützt, gebührt Dank für ihre aufgeschlossene und zuverlässige Mitarbeit, ebenso Prof. Dr. Wolfgang Bretschneider, der sich spontan zu einem Geleitwort bereit fand.

Schließlich leiste ich meinen Lebensgefährten Abbitte: meiner Frau Ute und unseren Kindern Vincent und Antonia, die mich wegen der Manuskriptarbeit manches Mal an den Schreibtisch entließen und im Alltag vermissen mussten. Ihr seid die Freude meines Lebens!

Neuss, am 22. November 2008, dem Fest der heiligen Cäcilia
Peter Hahnen

Teil I: Von Liedern und Menschen

Theologische Würdigung des Neuen Geistlichen Liedes

„Denn eben wo Begriffe fehlen,
da stellt ein Wort zur rechten Zeit sich ein.
Mit Worten lässt sich trefflich streiten,
mit Worten ein System bereiten,
an Worte lässt sich trefflich glauben …"

*Johann Wolfgang von Goethe,
Faust. Der Tragödie erster Teil*

Einleitung:
Liederzünden so oder so

Was ist das eigentlich: Neues Geistliches Lied (NGL)? Der Begriff gibt immer wieder Rätsel auf, wirkt dem einen kühl und glatt, dem anderen wiederum dient er zu galligen Änderungen, wenn er daraus spöttisch NGO macht (steht für Neue Geistliche *Oldies*). Und wäre nicht eigentlich alles, was da irgendwie religiös angehaucht als Pop kreucht und fleucht, besser einheitlich als Sacro-Pop zu bezeichnen, schlösse also auch Musicals wie „Jesus Christ Superstar" und „Godspell" ein? Andere meinen, es sei doch eigentlich alles, was diesseits der Beat-Linie entsteht und sich irgendwie auch spirituell begreifen lässt, ein NGL. Sie möchten auch den alten religiösen Schlager DANKE und Gipfelstürmer der kommerziellen Charts wie Xavier Naidoo mit einschließen. Wenn die Sache doch so einfach ist, wozu bitteschön soll da noch eine Definition helfen?
Gerade angesichts aktueller Anfragen und Unkenrufe gegen das NGL – es mit freundlicher Anteilnahme für „erledigt" zu betrachten, hat seit geraumer Zeit Konjunktur –, lohnt ein schärferer Blick allemal. Das *Liederzünden*, das das vorliegende Buch im Titel führt, ist den einen eine gefährliche Mode, bei der zu viel auf dem Spiel steht, anderen ist es ein zündender Funke in der spirituellen Biografie. Manche mögen bei dem Titel an das feucht gewordene Pulver einer kirchlichen Reformbewegung denken. Die Künstlerin Kathi Stimmer-Salzeder hingegen erzählt im Gesprächsteil dieses Buches, dass es ein Lied war, das bei ihr bis auf den heutigen Tag ein Mehr gezündet und entzündet hat. Erlebt man die Wirkung dieser geistlichen Künstlerin auf ihr „Publikum" – als andere Beispiele wären die Gottesdienste mit Ensembles wie Ruhama oder die Nachtgebete von Entzücklika zu nennen –, mag man von einer beendeten Ära des NGL kaum sprechen.
All dem soll im Folgenden nachgegangen werden. Hierzu möchte ich einige Schlaglichter auf Geschichte, Praxisfelder und aktuelle Situation des Phänomens NGL werfen. Vielleicht kann so das Nachdenken über das NGL befördert werden. Nicht um eine problemblinde Verteidigung des NGL geht es; die bisweilen als massiv empfundenen Schwachstellen in textlicher und musikalischer Hinsicht sind bekannt und sollten nicht ignoriert werden. Man darf aber nicht den Fehler machen, Teile für das Ganze zu nehmen. Es können vielmehr Positionen angeboten werden, mit deren Hilfe sich dieses Musikgenre für Diskussionen um pastorale Perspektiven gottesdienstlicher Musik klarer fassen lässt. Dazu werden im umfangreichen zweiten Teil die Selbstzeugnisse und der Blick auf die kreativen Prozesse als biografische Illustrationen dienen.

Vielleicht, so meine Hoffnung, lässt sich dann das NGL deutlicher und präziser begreifen und, wo dann angezeigt, mit guten Gründen sowohl kritisieren wie auch gezielt befördern, einsetzen und qualifizieren. Nicht zuletzt die zum Zeitpunkt der Drucklegung dieses Bandes noch nicht abgeschlossene Arbeit am neuen Gebet- und Gesangbuch „Gotteslob" und dessen absehbare Einführung werden solche Diskussionen wieder provozieren.

Um zu wissen, wer man ist, hilft es, zu fragen, woher man kommt. Im ersten Kapitel möchte ich daher mit einem Blick in die jüngere (Kirchen-)Geschichte beginnen. Er soll die verschiedenen Quellen popularmusikalischer Ambitionen klarer sehen lassen und jüngere Zweige popularmusikalischer Kirchenlieder sortieren. Anschließend werde ich versuchen, das Profil des NGL deutlicher zu fassen und im Gesamt der Popularmusik zu verorten. Das darauf folgende Kapitel wird dann die Frage nach der theologischen Relevanz und den Perspektiven des NGL stellen. In einem weiteren Kapitel wird nach dem Vorhandensein einer grundlegenden Programmatik des Genres gefragt, ehe das Kapitel „Kirchenmusik mit Signalcharakter" die Rolle des NGL als kirchenmusikalische Gattung in den Blick nimmt. Diese beiden Kapitel greifen allgemeine Fragen und Einwendungen auf, insbesondere zum Potenzial des NGL in der Liturgie. Im letzten Kapitel von Teil I schließlich wird die Frage nach der Vitalität des NGL in den Kontext von Kirche in der Gegenwartsgesellschaft gehoben. Das NGL ist ja kein vom Himmel gefallenes oder gar verordnetes Ausdrucksmedium, es hatte und hat, was Theologen gern einen „Sitz im Leben" nennen. Und über das NGL kann man nur annähernd gerecht räsonieren, wenn man diese Bezüge mit bedenkt. Dazu also später mehr.

Historische Vergewisserung
Oder: Kein Wohin ohne Woher!

Beginnen möchte ich mit dem Blick auf ein Phänomen, das hierzulande vor etwa 50 Jahren – zunächst zaghaft, dann aber immer stärker – zu beobachten war: Das Kirchenlied *verheutigte* sich. Gospels, Spirituals und manches andere Ungewohnte kam auf teilweise verschlungenen Wegen in die Gottesdienste beider großer Konfessionen. Quasi nebenan thematisierten auch die Schreiber des öffentlichen Schlagermarktes christlich-religiöse Gedanken. Solche Schlager-Elaborate trugen Titel wie HIMMLISCHE WOCHENSCHAU oder DER BOSS IST NICHT HIER. Gleichzeitig stimmte Pater Perne – um nur einen von mehreren musizierenden Klerikern zu nennen – seine Gitarre und gab beeindruckende Liederabende und Anregungen für den Gottesdienst. All dies kam an wie ein Sprinklerwagen in der Wüste.

> Unter Pfarrern und anderen Aktiven gab es nämlich ein tiefes Unbehagen, genährt von dem Gefühl, mit den Gottesdiensten alter Machart stimme etwas nicht.

Peter Horst († 2008), lange Jahre evangelischer Pfarrer in Baunatal, der Arbeitersiedlung des großen VW-Werks, später mit Pfarrer Friedrich Karl Barth einer der besonders kreativen Köpfe des NGL (SELIG SEID IHR uvm.), erinnert sich:

„In Kassel ist bald nach dem Krieg meine Situation als Pfarrer so gewesen, dass ich nach einem Studium in Marburg (Rudolf Bultmann, Paul Tillich u. a.) und Göttingen [...] wenig Brauchbares in dem Agendenwerk und Gesangbuch fand. Zunächst war ich relativ hilflos, dann habe ich selber geschrieben, zunächst Gebetstexte."

Wenige Jahre zuvor, zu Zeiten des so genannten Dritten Reiches, hatten – so empfanden es manche – Kirche und Liturgie zu sehr mit dem Rücken zur Zeitgeschichte gestanden. Manche gottesdienstliche Geste, manches Zeichen, manches Lied galt als spannungsarm oder gar desavouiert. Noch einmal aus den Erinnerungen von Pfarrer Peter Horst:

„Das war [...] so eine scheußliche barocke Sprache und durchsetzt von Nationalismus und Gestrigkeit, dass ich das einfach nicht lesen konnte. Da drehte sich mir alles um. [...] Für die Gottesdienste mit Konfirmanden und mit Kindern, aber auch für die gottesdienstlichen Elemente in den Kursen brauchten wir Lieder. An die Lieder aus dem Kirchengesangbuch waren die Mädchen und Jungen nur sehr schwer heranzuführen. Texte und Melodien hatten langer Erklärungen und mühseligen Einübens bedurft. Stil und Thematik passten nur selten zu den frei nacherzählten Geschichten der Bibel, die im Zentrum unserer Gottesdienste standen, auch nicht zu deren liturgischer Gestaltung, die sich nur lose an das übliche Schema anlehnte. So entstanden in eigener Werkstatt zunächst die nötigen Erzähllieder zu den biblischen Geschichten. Interessierte Gemeindeglieder, auch der damalige Bürgermeister von Baunatal, halfen manchmal beim Texten mit. Mein Kollege Ludwig Keller steuerte einfache Melodien bei, die er aufgetrieben oder selbst erdacht hatte. Sie sollten ohne langes Einüben von Jungen und Alten auch bei geringerer Musikalität mitgesungen werden können."

Andere, neue Lieder also sollten her. Bedarf gab es in beiden großen Konfessionen. Luthers gesungene Katechese einerseits und die dem Katholizismus in Deutschland vom Vatikan erlaubte Messfeier mit Liedern – statt der gesungenen und angehörten Liturgie – andererseits wurden als Chance begriffen, mit der es galt, Gottesdienst und Gemeinde neu zu beleben. Und so brach sich – erst zaghaft, dann mit einiger Macht – Kreativität Bahn; an vielen Orten, oft unbemerkt von großer Öffentlichkeit. Es gab noch keine Newsmail, kein Internet und eben keine selbstverständliche rasche allgemeine Publizität. Manches Neue machte aber durchaus von sich reden. In Amsterdam gab es die „Werkgroep voor Volkstaalliturgie". Mit ihr entwickelten Bernard Huijbers und Huub Oosterhuis 1960 eine neue „Adventsliturgie". In der Folge auch eine „Fasten-" und „Pfingstliturgie". Liturgie, so Oosterhuis' Anliegen, solle zur „kultischen Gestalt der vollständigen aktuellen Existenz des Menschen" werden. Noch heute leben die aktuellen Versionen dieser Kirchenmusik in den regelmäßigen Gottesdiensten der „Kleinen Kirche Osnabrück" fort und zeigen, zu welchen beachtlichen gesanglichen Leistungen eine motivierte Gemeinde fähig ist.

Zurück in die Frühphase des NGL und seiner Entstehungsbedingungen: Kinogottesdienste gab es im Filmpalast in Stuttgart-Bad Cannstatt, Jazz-Liturgie in Ottweiler (Saarland). Die evangelische Akademie in Tutzing startete einen Wettbewerb, um die Hitliste der Schlagerseligkeit der Hitparaden – nicht den Gottesdienst! – medienpädagogisch in christliche Bahnen zu lenken. Diesem Projekt verdankt sich etwa der Superhit DANKE, den sein Schöpfer Martin G. Schneider übrigens niemals für die Liturgie gedacht hatte. Mit einem Wort: Aktuelle Popularmusik wurde binnenkirchlich en vogue. Vehementer Widerspruch blieb nicht aus. Nicht selten wurde ein Teil für das Ganze genommen.

So kassiert das NGL noch heute die Prügel mit, die christliche Schlager wie DANKE meinen. Gregor Linßen (siehe das Gespräch in Teil II dieses Bandes) beklagt zu Recht, dass das NGL ohne Verschulden in der „DANKE-Falle" sitzt. Mit dem Etikett „Christlicher Schlager" wird man dem NGL aber nicht gerecht. Gern wird damit suggeriert, es handle sich bei derlei Modischem ohnehin lediglich um bemitleidenswerte Versuche, junge Menschen in die Kirche zu bekommen. Auf die Idee, dass es andersherum gemeint ist, dass nämlich das NGL selbst Ausdruck geistlichen Lebens (gar nicht nur junger Menschen) ist, kommt man mit dieser kritischen Brille nicht. Linßen beklagt, dass mancher Kritiker es sich zu einfach macht:

„Es wird halt nicht genau hingeguckt. Das Vorurteil, NGL sei Schlager, schützt ja auch so manchen vor ernsthafter Auseinandersetzung. Dann ist das eine Subkultur, die die einfachen Menschen in der Gemeinde machen sollen, aber Kunst darf es nicht sein. Mein Anspruch an das NGL ist ein anderer."

Lieder wie DIE SACHE JESU BRAUCHT BEGEISTERTE und das ANDERE OSTERLIED (markanter Beginn der ersten Strophe: „Das könnte den Herren der Welt ja so passen, wenn hier auf der Erde stets alles so bliebe") waren ihrem Ursprung nach etwas ganz anderes als pastoralpsychologisch ausgebuffte Tricks von Marketingstrategen, die durch derlei Verpackung jemanden in die Kirche locken wollten. Vielen, die da texteten, komponierten oder in den Gottesdienst importierten, war die Musik weder Trick noch Selbstzweck. Konzepte veränderter, erneuerter (böse Zungen sagen vieldeutig: „angepasster") Liturgie mühten sich um zeitnahe Formen und griffen für die Lieder- und Musikauswahl nach den aktuellen Kreationen. Und so geriet auch DANKE mit diversen Singleeinspielungen, unter anderem durch den damals berühmten Botho-Lucas-Chor, auf den Plattenteller des Pfarrhauses und dann in den Gottesdienst. Auch meine Grundschullehrerin muss ein solches Produkt besessen haben, denn es wurde uns für ein ganzes Schuljahr zum morgendlichen Schulgebet.

Natürlich gefiel nicht jedem alles. Wie stets waren auch damals die Geschmäcker unterschiedlich. Wer zum Beispiel heute die Konflikte zwischen den Fans von Eminem und Tokio Hotel oder Sasha kennt, kann sich vorstellen, was damals an Gift oder auch einfach stilbildender Kritik wirkmächtig wurde. Peter Janssens († 1998) aus Telgte, der seit Anfang der 1960er Jahre in Gottesdiensten jazzte, lehnte selbstbewusst so manches aus dem weit gestreckten Markt neuer Lieder ab – so auch die Versuche der Akademie Tutzing rund um einen religiösen Schlager:

> „Man konnte an der weithin eingeschlafenen Kirchenmusik schier verzweifeln. Daher rührte die Initiative der Akademie, der es hauptsächlich darum ging, die Abkoppelung von der Welt aufzuheben. Das ist aber – weil man den Markt der U-Musik ansprach – eine sehr kommerzielle Angelegenheit gewesen. Ich war auch als Katholik davon zu weit entfernt. Ich ahnte aber schon damals, dass man die U-Musik in Deutschland nicht evangelisieren konnte. Ich habe nichts gegen die Schlager, aber ich will nicht auf die sperrigen Inhalte des Christlichen, der Bibel usw. verzichten."

Naturgemäß bildeten sich persönliche Stile heraus. Unverkennbar sind, um nur ein Beispiel zu nennen, nach seiner Kehre vom Modern Jazz zum Beat etwa die Janssens-Songs nach nur wenigen Takten. Durch Einbindung in Projekte mit einiger Öffentlichkeitswirkung wurde gerade Janssens, der übrigens 1960 für einen Arbeitskreis in Münster/Westfalen noch das lateinische (!) Messordinarium im Jazzgewand vertont hatte, für viele Jahre zu einer Art Leitfigur. Dazu kam es nicht zuletzt, weil er einige Male zum entscheidenden Zeitpunkt ins Boot geholt wurde. Für das Jubiläum der Innsbrucker Universität wurde Janssens Ende der 1960er Jahre durch seine Tante ins Gespräch gebracht und kreierte für die Festliturgie unter anderem sein bis heute bekanntes Lied SINGT DEM HERRN ALLE VÖLKER UND RASSEN. Dessen theologisch gehaltvollen Text hatte der dortige Liturgiewissenschaftler Hans Bernhard Meyer selbst beigesteuert.

Als der Jugendverband Katholische Junge Gemeinde (KJG) 1972 für sein Bundestreffen eine eigene Liturgie schaffen wollte, kannte einer der Verantwortlichen einen, der wiederum Janssens kannte usw. Auch als ein kleiner Kreis für den Evangelischen Kirchentag 1973 die erste „Liturgische Nacht" vorbereitete, erinnerte man sich seiner.

In Krefeld fragte ein junger Kaplan seinen neuen Organisten, ob man eigentlich weitermachen wolle wie immer. Man einigte sich darauf, dass künftig der eine der beiden vertont, was der andere schreibt. Das Gespann Wilhelm Willms/Hans-Jörg Böckeler (DIE WAFFEN VERROTTEN ZU STAUB) war geboren. Beispiele derartiger Kooperationen, die von emanzipierter Kreativität zeugen, ließen sich zahlreich vermehren.

> Eine Struktur zeichnet sich klar ab. Für die Arbeit „vor Ort" oder für exponierte Gelegenheiten schaffen Kreative wohlüberlegt Neues. Der Anlass ist meistens gottesdienstlicher Art oder doch mindestens im liturgischen Umfeld verortet.

Man traf sich (u. a. mit Prof. Johannes Aengenvoort von der Folkwang-Musikhochschule in Essen) zum Austausch über die eigenen Arbeiten. Durch solche Treffen entstanden neue Beziehungen und Kombinationen. Janssens etwa traf auf den Aachener Diözesanpriester Willms († 2002), und mit diesen beiden formierte sich für viele Jahre ein Dreamteam der Szene, kreativ unter anderem für den Deutschen Evangelischen Kirchentag (DEKT) *und* den Katholikentag.

Texter und Komponisten diskutierten untereinander auf Werktagungen, aber auch mit der Öffentlichkeit; nicht zuletzt – meist mühsam dann – mit Vertretern der etablierten Kirchenmusik und des Klerus. Diese Debatte geriet bisweilen hitzig. An Verurteilungen („Wegwerf-Musik") und bösen Kommentaren seitens offizieller Vertreter mangelte es nicht. Bedenkliche Höhepunkte bildeten Formulierungen wie „Aftermusik" oder die noch in den 1990er Jahren im Hörfunk ausgestoßene Drohung eines Kölner Organisten, man müsse die „alle totschlagen". Erinnert sei auch an das nach dem unglücklichen „Auftritt" einer Ordensband im Kölner Dom erlassene „Kölner Band-Verbot". Die Anfeindungen führten – so vielsagend und unangenehm sie waren – zu programmatischer Profilierung und taten der Zugkraft der neuen Lieder keinen Abbruch. Szenetypische Schwerpunkte bildeten sich heraus.

> Politische Theologien, Kirchenreform, später auch Verantwortung für die Schöpfung gehören zum mentalen Umfeld neuer Spiritualität, für die das NGL in dieser Phase den musikalischen Rahmen bot. Die kontemplative Musik aus Taizé wurde zeitgleich immer bekannter, jedoch nicht als Konkurrenz empfunden. Mystik und Politik sollten untrennbar verbunden sein. So mancher Song aus dem NGL bot zur Politischen Theologie eines Johann Baptist Metz oder Leonardo Boff die „singbare Enzyklika". Nicht zuletzt die Hochschulgemeinden und kirchliche Jugendverbände, insbesondere die Katholische Junge Gemeinde – manche erinnern sich an den Skandal um das „KJG-Songbook" –, erwiesen sich als erfindungsreiche Orte musikalisch-liturgischer Zeitgenossenschaft. Der Ökumenische Kreuzweg der Jugend wurde derweil zu einem die Konfessionen verbindenden jährlichen Signal textlich und musikalisch erneuerten Gottesdienstes. In den Bistümern auf dem Territorium der DDR wurde zudem das „Liedheft zum Dreifaltigkeitssonntag" anlässlich des Jugendbekenntnis-Sonntags zum jährlichen Umschlagplatz neuer Lieder – zusammengestellt und vervielfältigt unter teilweise abenteuerlichen Umständen.

Dem NGL eignet ein Impuls der Emanzipation. Man lese hierzu insbesondere die Erinnerungen von Alois Albrecht, Peter Janssens und Wilhelm Willms in Teil II dieses Buches. Die angestrebte Emanzipation sollte der Engführung und Gängelung durch manchen Organisten entgegentreten und die gemeindliche Selbstverantwortung für die Gottesdienste beziehungsweise für deren Lieder unterstützen. Eine durch die Liturgiereform geweckte Mitverantwortung für die Feierform führte in mancher Gemeinde zu einem Kampf ums neue Liedgut. Die Konfliktlinie verlief uneinheitlich; mal zwischen Jugendlichen und Pfarrern, ein andermal zwischen dem Kaplan und dem Kirchenmusiker.

Im Grunde entzündete sich der Konflikt meist an der Frage nach dem Verhältnis zwischen Evangelium und Zeitgenossenschaft. Gemeinde und Liturgie der Kirche gerieten in den Sog einer grundlegenden Debatte über das Selbstverständnis von Kirche, Christentum und (längst nicht nur jungen) Christen. „Kirchenträume", „Theologie des Volkes", „Wie hat Jesus Gemeinde gewollt" sind drei programmatische Buchtitel dieser bis in die 1980er Jahre anhaltenden Suchbewegung.

Die Protagonisten der sich herausbildenden Lieder-Szene wurden zu Workshops mit Jugendlichen, Musikern und aufgeschlossenem Klerus eingeladen. So entstanden Bindungen und Prägungen, die man noch heute heraushören kann. Wer etwa weiß, dass Gregor Linßen als Schüler Textworkshops bei Librettist Klaus Lüchtefeld (unter anderem Autor der Kölner Domfestmesse) besucht hat, wünscht sich – angesichts der oft so guten Texte des Neussers Linßen – gerne mehr von seinem Lehrer, dem viel zu wenig beachteten Kölner Lüchtefeld, zu lesen und zu hören.

Zu einem wichtigen Medium der Verbreitung neuer Lieder wurde die Schallplatte. Dabei setzte der finanzielle Aufwand für eine LP-Produktion zunächst allzu bunten Blütenträumen eine natürliche Grenze. Allmählich aber machte sich der theologische Emanzipationsanspruch dergestalt bemerkbar, dass die Szene unüberschaubar und damit auch qualitativ gestreuter wurde.

Anfangs nannte niemand das, was da entstand und was sich durchaus abheben wollte von eingedeutschten Gospels/Spirituals, Schlagern und Chansons, „Neues Geistliches Lied". „Rhythmische Lieder", „moderne Lieder", „Sacro-Pop" – das waren einige der Etiketten, die man dem Phänomen verpasste, aber die einer Prüfung auf Dauer nicht standhielten. Noch heute aber müssen sie manchmal herhalten. Irgendwann hieß das Ganze dann Neues Geistliches Lied (als Fachbegriff werden übrigens alle drei Wörter großgeschrieben) oder wurde knapp als NGL bezeichnet. Niemand ist mit dieser Namensgebung so ganz zufrieden. Für manchen klingt es spröde und deskriptiv, andere (die meisten wohl) benutzen den Begriff trotz allem wie selbstverständlich.

Heute muss nicht für oder gegen einen inzwischen etablierten Terminus gestritten werden. Ich verweise auf das Zitat aus Goethes Faust, das der Einführung vorangestellt ist. Unbestreitbar hat der Begriff bei allen Vorbehalten auch Vorteile: Er lässt sich wenigstens annähernd bearbeiten und reflektieren, bietet er doch gleich drei terminologische Anknüpfungspunkte.

> Neues Geistliches Lied heißt: Von Gottes Guter Nachricht (1.) für das Leben Neues zu sagen oder neu zu formulieren, dies (2.) mit geistlichem Hintergrund und Motivation zu tun und dabei schließlich (3.) von liedhaftem und leicht reproduzierbarem Charakter zu sein.

Fritz Baltruweit, vom Ausbilder des Pfarrernachwuchses in Loccum zum künstlerischen Gestalter des Christuspavillons bei der EXPO/Hannover geworden und unter anderem ein Exponent im Schlussgottesdienst des Ökumenischen Kirchentags in Berlin, füllt den spröden Terminus technicus im Gespräch so:

„Hinter dem Begriff steht nach meinem Dafürhalten ein theologischer Anspruch. Ich möchte das Attribut ‚neu‘ weniger auf das Liedalter bezogen wissen, sondern auf den Anspruch, dass das Lied eine Aussage macht, die einen theologischen Sachverhalt verständlicher und damit zugänglich macht und insofern neu ist. Das kann sich etwa darin zeigen, dass alte Wahrheiten wiederentdeckt und wiederbelebt werden oder dass Gedanken überhaupt neu gefunden werden. [...] Sonst können Sie mit einigem Recht fragen, was an den Liedern nach wenigen Jahren jeweils noch neu sein soll. Mit der musikalischen und theologischen Sprache geschieht ja in diesen Liedern – wenn sie gelungen sind – etwas Neues. Ich finde den Anspruch gut, den dieser Begriff an die Texter und Komponisten stellt."

Das NGL stand für etwas anderes als für eine simple Werbemaßnahme. In seiner Machart ähnlich dem rustikalen, ungeputzten Charme jenes Kieselsteins, wie ihn der widerständige David keck in seine Schleuder legte, formulierte sich hier ein Wille zu Beherztheit, zu Kirchen- und Selbstreform, der in den 1970er Jahren einen Teil des Kirchenvolkes erfasst hatte: *Kirchen*reform, weil die als unzugänglich und irrelevant erlebte Liturgie endlich geerdet und als Kirche in der Welt Klartext geredet werden sollte; *Selbst*reform, weil man mit den Liedern (und den Gottesdiensten, für die sie oft eigens kreiert wurden) ethische Lebenshaltungen propagierte, die man selber teilte. Die Songs von Peter Janssens und anderen waren sozusagen die Klangtapete zum Abonnement von „Publik" (später „Publik Forum"). Mit inhaltlich harmlosen Kuschelliedern wollte man ausdrücklich nichts zu tun haben. Dass das teils offenkundige, teils nur implizite Programm des NGL durchaus wahrgenommen wurde, zeigen vice versa die zahllosen Attacken, die es über sich ergehen lassen musste. Die Beschimpfungen (siehe oben) markieren nur die Gipfel jenes rhetorischen Overkillpotenzials, mit dem gegen das NGL gerüstet wurde. Typisch für Pop-/Rockmusik kam es zu Reaktionen, die zwischen den Polen Identifikation einerseits und Ablehnung andererseits platziert waren. Eine geistlich ernst gemeinte Variante der Popkultur hatte die Kirchenmusik erreicht. Prompt war man gezwungen, auf der Klaviatur des kulturellen Diskurses mitzuspielen. Auch im Falle des NGL war das Distinktionspotenzial erheblich. Zur einen wie zur anderen Seite. Man wird an das Diktum des Dogmatikers Gottfried Bachl erinnert, wonach derjenige, der es mit Jesus zu tun bekommt, die Wahl habe zwischen Feuer und Marmelade. Beide Seiten wähnten jeweils den anderen auf der Seite der süßen Verführung statt auf der des wahrhaftigen Engagements.

> **Lebendiger, suchender Glaube aber schafft sich neue Lieder. Es profiliert sich ein Wesenszug des Neuen Geistlichen Lieds: Es ist das Lied zugunsten einer sich erneuernden Kirche, ihres weltnahen geistlichen Lebens und auch ihrer zeitgenössisch feierbaren Liturgie.**

Abgrenzungen des NGL
Oder: Kein Profil ohne Kanten

Das popularmusikalische Gewebe, das schon mal als „Sacro-Pop", ein andermal als „Rhythmische Lieder", dann wieder kurz als „Neue Lieder" benannt wurde – und das ist nur eine kleine Auswahl aus der blühenden Nomenklatur – soll im Folgenden entflochten werden. Ausgangspunkt ist dabei die Frage, ob sich das NGL als eigenständige Gattung innerhalb der christlichen zeitgenössischen Popmusik erweisen lässt. Diverse wissenschaftliche Arbeiten haben das bereits detailliert aufgezeigt.[1] Die „Ränder" des Genres sind indes nicht scharf und mittlerweile sind sie immer öfter fließend. Wenn hier doch nach einem eigenen Profil des NGL gefragt wird, so kann nicht zuletzt das NGL selbst dadurch in seiner Eigenständigkeit erkannt und gewürdigt werden.

Erstes Profilmerkmal: Reproduzierbarkeit

Stichwort: musikalische Faktur

> Anders als etwa ein im Konzertsaal solistisch vorgetragenes *Kunst*lied (etwa von Schubert, Schumann oder Henze) ist das NGL ein allgemeines (für das Singen aller) und funktionsorientiertes (für das christliche Leben der Gemeinde und ihrer Subjekte) Lied. Es ist gekennzeichnet durch allgemeine Reproduzierbarkeit (mindestens im Gesang der Hauptstimme) und durch eine leicht reproduzierbare Komposition, oft auch durch entsprechend einfache Instrumentierung.

Dabei ist es musikalisch derart gestaltet, dass eine Begleitung mit Gitarre oder Tasteninstrumenten in der Regel ausreichen kann. Die Gitarre eignet sich durch das Spiel mit rhythmischer Markierung (Beat/Off-Beat) hervorragend zur rhythmischen und zugleich harmonisch stützenden Begleitung von Liedern. Dass sie nach dem Klavier an zweiter Stelle in der „Instrumenten-Beliebtheitsskala" der Deutschen steht, unterstreicht die allgemeine Funktionalität des NGL.

---

[1] Siehe etwa die lesenswerte Arbeit von Tobias Lübbers: „Das Neue Geistliche Lied. Eine kritische Betrachtung der musikalischen Struktur unter Berücksichtigung verschiedener Einflüsse der Popularmusik", Diplomarbeit im Studiengang Musikerziehung an der Hochschule für Musik und Theater Hannover, 1996. Ihr verdanke ich wertvolle Anregungen.

In musikalischer Hinsicht liegt mit dem Neuen Geistlichen Lied eine eigenständige Gattung vor. Der junge Theologe Tobias Lübbers charakterisiert in der genannten Untersuchung die Songs des NGL in seiner musikstilistischen Analyse als „popularmusikalisch beeinflusste Lieder". Das NGL ist demnach eine *Stilbildung innerhalb der Pop-/Rockmusik* im weitesten Sinne. Dies umfasst die stilistische Bandbreite aus Folk, Spiritual/Gospel, Jazz, Beat und Rockmusik. Aus diesen fünf Strömungen der Popularmusik finden sich im weiten Feld des NGL – je nach Komponist – unterschiedlich akzentuierte Anleihen. Lübbers hat zudem aufgezeigt, dass sich das NGL nicht streng an die Gesetze eines einzelnen Musikstils hält. Es spielt – bisweilen durchaus kunstvoll – mit den Schemata der popularmusikalischen Vorgaben. So etwa wenn es einen starren Beat aufbricht und dadurch eine Textpassage unterstreicht. Im Arrangement beziehungsweise in der Darbietung bei Gottesdiensten, Konzerten und auf Tonträgern dominieren Lübbers' Untersuchung zufolge Zusammenstellungen aus der Jazzformation (Combo mit Drums, Bass, Piano, Trompete) und Beatformation (Drumset, E-Bass, E-Gitarre, Melodiegitarre/Rhythmusgitarre eventuell auch ersetzt durch Tasteninstrumente). Beim Beat ist vor allem typisch, dass der melodiöse Gesang im Vordergrund steht.

Die Stilwahl steht in Zusammenhang mit dem Programm des NGL: Beatmusik führt zu einer leichteren Singbarkeit, macht das Lied gemeindegängiger als etwa der Jazz. Melodiösität und Rhythmus des Beats liegen vielen Menschen – anders und simpler als beim Jazz. Oft werden aber auch Beat- und Rockeinflüsse in den Liedern *kombiniert*. Die Reproduzier- und Singbarkeit, die zum Beispiel Peter Janssens beanspruchte – und weswegen er manche musikalische Idee bewusst „herunterzog" –, mochte in künstlerischer Hinsicht kritisiert werden, orientierte sich aber andererseits an der Gemeindetauglichkeit, die die Liturgie von der Kirchenmusik fordert. Der beabsichtigte Gebrauchswert des Liedes bewirkt und legitimiert seine Form.

Erfahrungen mit jazzigen Alternativen, wie sie dagegen wieder im Abschlussgottesdienst des Kölner Weltjugendtags (WJT) 2005 mit desaströsem Ergebnis versucht wurden, bestätigen die Option auf leichter mitsingbare Stile. Anspruchsvolle Faktur findet sich hingegen bei Gregor Linßen:

„Bei mir ist mittlerweile regelrechtes Kompositionsprinzip geworden, dass der Kernsatz den Rhythmus der gesprochenen Sprache führt. Und er führt auch mit diesem Rhythmus zur Musik. In einem meiner Lieder habe ich's mal wirklich richtig durchgezogen. GOTT SEI DANK HAT DER MENSCHEN MACHT EIN ENDE ist der Titel. Jeder, der versucht, über das Notenbild daran zu kommen, beißt sich die Zähne aus. Den normalen Sprechrhythmus konsequent gegen einen – meist geraden – musikalischen Rhythmus zu setzen, ergibt eine Art Polyrhythmik, an der ich einen riesengroßen Spaß habe, und das trau ich dann auch anderen zu. [...] Ich lese mit den Leuten zuerst den Text und spreche ihn dann. Wir sind es aber nicht gewohnt, Sprache zu singen, sondern allenfalls Liedtexte. Es gibt eine quasi schon ‚normale' Rhythmisierung von Liedtexten, die aber nur bedingt etwas mit den Betonungen des Textes zu tun hat, sondern stark von der musikalischen Form abhängt. Ich gehe bewusst einen Schritt dahinter zurück und damit in Richtung Gregorianik. Die Musik ist Dienerin des Textes, nicht andersherum."

Stichwort: Besetzung

Die musikalische Realisation des NGL setzt in der Regel auf „Gemeindetauglichkeit". Das spiegelt sich in der Instrumentierung wider.

Als praktisch realisierbare Standardformationen gelten Kombinationen aus Gitarre (als optimales Begleitinstrument des Gesangs), Querflöte (als Bereicherung des Klangbilds), Keyboard (als Füllinstrument, das den Gesamtklang verstärkt, oder als Haupt-Begleitinstrument eingesetzt), (E-)Bass sowie Rhythmus-/Perkussionsinstrumente. Besonders bei ambitionierten Studioproduktionen oder (semi)professionellen Ensembles treten zusätzlich Trompete, Saxophon und Streicher hinzu.

Mit seiner knappen Standardbesetzung hebt sich das NGL vom kommerziellen Pop-/Rock ab. Die Mehrzahl seiner Instrumente ist *akustischer* Art, könnte also sogar ohne elektronische Verstärkung gespielt werden. Wenn man als Bedingungsfeld des NGL gemeindliches Leben und insbesondere liturgische Verwendung annimmt, liegt diese einfache Faktur wiederum auf der Hand und entspricht dem gerade noch Praktikablen. Diese Beobachtung führt zum nächsten Punkt.

Zweites Profilmerkmal: Sitz im Leben

Stichworte: Gemeinde und Gottesdienst

Es wurde oben schon ausgewiesen, dass es starke historische Argumente gibt, das NGL vom „christlichen Schlager" zu unterscheiden. Davon unterscheidet es sich außerdem auch durch dessen künstlerische Absicht und durch die spartentypische Machart. Es kann ja nur einschlagen, was einschlägig, das heißt für den *Markt* konsenstauglich ist.

Auch ein NGL zeichnet zwar aus, dass es „ankommen" will, dieses „Ankommen" liegt aber nicht in seinen Kunden, sondern in seinem „Herkommen" begründet. Es stammt nicht vom „Schreibtisch" und aus dem Tonstudio eines den Markt kalkulierenden Medienprofis, sondern aus der geistlichen Praxis.

> Als eine eigenständige Liedform erweist sich das NGL auch in seiner weit gefassten kirchenmusikalischen Funktionalität.

In unterhaltenden Shows, Charts oder auf dem Dancefloor wird sich das NGL keine Chancen ausrechnen können und das auch (weithin) nicht wollen. Dem widersprechen auch seine Kommunikationsabsichten. Das NGL hat eine singende oder sehr aktiv hörende Gemeinde beziehungsweise ihre einzelnen Glieder im Sinn. Auch fehlt in seiner Szene die dominierend kommerzielle Bestimmung, wie sie handelsüblicher Musikware anhaftet. Die Tonträger des NGL (beim Schlager das Hauptmedium) waren lange Zeit selbst bei Protagonisten wie Peter Janssens nicht viel mehr als Gebrauchsgegenstände (zum Beispiel für gemeindliche Anregung, zur Erweiterung des Liedrepertoires für Gottesdienst und Gemeindearbeit). Mit diesen Tonträgern geriert man keine massentauglichen Hörerlebnisse und man bedient auch kein Bedürfnis nach Entspannung oder Alltagsflucht. Es unterscheidet sich klanglich, melodisch, textlich von dem, was man in anderem Kontext zu hören bekommt.

> All dies zeichnet das NGL als eigenes Genre aus: Diese Lieder sind nicht einfach in den Kirchenraum geholte Popmusik mit nachträglich hinzugetextetem, quasi „getauftem" Libretto. Sie kommen vielmehr aus der Jesus-Bewegung – die wir Kirche nennen – und sind für deren geistliches Leben gemacht.

Von Beginn an lassen sich hierfür Begründungen aus dem Entstehungskontext des NGL finden: Autoren wie Wilhelm Willms, Lothar Zenetti, Eugen Eckert und Alois Albrecht waren durch ihren Beruf als Geistliche mit dem Problem konfrontiert worden, dass neue Lieder gebraucht wurden. Dass dabei das Verständnis gottesdienstlichen Handelns teilweise bewusst weit gefasst war, darf nicht unerwähnt bleiben. Ungewöhnliche Gottesdienstformen wurden und werden mit dieser Musik praktiziert. In Versammlungsräumen von Gasthöfen oder in Gemeindezentren, auf dem Boden sitzend, feierte man in den 1970er Jahren mit den Liedern zum Beispiel von Albrecht, Metternich und Janssens Eucharistie. In die Feier eingebettet fand man Gesprächsforen und Diskussionen. (Siehe dazu auch das folgende Kapitel.)

Eine ganze Reihe Texter, Komponisten und Musiker im Spektrum des neuen Lieds arbeiteten oder arbeiten als Kreative *ausschließlich* für diese Musikrichtung; so zum Beispiel Alexander Bayer, Fritz Baltruweit, Eugen Eckert, Dietmar Fischenich, Peter Janssens, Gregor Linßen, Thomas Quast und Wilhelm Willms.

Alexander Bayer (Ensemble Entzücklika) beschreibt die Spannung zwischen ökonomischem Potenzial und eigenem Anspruch:

„Uns ist wichtig, dass wir authentisch sein können, und irgendwo findet man ja einen gemeinsamen Nenner mit dem Publikum und unserer Authentizität. Mir ist zwar schon bewusst, dass ich Lieder auch so schreiben könnte, dass sie beim Publikum schneller ankommen. Mit sentimentalen Melodien kann man mehr Geld sammeln. Mit Gospel kann man derzeit leichter „abräumen", und wenn es dann noch ein englischer Gospel ist, könnte man richtig Knete machen. Aber da sind wir dann nicht wir."

Zu weiteren Beispielen siehe die Ausführungen der Kreativen in den in Teil II dokumentierten Gesprächen.

Drittes Profilmerkmal: Entstehungszusammenhang

Stichwort: Situationsbezug

Das NGL ist eine eigenständige Spielart der christlichen Popularmusik. In deren weiterem Feld kennen wir außerdem Spiritual- und Gospelsongs und das breite Spektrum der wesentlich durch die US-amerikanische Jugendmissionsbewegung der 1960er Jahre inspirierten Erweckungsmusik, wie die so genannten Lobpreislieder etwa von Arne Kopfermann oder der Band Petra. Ferner gibt es den Markt der mehr oder weniger kommerziellen christlichen Popmusik von – teils freikirchlichen – Liedermachern und christlichen Kleinkünstlern, die unter anderem für evangelistische Hörfunkstationen produzieren. Ein Schaufenster dieser Szene ist die regelmäßig stattfindende Agentur- und Künstlerbörse Promikon, wie sie wieder Anfang 2009 in Gießen stattgefunden hat.

> Die POPularität des Klanggewands allein reicht eben nicht aus, um das NGL angemessen zu charakterisieren. Es gibt zahlreiche Künst-

ler im weiten Feld christlicher Popularmusik, deren Werke moderner klingen als aktuelle NGL. Wenn man als Gradmesser jugendlicher Musikkultur beispielsweise den Rap nimmt, wäre etwa die Formation W4C oder der Hip-Hop eines Danny Fresh zu nennen.
Ein hippes Klanggewand ist längst nicht mehr treibende Kraft des NGL. Seiner Musik genügt Singbarkeit durch die Versammlung oder durch einen nicht professionellen Chor. Gerade das NGL will aber in der Lage sein, theologische Positionen präsent zu halten, die mal mehr oder weniger eindeutig gottesdienstlich orientiert sind.

Gerade im NGL vermischen sich liturgische und „politische" Aspekte zu einem weltwachen Gottesdienst. Man denke nur an Songs wie das ANDERE OSTERLIED (Marti/Janssens) oder das Pfingstlied LÖSCHT DEN GEIST NICHT AUS (Lüchtefeld/Florenz). Dass derlei Programmatik in den letzten Jahren stark zurückgetreten ist, lässt sich nicht von der Hand weisen. Insbesondere bei jüngeren Textern (Claudia Nietzold, Daniel E. Schmidt, Johannes Keßler) tritt dieses Motiv in den Hintergrund. Insofern das NGL einen Situationsbezug hat, spiegelt sich darin eine entpolitisierte, ambitionsfreiere Gemeindewelt wider. Die Themen sind stattdessen innerlicher, persönlicher fokussiert. (Siehe auch Kap. „Kirchenmusik mit Signalcharakter") Seine musikalische Faktur zielt aber nach wie vor auf Gemeinde, Versammlung, Gottesdienst ab.
Einige weitere Unterschiede gilt es festzuhalten, will man den Begriff NGL nicht als Stopfgans handhaben:
- Die Verwendung musikalischer Idiome der Pop-/Rockmusik verbindet das NGL zwar mit Formationen wie den südafrikanischen „MIC", einer Funk-betonten R&B-Variante von Boy-Formationen in der Machart der „Backstreet Boys" oder „Normal Generation?". Letztere gehören zu der Fülle einer steigenden Anzahl christlich bekennender und agierender Musiker. Bereits 1996 war in der Zeitschrift „Exact!" zu lesen: „Die Zeiten haben sich geändert. Der Bereich ‚Popmusik mit christlichen Inhalten' oder ‚Musiker, die Christen sind' ist gewachsen, hat sich endlos verzweigt, findet zunehmend Akzeptanz in den so genannten ‚säkularen' Medien und Vertriebskanälen."
- Selbst Heavy Metal gibt es in den USA in christlicher Wendung. HM heißt dort nicht wie hierzulande Heavy Metal, sondern *Heaven's* Metal.
- Es gibt außerdem einen breit gefächerten, stilistisch pluriformen Strang an Pop-/Rockmusik, deren Interpreten sich als so genannte Reborn Christians verstehen. Dabei handelt es sich um Mitglieder eine Bekehrungsbewegung, die insbesondere unter US-amerikanischen und britischen Künstlern Zulauf erfährt. Zu ihnen zählt sich unter anderem der englische Popveteran Cliff

Richard. Diese Spielart christlicher Popularmusik will nicht per se und ausschließlich evangelisierenden Inhalt thematisieren oder die Kirchenmusik ausweiten. Die Künstler der Reborn Christians wollen ihrem Beruf aber ausdrücklich aus christlicher Motivation nachgehen.

- Ganz anders wiederum ist die Profilierung bei den Vertretern und Anhängern der so genannten Erweckungsmusik, etwa den „Praise & Worship-Songs" (P&W) geartet: Ihre Interpreten und ihr Bedingungsfeld zeichnen sich durch Verortung im freikirchlich-protestantischen Christentum aus. Hier findet man die Pop-/Rockmusik zur Erweckung, dargeboten von christlichen Künstlern, die in eigenen Konzerten evangelisierende Bekenntnisse und Aufrufe zur Umkehr praktizieren. Oft werden die P&W-Konzerte als Anlass für Missions- beziehungsweise Erweckungspredigten genutzt. Das dabei zur Schau gestellte „Glaubensglühen" überschreitet für manchen Geschmack die Schamgrenze. In seiner katechetischen Verblüffungsfestigkeit und textlichen Redundanz ähnelt dies manchem Liedgut neuer geistlicher Gemeinschaften in der katholischen Kirche.

Stichwort: Merkantilität

Mit ihrer soziokulturellen Verortung im engagierten Christentum erweisen sich die genannten Musikstile als Spielarten geistlicher Musik. Solche (Text-)Musik will der Botschaft des Evangeliums durch Text wie Musik dienen. Das NGL seinerseits erfüllt diese Funktion vorzugsweise als *gemeindlich gesungenes Lied*. Reine Vortragslieder sind im Genre NGL vergleichsweise selten und unterscheiden sich dann immer noch in Herkunft und Anlage von anderen Strängen christlicher Popularmusik.

Die davon unterscheidbare Szene der populären christlichen Musik wird dagegen (neben den ausdrücklich christlich orientierten Vertrieben Pila Music, Gerth Medien, Asaph und Alliance) von Marktführern wie den Labels Warner und EMI unterstützt und in deren Werbung und Vertrieb genommen. Plattengigant WEA (Warner/Elektra/Atlantic) hatte zeitig einen christlichen Zweig gegründet: „Warner Christian Distribution" konnte einige Jahre vom christlichen Plattenmarkt profitieren, indem insbesondere Vertriebsleistungen angeboten wurden. Christliche Musikproduktionen wagt das Label SONY, das beispielsweise mit Martyn Joseph die beiden Alben „Being there" und „Martyn Joseph" herausbrachte. EMI hat zwischen 1992 und 1996 drei christliche Labels aufgekauft: Sparrow (1992), Star Song (1994) und ForeFront (1996). Die Autonomie der Labels blieb jeweils erhalten, EMI gewährleistet ihnen jedoch – ähnlich wie WEA – ein Netz mit erweiterten Vertriebs- und Marketingmöglichkeiten.

Plattenriese Universal, der zuletzt im November 2008 die Bigband der britischen Heilsarmee unter Vertrag genommen hat, brachte Star-Search Gewinnerin Florence Joy auf den Markt, die von sich selber sagt: „Für mich ist es immer wieder ein besonderes Vorrecht, von meinen Erfahrungen mit Gott zu berichten."

Die Branche der Christian Contemporary Music boomt. Das christliche Musik- und Kulturmagazin „Exact!" berichtete, dass sich allein der Absatz an so genannter christlicher Gospel-Music in den USA innerhalb eines Jahres um nahezu 300 Prozent gesteigert hat. Der Umsatz lag schon 1995 bei über 700 Millionen Mark. Distribution, Werbung und Öffentlichkeitsarbeit sind bei der Christian Contemporary Music äußerst professionell und halten jedem Vergleich zu kommerzieller Pop-/Rockmusik stand. Ein Künstler wie der US-amerikanische Sänger Michael W. Smith kann auf mehr als sieben Millionen (!) verkaufte Alben und zwei Grammy-Awards zurückblicken.

Der Markt für Tonträger und Downloads ist in diesem Segment von einiger ökonomischer Bedeutung. An Endverbraucher – Lizenzvergaben zum Beispiel für Rundfunkausstrahlungen nicht eingerechnet – wurden vor gut zehn Jahren Tonträger im Wert von 3,7 Milliarden DM verkauft. Heute berichtet die Phonoindustrie – nach ein paar Jahren Flaute – wieder von steigendem Absatz (iPod beziehungsweise dem Musikhandel per Downloads sei Dank). Die CD-Absätze waren 2007 stabil, junge Käuferschichten werden erschlossen. Bei den Downloads steht Deutschland europaweit auf dem zweiten Rang. Ein Stück von diesem einträglichen Kuchen wollen sich natürlich auch christliche Anbieter sichern.

Das NGL, dessen Künstler ihre Noten und CDs meist selbst vermarkten (zum Beispiel Kathi Stimmer-Salzeder, Norbert Becker) oder das kleinen Verlagen assoziiert ist (zum Beispiel Fritz Baltruweit und Thomas Quast dem tvd-Verlag in Düsseldorf), hat in diesem Markt nicht einmal den Stellenwert einer Fußnote. Dem Bundesverband Musikindustrie sind sie ebenso unbekannt wie der Gesellschaft für Konsumforschung, die den Musikmarkt für die Labels regelmäßig analysiert.

Die stilistischen Abgrenzungen korrelieren mit einem weiteren Befund, der den Sound der vorgelegten Tonträger betrifft. Die von den Musikverlagen „Peter-Janssens", „Impulse" beziehungsweise „KiMu" (Ludger Edelkötter) und „Kontakte" (Reinhard Horn) – um nur eine sehr kleine Auswahl anzuführen – publizierten Tonträger waren lange Zeit nicht für den konsumierenden Pop-/Rock-Genuss vor der Hi-Fi-Anlage gedacht. Dafür waren die Produktionen im Vergleich zum marktüblichen und von breiten Konsumentenschichten erwarteten Sound zu unattraktiv ausgeführt. Anders als jene Verlage, die das Neue Geistliche Lied protegieren, weichen die Produzenten der deutschen Christian Contemporary Music (insbesondere des Verlags Schulte & Gerth/ Asslar beziehungsweise Gerth Medien) für die Einspielung von weiten Teilen des Arrangements bisweilen in US-amerikanische Studios und auf deren Profi-Musiker aus. Die Mehrzahl der NGL-Tonträger ließe sich durchaus kritisieren – teils wegen ihres vergleichsweise mangelhaften Arrangements, teils wegen Defiziten in Aufnahmetechnik, Mischung und Sound oder hinsichtlich einer in Bezug auf die Marktlage schlicht überholten Tonsprache. Eher dürfte den Tonträgern des NGL die Funktion des „Heimtrainers" zukommen, mittels dessen man sich Inspiration für die eigene Liedauswahl in Gottesdienst oder Gruppenstunde und für das Arrangement der eigenen Band erhofft. In jüngerer Zeit ist hier jedoch ein Trend zu gängigen Qualitätsstandards zu beobachten. Alexander Bayer etwa hat zuletzt mit Michael Schütz und Hans-Werner Scharnowski zusammengearbeitet. Die Zeiten, da Peter Janssens seine markant gewöhnungsbedürftige Gesangsstimme zu Markte trug, sind längst vorbei.

Wie sich das NGL in den Ansprüchen eines qualifizierten Tonträgermarktes halten kann, wird sich erst noch erweisen müssen. Einstweilen ist verständlich und zu begrüßen, wenn seine Kreativen angesichts geänderter Hörgewohnheiten bei ihren Einspielungen in Fragen von Arrangement und Aufnahmetechnik das Qualitätslevel anheben.

Weitere Profilpunkte im Überblick

Weitere Abgrenzungen müssen genannt werden:
- Anders als der kommerzielle Pop/Rock und auch anders als US-amerikanisches White Gospel und die Erweckungsmusik von durchaus bekannten Verlagen und Labels ist das NGL in seiner Distribution und Logistik nicht in diesem Ausmaß *professionalisiert*.
- Das NGL rentiert sich weniger durch den Verkauf von Tonträgern als vielmehr durch seine Performanz, die sich für die Kreativen, wenn sie dies überhaupt nachhalten, über Abdruck- und Aufführungsgebühren rechnet.
- Seine Interpreten sind häufig nur *nebenberuflich* für die Musik tätig. Selbst ein so bekannter Protagonist wie Peter Janssens finanzierte sich zeitweise durch Anstellung an den Städtischen Bühnen Münster. Andere, wie etwa Robert Haas oder Klaus Simon, sind in kirchlichen Berufen tätig. Nebenbei:

Hier trägt die Kirche durch – teils großzügige – Freistellungen indirekt Verantwortung für die Entfaltung künstlerischer Fähigkeiten.

Bei aller gebotenen Kürze dürften bis hierher Abgrenzungen des NGL innerhalb der Spielarten christlicher Popularmusik, dürften sein stilistisches Profil, seine funktionelle Trennschärfe und seine ökonomische Eigenart deutlich geworden sein.

> Trotz der Verwandtschaft mit anderen Stilen kann das NGL – wenn auch mit bisweilen unscharfen Rändern – als eigenständige Spielart innerhalb der christlichen Popularmusik und der Pop-/Rockmusik erkannt und anerkannt werden.

Die Frage, was ein NGL ausmacht, ist in den vorangegangenen zwei Abschnitten in historischer und stilistischer Hinsicht behandelt worden. Dabei bekam das NGL als gemeindliches Lied einer sich stetig erneuernden und für die Sache Jesu begeisternden Kirche Kontur. Es engagiert sich für einen weltnahen und doch der liturgischen Ordnung verantwortlichen Gottesdienst. Ansprüche von Kirchenreform und Selbstreform schimmerten früher stark, heute immer noch vereinzelt durch die Noten- und Textzeilen dieser Gattung hindurch.
Nach Motiven ihres Schaffens befragt, antworten seine Schöpfer ausnahmslos mit Bezugnahme auf liturgische Ausdrucksstärke und gemeindlich-kirchliche Zeitgenossenschaft: Es geht ihnen um die „lebendige Liturgie", um den Gottesdienst, der „mit unserm Leben zu tun hat" (Kathi Stimmer-Salzeder), um das Lied mit „Dolmetscher-Funktion" (Norbert Becker), das Liturgie „begreiflich" macht und das „bei der Übersetzung der Handlung ins Heute" hilft. Es geht darum, „Gesten und Inhalte verständlich" zu machen, so Norbert Becker. Zur Illustration wählt er ein Beispiel des Messordinariums:
> „Wenn ich etwa sage: ‚Lamm Gottes, du nimmst hinweg alle Sünde der Welt' und das ziemlich schnell abgehandelt wird, die Liturgie darüber hinwegzugehen droht, hilft zum Beispiel ein Lied, in dem und mit dem deutlich gemacht wird, was hier eigentlich geschieht und was das heißt. So entstand dann zum Beispiel mein Lied DU NIMMST UNS AN, WIE WIR SIND UND LEBEN. Dieses ‚Lamm Gottes' zeigt und erinnert die Glaubenshaltung, die hinter der liturgischen Handlung des Brotbrechens und den Gebeten steht."

Zweites Grundmotiv ist Sehnsucht und Engagement für eine wache Kirche, die samt ihrer Liturgie für den Menschen da ist und nicht umgekehrt. Der Texter Thomas Laubach beschreibt seine Klientel mit den Worten:

„Ich erlebe, dass eben viele Menschen aber einen Glauben und eine Kirche suchen, in der nicht der Kult im Mittelpunkt steht, sondern in dem sie einen Ort für ihren Glauben und ihre Fragen haben. Und in dem ihr Glaube und ihre Fragen offen auf Gott hin werden können."

Der Komponist Thomas Quast ergänzt den, wenn man so will, diakonischen Ansatz um eine kirchenpolitische Komponente:
„Ich hab das Träumen noch nicht aufgegeben und habe eine Idee davon, was wäre, wenn sich Kirche zu einer allumfassenden, wirklich katholischen und ökumenischen Kirche entwickelt hätte oder noch entwickeln wollte. Wenn wir uns in einer wirklich geschwisterlichen Kirche bewegen würden, dann würden wir auch neue Lieder singen, weil die Menschen immer Lieder brauchen, die ihre konkrete Glaubens- und Lebenssituation benennen."

Theologische Relevanz und Perspektiven des Neuen Geistlichen Liedes (NGL)

Welchen pastoralen Rang hat das NGL heute? Die harschen Kontroversen über die Ausrichtung der (katholischen) Kirche in der Gegenwartsgesellschaft sind weitgehend verstummt. Die Sinnspitze des NGL ist nicht mehr Umbau von Gemeindemusik, Gottesdienst oder Kirche, sondern mehr der Repertoireausbau. Ist das NGL damit am Ende? Wo steht es? Was bleibt von ihm zu erwarten?

Wo steht das NGL heute?

Man kann die Entwicklungsgeschichte des NGL von seinen Anfängen bis zum heutigen Tag mit zwei Schlagworten zusammenfassen: Einst sang es von und in *Reform* und heute singt es als *Repertoire*. Damit droht dem einstmals frischen Genre die Gefahr der Redundanz und der Versteinung. Andererseits erweisen sich Texter und Komponisten des NGL als vital und kreativ. Jüngere Protagonisten sind herangewachsen. Wenn das Referat für musisch-kulturelle Bildung bei der „Arbeitsstelle für Jugendseelsorge der Deutschen Bischofskonferenz" für das Wochenende nach Aschermittwoch zur jährlichen „Überdiözesanen Fachtagung NGL" einlädt, ist die Tagung binnen Kurzem ausgebucht. Mehr denn je wird sie von Textern und Komponisten als Forum für Austausch und Diskussion genutzt! Natürlich machen sich für den unvoreingenommenen Beobachter bei den aus diesem Anlass vorgestellten Werken Qualitätsunterschiede bemerkbar. Es zeigt sich aber auch eine überraschende Produktivität und immer wieder auch eine Qualität, die anzuerkennen ist. Als Beispiel für Vitalität und Qualität mag die musikalische Gestaltung des Hauptgottesdienstes beim Katholikentag 2008 in Osnabrück stehen, für den man das Ensemble Ruhama gewonnen hatte. Dabei konnte man aber auch erleben, dass das Liedprogramm viele bekannte, wenn auch neu arrangierte Lieder enthielt. Nun folgen Groß- und Fernsehgottesdienste eigenen Gesetzen, aber auch in den gemeindlichen Gottesdiensten wird wirklich Neues nur selten eingeführt. Dass mittlerweile nicht mehr so viele neue Songs von sich reden machen, wird nicht zuletzt auch an der Diversifizierung der Szene ins Unüberschaubare liegen. Dies erschwert das Herausragen des neuen Besonderen. Wenn das Neue selbstverständlich ist, ist es eben nicht mehr „bemerkenswert".
Nicht zu vergessen: *Wenn in Stadt und Land kein Aufbruch ist, hört man auch keine Lieder des Aufbruchs!* Dann werden irgendwelche Lieder dort und dann

gesungen, wo und wann sie halt gebraucht werden. Der Bedarf nach Liedern ist durchaus da, nur gibt es kaum Hunger nach Neuem. Dies liegt indes auch an verpassten Chancen, im geeigneten Augenblick Neues vorzustellen. Enttäuschend fällt in diesem Zusammenhang der Ertrag der Weltjugendtage aus. 2008 in Sydney beschallte man die zum stummen Zuhören verdonnerte (sic!) Gemeinde mit einem bombastischen Klassik-Pop-Mix. Mitsingen wurde unmöglich gemacht. Für deutsche Erwartungen war schon der Weltjugendtag 2005 enttäuschend ausgefallen, der keine musikalische Inspiration gab. Neben einer weltmusikalisch ambitionierten, kunstvollen Ordinariumsvertonung von Thomas Gabriel, die durch ihre Komplexität die Gemeinde zu Zuhörern dessen machte, was singend mitzutragen ihre ureigenste Sache gewesen wäre, gab es noch die so genannte WJT-Hymne. Für die hatte es unter dem Label „Motto-Lied" zunächst einen offenen Wettbewerb gegeben. Die Einsendungen waren zahlreich. Wie es dann jedoch dazu kam, dass ein ganz anderer als der von der Jury erwählte Song von den Veranstaltern durchgesetzt wurde, wäre eine eigene Abhandlung wert. Nicht verborgen blieb der Öffentlichkeit, dass das Votum der Fachleute schließlich in den Wind geschlagen wurde und man sich (am Wettbewerb vorbei) ein Lied so machen ließ, wie man es haben wollte. Kein Wunder eigentlich, dass das Ergebnis dieses künstlichen (nicht künstlerischen) Prozesses eine entsprechend zwiespältige Aufnahme fand.

Sicher gilt: So mancher Liedwettbewerb bringt Einsendungen auf den Tisch, die schon einem ersten kritischen Blick nicht standhalten können. Viele Liedtexte sind stümperhaft: nicht nur theologisch zweifelhaft, sondern oft handwerklich und in sprachlicher Hinsicht unbrauchbar. Derlei Schwächen könnte auch eine zündende musikalische Faktur nicht wettmachen, denn noch wird Gott sei Dank bei Juroren des geistlichen Lieds nicht nur auf Melodie, sondern auch auf Inhalt geachtet. Die Kriterienkataloge und Hinweise, die Förderer wie der verdiente AK SINGLES[2] zur Textarbeit verfasst haben, liegen zwar vor, nur scheinen sie zu wenig Beachtung zu finden. Da wird dilettantisch und munter gereimt, was Reclams Reim-Lexikon hergibt. Da werden die Sprechrichtung des auktorialen „Ich" oder des singenden „Wir" – mal Gott, mal die Gemeinde anzielend – hemmungslos durcheinandergewürfelt, dass es schmerzt. Die Silbenverteilung, die in der ersten Strophe zu einer stringenten Melodie führte, verursacht im Fortgang des Lieds Fehlbetonungen oder widersinnigen Wortgebrauch. Trotz vieler neuer Lieder gilt: Die Poesie und der sprachliche Einfallsreichtum verkümmern. Logorrhö voller Banalitäten und

---

[2] SINGLES steht für einen Arbeitskreis im BDKJ des Erzbistums Köln und ist die Abkürzung von „Singen internationaler geistlicher Lieder. Ein Serviceangebot".

Klischees vermag aber genialen Logos nicht zu ersetzen. Auch in musikalischer Hinsicht ist die Situation bisweilen suboptimal: Viele Vertonungen klingen beliebig, zusammengeklaubt und uninspiriert. Und wenn Text und Musik beide für sich noch durchgehen mögen, lässt womöglich das heikle Text-Musik-Verhältnis zu wünschen übrig. Wohlgemerkt: Dies trifft längst nicht auf alle Werke zu, bietet aber immer wieder Anlass zu teils berechtigter Kritik, die bisweilen das gesamte Genre verteufelt.

Bei manchen Kreativen ist mittlerweile wieder eine stärkere Orientierung hin zur Liturgie, der Feier des Gottesdienstes, zu beobachten. Texter und Komponisten suchen spürbar eine Durchdringung der liturgietheologischen Ansprüche des Gottesdienstes. Das ist zu begrüßen, denn nicht jeder Song, der mutig als Kyrie, Credo oder Gloria betitelt wurde, entsprach dem theologischen Sinn der jeweiligen liturgischen Sequenz. Das lag oder liegt nicht an bösem Willen, sondern meist an liturgietheologischer Unkenntnis. Die Schwäche der allgemeinen liturgischen Bildung schlägt konsequent auf die Texter durch.

Manchem Komponisten fehlt zudem überhaupt der gute Texter. Schon Peter Janssens verblüffte seine Besucher bisweilen mit der Frage, ob man ihm keine Texte anzubieten hätte. Personalunionen von Texter/Komponist wie im Falle Dietmar Fischenichs oder Alexander Bayers sind selten. Im Frühjahr 2004 hat zum Konnex zwischen Liturgie und NGL das inhaltlich und organisatorisch vorbildlich betreute NGL-Forum auf dem Ulmer Katholikentag eine spannende Podiumsdiskussion geliefert. Der Bonner Liturgiewissenschaftler Albert Gerhards erwies sich dabei als kompetenter und gesprächsfähiger Sparringspartner für die anwesenden Künstler. Solch ein Dialog zwischen Künstlern und Liturgietheologen ist wünschenswert und sollte gefördert werden.

Die Emanzipierung des Kirchenlieds, aus der resultiert, dass jede/-r seine/ihre kreativen Fähigkeiten ausleben will, ging nicht Hand in Hand mit einem flächendeckenden Kompetenzerwerb. Hier liegt heute ohne Zweifel eine der großen Herausforderungen für das NGL. Es wäre zu fördern, dass sich fähige Texter und Komponisten zur Verfügung stellen, um den Nachwuchs zu begleiten. Bandworkshops haben wir eine ganze Reihe. Was uns weithin fehlt, sind unter anderem qualitätsvolle Textwerkstätten, die im geschützten Raum „Sprach"-Entwicklung fördern und das Schreiben von Liedtexten lehren. Man wird auch (selbst)kritisch fragen müssen: Wo sind kompetente (!) Mäzene, die Talente suchen, entdecken und fördern?

Auf diözesaner wie überdiözesaner Ebene wird in den Etatvorgaben – von Verhandlungen kann man da nicht sprechen – längst das „Streichkonzert" gespielt. *Solche* Noten sind up to date. Gleichzeitig ist unter hauptamtlichen Kirchenmusikern und dem Klerus die schon erwähnte Repertoire-Verharrung spürbar. Wo früher „hungrig" nach neuen Liedern gesucht wurde, greift man heute auf das Neue von vorgestern zurück. An einem Mangel neuer Lieder kann das nicht liegen. Eher wohl an Ermüdung, Überforderung oder Ratlosigkeit der Pastoralteams vor Ort: Zeitmangel, fehlende Neugier, aber auch fehlende „Not", das Passende zu finden – vielleicht auch Bequemlichkeit –, lassen die Liturgie meliert und „liederlich" werden, statt die Lieder zum bewussten und starken Bestandteil der liturgischen Feier zu machen. Selbst wenn man der neu produzierten Lieder-Fülle zu einem überwiegenden Teil mangelnde Qualität unterstellen wollte, rechtfertigt das nicht, dass – wie mir selbst geschehen – vor dem Ostergottesdienst ein als „neu" angekündigtes Lied eingeübt wird, das sich mit dem Titel MANCHMAL FEIERN WIR MITTEN IM TAG bis in die 1970er Jahre des 20. Jahrhunderts zurückverfolgen lässt.

In regelmäßigen Abständen erhebt der Verband der Diözesen Deutschlands Stichproben der von den Kirchengemeinden am häufigsten fotokopierten Lieder. Die Autorennamen Janssens, Edelkötter und Berthier (Taizé) stehen dabei mit an oberster Stelle. Die Werke jüngerer Texter und Komponisten folgen abgeschlagen auf hinteren Plätzen. Jene verblüffungsfesten Kirchenmusiker, die immer schon wussten, dass am NGL nichts dran sei, sollten nun aber ihrem Jubelreflex Einhalt gebieten. Ob die offizielle „musica sacra" derzeit für Innovation und Dynamik steht, mag sie sich selbst beantworten. Als man im Sommer 2004 auf deutschem Boden das Welttreffen von „Pueri Cantores" beherbergte, klang das jedenfalls auch ohne Neue Geistliche Lieder, die vom Programm gemieden wurden wie das Weihwasser vom Teufel, fast alles wie von gestern. Die Kinder und Jugendlichen wussten nichts von den bisweilen ambitioniert markierten Distinktionen zwischen Popular- und Kunstmusik. Sie blätterten teils recht lustlos durch das offizielle Chorbuch, und erst als einem ausländischen Gastensemble ein Gospel ins Programm rutschte, kam im Rund der Kölner Philharmonie für ein paar Minuten Begeisterung auf.

Gerade jene Kinder- und Jugendchöre, die mit Absicht von Werken jüngerer Texter und Komponisten ferngehalten werden, fänden im aktuellen Material aus der Szene des NGL durchaus packende Werke. Dass viele Kirchenmusiker dem Genre beharrlich aus dem Weg gehen und allenfalls die ewig alten Lieder repetieren, verwundert. Fühlt man sich überfordert, oder kennt der Pfarrer keine wirklich neuen Lieder und wünscht sich stets nur das, was ihm einst einmal gefiel? Da hätten aber gerade Kirchenmusiker die Pflicht, Neues zu sichten und Vorschläge zu machen. Stattdessen wird in Teilen der Presse, etwa in der Frankfurter Allgemeinen Zeitung, eine längst überholt geglaubte Frontstellung der „klassischen" Kirchenmusik zum NGL revitalisiert. Seitens der NGL-Szene ist niemand ernsthaft auf solch eine Konfrontation aus; auch zeugt die behauptete Gestrigkeit nicht von sonderlicher Sachkenntnis. Sie kultiviert hausgemachte Selffullfilling Prophecies.

Nach dem begeisterten Erlernen mittlerweile altbekannter Songs wie UNSER LEBEN SEI EIN FEST und DIE SACHE JESU BRAUCHT BEGEISTERTE, die vor gut 35 Jahren die Sehnsucht nach einem aktuellen musikalischen Ausdruck zu füllen vermochten, hat das Engagement nachgelassen, sich wirklich Neues zu erarbeiten. Ich bin der Überzeugung: Das liegt an den Verantwortlichen, nicht am Material. Täuscht der Eindruck, oder ist das Liedersingen im Wesentlichen bei DA BERÜHREN SICH HIMMEL UND ERDE (Laubach/Lehmann) aus dem Jahre 1989 (!) stehen geblieben?

Der ein oder andere Import-Schlager wie JESUS CHRIST, YOU ARE MY LIFE sei einmal ausgenommen. Auch die kommerzielle Schiene der Christian Contemporary Music, die zwischen theologisch Fragwürdigem à la Sarah Brendel und Xavier Naidoo pendelt, wird das gottesdienstliche Singen der Gemeinden nicht bereichern. Merke: Was man sich daheim auf den iPod lädt, wird man nicht vor den Altarstufen singen.

Quo vadis NGL?

Trend gegen die Lieder-Müdigkeit

Jugendchöre und Gemeindebands sind gefragt wie nie zuvor; und auch die These von der „singfreien Gesellschaft" ist für den Raum der Kirchen widerlegt. Menschen brauchen Lieder, mit denen sie ihr Leben in „Ein-Klang" und ihre Gemeinschaft in Harmonie (Zusammenklang) bringen können. Das Gebet vieler – längst nicht nur junger – Menschen, ist gerade *singendes* Gebet. Unser Glaube ist auch angewiesen auf Lieder, die uns singen lassen, was wir (noch) nicht sagen können. Und so manche Katechese *singt* sich eher ins Ohr, als dass sie sich gesprochen lehren und lernen lässt.

An einer vermeintlich fehlenden Lust zu singen kann es also nicht liegen, wenn das Liederrepertoire der Gemeinden in Beharrungsstarre verweilt. Was sind die Gründe? Liegt es womöglich daran, dass Hauptamtliche, Kirchenmusiker und Pastoralteams den Menschen das wirklich neue Lied geradezu verweigern? Oder fehlt es möglicherweise doch an guten Liedern?

Mehr gutes Neues, als mancher denken möchte

Von manchen Kirchenmusikern – in aller Regel solche, die nie zur überzeugten Arbeit mit neuen Liedern fanden – wird eine Krise des NGL postuliert. Nicht zuletzt in den Kollateraldiskussionen rund um das neue Gebet- und Gesangbuch, das das „Gotteslob" in wenigen Jahren ablösen soll, und in der musikalischen Gestaltung von Katholiken- und Weltjugendtag wird das bisweilen suggeriert. Dabei fällt auf, dass von den Urhebern solcher Szenarien vorwiegend *über* und nicht *mit* der kreativen Szene gesprochen wird. Demgegenüber platzt die „Überdiözesane Fachtagung Neues Geistliches Lied" aus allen Nähten. In den letzten sieben Jahren musste für diese Tagung sogar eine Warteliste geführt werden, um Interessenten als Nachrückern eine Chance zur Teilnahme zu geben.

So richtig es ist, dass eine weitere Qualifizierung in liturgietheologischer, sprachlicher und musikalischer Hinsicht in einzelnen Fällen weiterhin wünschenswert wäre, so richtig ist aber auch, dass der „Output" an Werken enorm ist und sich darunter mehr gutes Material findet, als mancher denkt. Gut 80 Seiten ist der Lieder-Reader jeweils dick, den die Teilnehmerinnen und Teilnehmer bei der genannten Fachtagung aus neuen Werken zusammenstellen. An der pauschal unterstellten mangelhaften Qualität des neuen Materials kann es nicht liegen, dass die Liedprogramme unserer Gottesdienste oft ein ums andere Mal angegrautes Repertoire reproduzieren, statt sich wohlüberlegt auf neue Werke einzulassen.

Gründe für das Verharren im alten Neuen

Die „Verharrung im Repertoire" des nur ehemals Neuen verdankt sich wohl vielmehr anderen Gründen.

Ein *erster Grund* könnte sein: Es fehlt weithin die sympathisch unerwartete Macht, mit der sich sowohl kraftvoll erneuertes Singen wie das Singen von neuen Liedern Bahn brechen will. Diese freche Dynamik entstammte vor gut fünfunddreißig Jahren nicht unwesentlich dem Programm der Kirchen- und Selbstreform, das das NGL zur gesungenen Enzyklika des nachkonziliaren kirchlichen und ökumenischen Aufbruchs machte. Wenn Lieder aber nicht mehr die Positionsbeschreibung des Sängers profilieren und nicht mehr zur programmatischen Vergemeinschaftung – auch nicht mehr zur Abgrenzung – dienen, verlieren sie eine ihrer klassischen Anwendersituationen. Lieblos heruntergesungene statt engagiert vermittelte Lieder wirken nicht. Ein schwaches

Bedeutungserleben aber schwächt die Funktion der Lieder. Für diesen Blickwinkel gilt: Was nicht allgemein von sich reden macht, wird auch nicht allgemein gesungen! Zum Entfachen von Leuchttürmen, die weithin scheinen sollen, braucht es ja den Funken, der helles Licht schlägt. Wo ist das theologische Programm, das gar nicht anders kann, als passioniert gesungen zu werden? Und da spielt das NGL den Ball zurück in das vielleicht allzu leidenschaftslos abgewickelte Praxisfeld unserer Pastoral. So muss man als „normaler Liedernutzer", als Lehrkraft oder als Mitglied im Pastoralteam, nach neuen Liedern regelrecht suchen; nicht weil es sie nicht gäbe, sondern weil sie sich nicht „aufdrängen". Man findet sie halt nicht per se „auf der Straße" zum nächsten Katholiken- oder Kirchentag.

Ein *zweiter Grund*: Die Protagonisten von einst sind teils verstorben (Willms, Janssens), teils haben sie sich ausgeschrieben oder sind kreativ verstummt (Albrecht, Edelkötter und andere). Positiv fällt auf: Sie wirken jenseits gut abgehangener Repertoirelisten weiter, haben nämlich einen wichtigen Anstoß zur oben erwähnten Emanzipation des Liederschaffens gegeben. Das dem NGL inhärente Programm einer kraftvollen Theologie des Volkes Gottes regte und regt vielerorts kreative Köpfe an, selber nach Texten und Tönen zu suchen, statt sich die Lieder „vor-schreiben" zu lassen. Diese Ausfaltung der kreativen Szene führte natürlich zu größerer Unübersichtlichkeit. Schon zu ihren Lebzeiten mussten etwa Wilhelm Willms und Peter Janssens einen Rückgang ihrer Bedeutung feststellen und konnten im Übrigen ganz gut damit umgehen. Andere Namen tauchten auf, ermutigt und teilweise ausgebildet von hervorragenden Leuten wie Pit Janssens, Hans Florenz oder Klaus Lüchtefeld. Die neuen Kreativen wurden flügge und überflügelten im Bekanntheitsgrad zum Teil ihre Lehrer. Zu solcherart Couragierten zählen unter anderen Reinhard Horn, Thomas Laubach, Thomas Quast und Gregor Linßen, aber auch die zunehmend ins Blickfeld geratenden Kreativen Dietmar Fischenich (Lahnstein) und Robert Haas (Kempten/Allgäu). Auch Daniel Schmidt (Fürth), Johannes Kessler (Erlangen) und Johannes Müller (Berlin) sind hier zu nennen.

Die Unübersichtlichkeit der bunten Szene hat aber Folgen: Wo pastoralen Mitarbeitern früher drei oder vier (womöglich noch einfach fotokopierte) Verlagsprospekte ausreichten, um sich einen Überblick zu verschaffen, steigt ihnen jetzt eine werbende Papierflut über den Kopf. Hinzu kommt: Manche diözesanen Arbeitskreise pushen nur noch ihren regionalen Favoriten, und Musikverlage bewerben nur ihre(n) „Hauskomponisten". Direktmarketing und Buchhandel stehen sich gegenüber. Den kleinen Anbietern, oft genug Künstler, die im Eigenverlag publizieren, fehlt die professionelle Vertriebsstruktur, die auf breiter Front auf Neuerscheinungen hinweisen könnte.

So sind die potenziellen Multiplikatoren aus Pädagogik und Pastoral stark gefordert – teils wohl auch überfordert –, sich einen guten Überblick über Neuerscheinungen zu verschaffen und sich Neues zu erarbeiten. Dass man sich angesichts solcher Widrigkeiten aufs Repertoire zurückzieht, ist verständlich. Es scheint ja ganz gut zu funktionieren mit den alten neuen Songs. Dabei könnte man mit manchem neuen Song in geistlicher Hinsicht Aufbrüche unterstützen. Schon in den 1970er Jahren prophezeite KJG-Präses Alois Albrecht, dass keine Beschlusspapiere, wohl aber gute Lieder zünden werden.

Das Singen des Neuen entdecken

Mindestens eine zuverlässige Publikation jüngerer Zeit versucht hier eine erste Schneise in das Dickicht zu schlagen: Der vergleichsweise kleine – aber engagierte – Verlag „Haus Altenberg" aus dem Jugendhaus Düsseldorf publiziert unter dem Titel „Songs" jedes Jahr einfache, aber empfehlenswerte Lieder für die Gruppen- und Gemeindearbeit. Viele davon sind nagelneu, manche sind ältere, verloren gegangene Schätze, deren Neu- beziehungsweise Wiederentdeckung sich lohnt. Ein Workshop aus Mitarbeitern der Jugendpastoral sichtet hierfür regelmäßig eine Fülle an neuem Material und steht mit seiner Auswahl, die frei ist von finanziellen, marktpolitischen oder regionalen Interessen, für eine vertretbare Qualität ein. Etabliert hat sich so eine jährliche Fortsetzung der Reihe „Songs", die an die in den Ost-Bistümern wichtige Tradition des Jugend-Bekenntnis-Tages am Dreifaltigkeitssonntag (Sonntag nach Pfingsten) anknüpft.[3]

Aber das kann nur ein erster Schritt sein, zumal die Auswahl in „Songs" sich – dem Konzept dieser Publikation gemäß – meist auf leicht Erlernbares beschränkt und ambitionierte Chöre unterfordert. Die diözesanen Beauftragten für NGL bringen aber jedes Jahr von der „Überdiözesanen Fachtagung" der afj ein Konvolut von über 60 Partituren mit, in dem manches auf Entdeckung wartet. Wo sind dann die gespannt gestimmten Kirchenmusikreferate, die die NGL-Referenten um ihre aktuelle Auswahl bitten, und wo sind die Kirchenmusiker, die solchen Workshops die Türen einrennen? Ich kenne zu viele hauptamtliche Musiker, die bei solch einem Thema müde abwinken, aber bei denen auch keine Leidenschaft für eine Alternative zu spüren ist! *Zu viel bleibt dem Repertoire überlassen, und das hat einen Januskopf mit Namen Bequemlichkeit.*

---

[3] Die aktuelle Version ist betitelt „Auf dem Weg. Songs 2009", Verlag Haus Altenberg, Düsseldorf 2009.

Das Problem hat aber auch systemimmanente Gründe: Warum überlassen viele Ausbildungsstätten für Pastoral und Kirchenmusik das Liedersingen und insbesondere das Thema NGL sich selbst? In nicht wenigen Diözesen gibt es Beauftragte für NGL, die ihr Know-how weiterzugeben bereit sind. Wer aber zeigt den Hauptamtlichen in den Gemeinden, wie man neue Lieder findet und erlernt? Wer sich selber helfen will, kann auf das Internet zurückgreifen: Direkten Kontakt zu allen bekannten Textern und Komponisten der Szene gibt es über das Internetportal www.ngl-deutschland.de, das die afj auf Bitte der Kreativen vor einigen Jahren eingerichtet hat. Von dort aus ermöglichen zahlreiche Links jedem User ohne besondere Autorisierung Zugriff auf die relevanten Kreativen, Produzenten und Vertriebswege neuer Lieder.

Das Bedingungsfeld des NGL hat sich geändert: Der Einsatz wird nicht mehr giftig bekämpft, zwischenzeitlich wurden auch so genannte Papst-Messen selbstverständlich mit neuen Liedern gefeiert. Viele wollen ihren Glauben auf diese Weise zum Klingen bringen, und nicht wenigen ist dieses Singen die Torbrücke in das Haus des Glaubens. Schade eigentlich, wenn dann neben dem Bekannten und Bewährten die Kreativität der Gegenwart unbeachtet bleibt. Gefordert sind also vor allem Kirchenmusiker und Pastoralteams, die die oben vorgeschlagenen Schneisen ins Neuland als Einladung zum eigenen Erkunden ausprobieren. Die Erfahrung jener Kraft, die Musik und Gesang bei Menschen entfesseln kann, sollte Ansporn genug sein für ein neues Engagement in dieser Hinsicht. Wer sucht, der findet! Und wer findet, der wird so manchen wirklich neuen Song begeistert an eine dankbare Gemeinde weitergeben.

Die Wasserscheide Merkantilisierung

Wäre eine stärkere Merkantilisierung der Königsweg für die Kreativen des NGL? In Teilen der Szene gibt es den Trend, neue CDs möglichst professionell zu produzieren. Arrangements, Musiker, Mischung und Fertigung passen sich bereits den kommerziellen Ansprüchen des Marktes an. Ist nicht verständlich, dass ein Ensemble nach mehreren Tonträgern mal einen „Knaller" machen will, man also mal die Grenzen auslotet? Das „Nest" der heimeligen Szene wird verlassen. Mischpult, Monitorboxen und weiteres elektronisches Equipment gehören längst zur Conditio sine qua non für marktübliche Pop-/Rockmusik. Pop ist schließlich Technikgeschichte und Technikgeschichte ist Pop. Der Fortschritt macht sich nicht nur bei den jüngeren Protagonisten bemerkbar. Bessere Lieder hat all dies aber nicht in jedem Fall hervorgebracht. Auch ist der Wind, der auf dem Feld der Christian Contemporary Music weht, rau und steht dem Kammer-Pop/Rock des NGL ins Gesicht. Wenige nur könnten in derlei Konkurrenz bestehen. Wohl dem, der seine Marktnische gefunden hat und besetzt halten kann. Diese Nische ist beim einen das Kinderlied (Reinhard Horn mit viel beachteten und unter anderem von der UNESCO anerkannten Projekten), bei anderen eine verlässlich konstante Bezugsgruppe und die Zusammenarbeit mit etablierten Partnern (Thomas Laubach/Thomas Quast, die gute Verbindungen zum Zentralkomitee der Deutschen Katholiken pflegen). Wieder andere wählen sich immer neue Partner und Konstellationen, so etwa Robert Haas, der sich Kooperationen mit dem Bonifatiuswerk erschloss, zugleich eine CD „Tafel-Musik" mit Starkoch Alfons Schubeck – mit eigens kreiertem Menu (!) – anrichtete und eine Pilger-CD mit Abtprimas Notker Wolf und Pater Norbert Becker publizierte.

Alexander Bayer (Ensemble Entzücklika) weiß gleichwohl von Nachfragen zu berichten, die bewusst einfache Einspielungen vorziehen. (Siehe das Gespräch auf Seite 104.) Auch aus anderem Grund ist Vorsicht angesagt: In Zeiten eines schwach definierten (oder wenig nachgefragten) klaren theologischen Programms feilt man womöglich aufwendig an der Verpackung. Das genuine Anliegen und die Faktur des NGL passen aber nicht unbedingt auf Hochglanzpapier und in den Sound von Hollywood und Disney-Studios. Bei steigendem Anspruch an Professionalität schwindet die praktische Verwertbarkeit der klingenden Silberscheiben für die Inspiration der gemeindlichen Praxis. Charts sind das eine, gemeindliche Communio und Liturgie das andere. Der Schritt auf das Terrain der Christian Contemporary Music setzt die Kreativen also einer doppelten Spannung aus: Für den merkantil dominierten Markt oft nicht genug „markteingängig" und für die Gemeindearbeit oft nicht mehr genug „gemeindegängig" zu sein, entfremdet die zu Produkten gewordenen Kreationen von ihrem Sitz im Leben. Dabei sind – das zeigt die Praxis – gerade hier gute neue Lieder stets „notwendig".

Auf die Praxis schauen

Nach der ersten Phase als Lied der liturgischen Reform und der ethischen Selbstermahnung folgte die lange Phase der Repertoirebildung. Mittlerweile zeichnet sich eine nächste Perspektive für das NGL ab: Gleich ob man das NGL am liebsten als zeitgeschichtliche Fußnote abheften oder ob man als Kreativer von kritischen Rückfragen verschont bleiben möchte – wobei ich indes bislang keinen der maßgeblichen Texter oder Komponisten als für sachliche Kritik unzugänglich erlebt habe –: Das NGL begreift man am besten als

Musik im Leben suchender Gemeinden und Christen – übrigens längst nicht nur jugendlicher Christen. Christen aller Generationen suchen klingenden Ausdruck und Impulse für ihre spirituelle Entwicklung. Diese Suche zu inspirieren, ihr einerseits Gestalt zu verleihen, sich andererseits von den Bedürfnissen anregen und formen zu lassen, ist das stärkste Potenzial des NGL. Neue Lieder von heute sind oftmals Reaktionen auf einen pastoralen Bedarf. Sei es als Lied, das einen Trauerfall bewältigen hilft (zum Beispiel Norbert Beckers TRAUERGESANG), als singende Klage angesichts schwerer Erkrankung (zum Beispiel Alexander Bayers DU BLEIBST BEI MIR zur bedrückenden Altersdemenz in der Familie eines Ensemblemitglieds) oder als die ungezählten Motto-Lieder zu Wallfahrten, Bistumsjubiläen, Katholikentagen usw.

Diese Vitalität ist mit einem Blick in die Praxis leicht zu erfassen. Ich habe vor Kurzem Praktiker aus der gemeindlichen Musikarbeit (Kirchenmusiker und jugendpastorale Mitarbeiter) mehrerer Bistümer gebeten, ihre aktuelle Einschätzung dazu abzugeben. Das Ergebnis ist eindeutig: Das NGL gilt ihnen als unverzichtbar. Die Gründe im Einzelnen:

- Es sind dies die Lieder, die sich notwendig „von den üblichen Gotteslobgesängen abheben", die eine „modernere Sprache" und „andere, jugendgemäßere Melodien" bieten.
- Dass sie „leicht mitzusingen" sind, ist ebenfalls wichtig.

Zu solchen eher formalen Merkmalen korrespondieren die inhaltliche und funktionale Qualität, die Praktiker mit dem NGL verbinden:

- Hier findet „Auseinandersetzung mit dem Alltag und den Erfahrungen mit Christ-Sein" statt. Hier werden angemessen „verschiedene theologische, pastorale, anthropologische Fragen thematisiert".
- Als bedeutsam gilt außerdem, dass diese Lieder „ohne hohen finanziellen Aufwand und ohne medienwirksamen Anspruch" praktikabel sind. Nebenbei: Es muss gar nicht Großbildleinwand, Videoshow und Gig-Gewese sein. Der „Event" findet im Innern statt.
- Neue Lieder werden gewünscht als Songs, die „ansprechen, anfragen, zum Nachdenken und zur Diskussion anregen".

Die Befragten antworten unverstellt auf die immer wieder erörterte Frage nach der Definition des NGL. So drückt es etwa Daniel Kaufhold aus, ein Lehrer und Praktiker aus der Jugendchorarbeit des Bistums Erfurt:

> „NGL ist nicht klar definiert. Es gibt zwar viele Versuche, die aber sehr unterschiedlich sind! Unter anderem könnte es an der Namensvielfalt liegen, mit der man das moderne christliche Lied beschreibt. Ich versuche immer, die Wortbestandteile beziehungsweise die Wörter *neu*, *geistlich*, *Kirchenlied* separat zu betrachten.

Damit verbinde ich eine gewisse Qualität! Nicht jedes moderne religiöse Lied ist für mich ein NGL, sondern hauptsächlich jene, die sich für den katholischen (oder ökumenischen) Gottesdienst (Gebet, Pastoralarbeit) eignen. Alles andere sind *nur* religiöse Lieder (christliche Popularmusik) oder Lieder mit religiösem Inhalt! *Neu* kann als aktuell gedeutet werden oder vielleicht besser als neuere Lieder. Es wurden ja eine Zeit lang kaum noch Lieder komponiert. Erst mit dem Zweiten Vatikanischen Konzil begann ja ein erhöhter Bedarf an neuen Liedern für Kinder und Jugendliche. NGL müssen nicht unbedingt Jugendlieder sein. Für mich ist es vielmehr ein neues Liedgut nach dem Cäcilianismus und dem Vaticanum, welches als Kirchenlied seine Funktion hat."

Niemand kann in Abrede stellen, dass die Musik des NGL längst nicht mehr einen jugendkulturellen Mainstream widerspiegelt. Gleichwohl zeigen Befragungen Jugendlicher, dass sie für die musikalische Gestaltung von Gottesdiensten vor allem *solche* Lieder erwarten und wünschen. Als es Ende der neunziger Jahre durch das Diözesanjugendamt Osnabrück eine breit angelegte Untersuchung unter Schülern des Faches Katholische Religion gegeben hat, kritisierten die Jugendlichen vorrangig „langweilige" (39,64%) und „altmodische" Messen (25,84%). Gefragt, was ihnen wichtig ist, ergab sich folgende Reihung:
- Kommunion (41,64%)
- Lieder (30,06%)
- Friedensgruß (24,69%).

Tatsächlich ist es die zeitgenössische Form, die sich viele Jugendliche ausdrücklich für die Liturgie wünschen: moderne Instrumente (41,72%), moderne Lieder (37,42%), moderne Texte (34,36%), Spielszenen (26,3%) und gemeinsames Singen (22,93%) bilden hier die Spitze. Die höchste Zustimmung überhaupt gab es bei dieser Untersuchung für das NGL, Lieder aus dem „Gotteslob" lagen abgeschlagen auf dem letzten Rang.

Dieses Ergebnis ist kein Einzelfall. Das Material einer Vorstudie, die das Forschungsprojekt der „Arbeitsstelle für Jugendseelsorge der Deutschen Bischofskonferenz" zur spirituellen Valenz der Weltjugendtage gesammelt hat, bestätigte vor wenigen Jahren, dass mehr als die Hälfte der Jugendlichen zwischen 16 und 28 Jahren den Gottesdienst ihrer Heimatgemeinde als mangelhaft vorbereitet und 39 Prozent ihn als „eintönig" empfinden. Die Jugendlichen suchen nach neuen Liedern: Die Hälfte der Befragten (48%) geben dies sogar als einen ausdrücklichen Beweggrund ihrer Teilnahme beim Weltjugendtreffen an! Wenn nach dem WJT in Sydney (2008) ein Rückblick auf die Hauptgottesdienste in dem Mitgliedermagazin des rührigen Vereins „Musica e vita" mit den Worten „Wir dürfen schweigen" übertitelt wird, fällt das umso stärker ins Gewicht.

Die These von der „Sanglosen Generation" ist gesamtgesellschaftlich gesehen vielleicht richtig. Die jüngste Shell Jugendstudie hat erst gar nicht mehr nach eigener Musikaktivität (Instrument spielen, geschweige denn Singen) gefragt. Die Zahl der Chöre aber hat in Deutschland innerhalb der letzten 15 Jahre von 34.000 auf 45.000 zugenommen und die Zahl der Sängerinnen und Sänger um 200.000 auf über 1,4 Millionen. In den rund 25.000 Chören der beiden großen christlichen Konfessionen sind 700.000 Christen aktiv. Hierzu korreliert eine Untersuchung der innerkirchlichen Klientel, die Anfang 2001 von Peter Deckert (Köln) vorgestellt werden konnte: Demnach gibt es in den deutschen Bistümern über 1.895 Jugendchöre und Bands, die mit NGL arbeiten. Diese Gruppen sammeln mehr als 33.000 aktive Jugendliche um sich. Das NGL stellt also eine nicht unerhebliche Größe im Leben der Gemeinden dar.

Man darf angesichts all dieser Befunde getrost davon ausgehen, dass für das NGL einiger Bedarf besteht. Das Phänomen des NGL ist weder als ein zeitgeschichtliches Perdu einzuordnen, noch darf es in seinen heftigen „Ausreißern" zum Popanz aufgebauscht oder wegen schwacher Exemplare Pars pro Toto belächelt werden. Weithin ist Gelassenheit an die Stelle ideologischen Getöses getreten. Das NGL hat vielleicht ein weniger scharfes Profil als früher, aber es ist ein selbstverständliches Medium der musisch-kulturellen Arbeit in der Pastoral geworden. So verlagert sich sein Gewicht eher, als dass es schwindet. Wo Menschen ihren Glauben als vital erfahren wollen, werden sie kreativ, und es entstehen Lieder. Der Geist sucht stets neuen Ausdruck. So lebten und leben Menschen mit neuen Liedern. Das NGL profilierte sich vielfach als „gesungenes Programm" eines sich erneuernden Glaubens, seines Gottesdienstes und eines weltnahen geistlichen Lebens. Seit den Anfängen zieht sich dieser rote Faden durch: von Gottes Guter Nachricht für das Leben zu künden; die Botschaft neu zu formulieren. Dieses Neue also nicht um des Neuen willen, sondern aus geistlicher Bewegung zu sagen und dabei schließlich von liedhaftem und leicht reproduzierbarem Charakter zu sein, kennzeichnet das NGL. Dass solche Lieder immer wieder entstehen, steht außer Frage und bleibt auch künftig zu wünschen. Nicht das Repertoire, nicht die Kanonisierung auf Dünndruckpapier und mit edlem Goldschnitt sollte man dabei anstreben. Wilhelm Willms verglich das neue Lied lieber mit Manna. Für den Tag, nur für heute, ist es je hilfreich, notwendig, lebenswichtig. Will man es aber konservieren, verliert es seine Kraft: „Wir dürfen nichts verwahren. Das stinkt dann zum Himmel."

Aktuelle Programmatik des NGL

Das Neue am NGL erschöpft sich nicht in der Wahl der musikalischen Form. Das Liederschaffen erweist sich bei genauerem Hinsehen als bewusster zeitgenössischer und auch bewusster theologischer Vorgang.

> Der schöpferische Akt resultiert als Konsequenz aus einer inhaltlichen Grundentscheidung, nämlich der Orientierung an einer kontextuellen Theologie.

Dies führt zu einer ganzen Palette von Themen: biblische Paraphrase, Frage, Klage, Zuspruch und Bekenntnis. Darin ermöglichen die Lieder neben sinnlichem Ausdruck und Katechese mit persönlicher Relevanz eine Performanz christlicher Hoffnung, die zum Festcharakter der Liturgie beitragen kann. Der theologischen Aufmerksamkeit für die Situation von Kirche und Welt beziehungsweise von Kirche *in und mit* der Welt als eines Heilszeichens Gottes in der Welt (das man dann auch entschlüsseln können will) entspricht die kontextuelle musikalische Form. Dabei kann sich der (evangelische) Liedermacher Fritz Baltruweit (siehe auch S. 71 ff.) sogar auf die Tradition seiner Konfession berufen:

„Man muss sich klarmachen, was Luther gemacht hat. Luther hat seine Theologie in Lieder verpackt, und das war kontextuelle Theologie: Er setzte sich ständig mit einer konkreten Situation, nämlich mit der Lage der Kirche und Gemeinde, auseinander und suchte Antworten auf das, mit dem er nicht zurechtkam. Das Entscheidende dieser Antworten hat er dann in Lieder gebracht, die die deutsche Sprache benutzten, nicht die lateinische! […] Luther hat Melodien ‚von der Straße‘ genommen, die zeitgemäß waren, die einfach ‚dran‘ waren."

> So hat sich mit dem Neuen Geistlichen Lied eine alternative, funktionsgerechte Kirchenmusik entwickelt, die geeignet ist, die gesuchten Akzente in theologischer wie liturgischer Hinsicht zu setzen.

Auch ein Friedrich Spee arbeitete kontextuell, wenn er angesichts furchtbarer Scheiterhaufen den Liedtext zu O HEILAND REISS DIE HIMMEL AUF als Klage formulierte und seine Erfahrungen mit Folter und Verfolgung beziehungsreich einfließen ließ. Auch heute werden politische Absichten von Künstlern und/ oder Anwendern der Lieder fassbar: Manche engagieren sich in Bewegungen für wache Demokratie, gegen die Rassendiskriminierung, für Gleichberechtigung von Mann und Frau, gegen den Krieg (einst Vietnam, heute Irak usw.) und die Ausbeutung der so genannten Dritten Welt und für neue, alternative Lebensstile, immer wieder auch für eine gewandelte Kirche. Die gesellschaftspolitischen Ambitionen nähren sich von Visionen einer gerechteren Gesellschaft und substituieren solche Hoffnungen zugleich wieder:

„In dieser Zeit gewinnen die Träume, Sehnsüchte und Hoffnungen der jungen Generation von Frieden, Freiheit, sozialer Gerechtigkeit und solidarischem Zusammenleben eine politische Unmittelbarkeit, die sich in einer Vielzahl unkonventioneller politischer Aktionen ausdrückt: Sit-ins, Be-ins, Free-speech-movements, Demonstrationen, Hausbesetzungen und Methoden des gewaltfreien Widerstandes. Das Openair-Konzert in Woodstock (August 1969) wurde zum Symbol und Mythos einer ganzen Generation." (Johannes Kandel)

Viele Anwender des NGL werden ihr persönliches „Woodstock" benennen können. Sei es ein Katholiken- oder Kirchentag, sei es ein Gottesdienst oder geistliches Konzert. Oft genug sind mit den angenehmen Erinnerungen Reminiszenzen an Debatten um das Für und Wider des konkreten, praktisch gewordenen Christentums verbunden, denen die Lieder zum Klangraum geraten sind.

Ein Fanal des NGL in einem deutlich politischen Kontext mag es manchem gewesen sein, als Peter Janssens und sein Gesangsorchester im Dezember 1987 anlässlich der Streikaktionen von 100.000 Kumpeln und ihren Familien im Arbeitskampf um den Stahlstandort Duisburg-Rheinhausen einen ökumenischen Gottesdienst mit 25.000 Menschen mitfeierten. Ihr Song BROT UND ROSEN (Peter Janssens' Vertonung eines leicht überarbeiteten Protest-Textes aus dem Jahre 1912) wurde Titellied der Versammlung und kann als Chiffre verstanden werden für den Anspruch einer Einheit von Kampf und Kontemplation, wie sie unter anderem Frère Roger Schutz von Taizé gepredigt hatte.

Tempi passati? Bewusst unterstützen Thomas Laubach und Thomas Quast mit dem Ensemble Ruhama nach dem Disput um die Schwangerenkonfliktberatung den Verein „Donum Vitae" mit dem neuen Song LEBEN IST EIN GESCHENK (2003). Ein Klima von Erneuerung und von Veränderungswillen führten kirchliche Initiativen weiter, als den politischen Aktivisten etwa der Friedensbewegung der lange Atem fehlte. Sie können es in (innerkirchlich gleichwohl bestrittenen) Varianten kirchlich verortet durchtragen, weil sie in den stützenden Kontext ihrer Gemeinschaften eingebunden sind. Die bieten einerseits Zeitgenössischem Ausdruck und andererseits der stets gefährdeten Hoffnung den nötigen Lebensraum; eben auch einen Lebensraum, der klingt. „Musik hat die Eigenschaft, in einem Raum oder in einer Gemeinschaft eine ganz bestimmte Atmosphäre zu schaffen. Sie vermag im Menschen emotionale Tiefendimensionen anzusprechen, an die das gesprochene Wort nicht heranreicht." (Harald Schützeichel) So mag das Programm des NGL – für Musikpsychologen ganz natürlich – verbal unscharf sein, seinen Anwendern dürfte es dennoch oft genug musikalisches Siegel ihres Engagements in Kirche und Welt sein.

Kirchenmusik mit Signalcharakter

Über die kirchengeschichtlichen Phasen der letzten Jahrzehnte hinweg ist anzuerkennen: Das NGL ist Teil der Musik einer weltwachen Kirche und wird von seinen maßgeblichen Schöpfern und vielen Anwendern verstanden als Signum für eine dialogbereite Kirche im Dienst an den Menschen. Wenn der reformerische Impetus von einst auch verklungen ist, so steht es für nicht wenige als selbstverständliche Komponente zeitgenössischer und zeitbewusster Spiritualität. In der gemeindlichen Praxis ist das NGL im Übrigen landauf, landab beliebter und unverzichtbarer Teil der tätigen Teilnahme. Es fällt auf, dass nun, da ein neues Gebet- und Gesangbuch im Entstehen ist, bisweilen verbal die Messerchen gewetzt werden. Von manchem wird dem NGL das Totenglöcklein geläutet. Das Material sei ja nicht zu gebrauchen, tönt es. Andere behaupten, oft ohne das Gespräch mit den Rechteinhabern gesucht zu haben, die Abdruckrechte seien unerschwinglich. Derlei Vereinfachungen wundern. Man kann den Eindruck gewinnen, erst sei die Neue Geistliche Musik als inadäquat abgelehnt, dann nach allen Regeln der „musica sacra" in deren Prokrustesbett des Etablierten zurechtgezurrt worden – und dies alles nur, um schließlich festzustellen, dass die Korrektur dem Materialobjekt irgendwie nicht bekommen ist; ein selbst kreierter Teufelskreis, der sich den gewünschten Horizont mit professionellen Scheuklappen bewerkstelligt.

Die – offensichtlich gewünschte – Alternative konnte man auf dem oben bereits einmal erwähnten Welttreffen vom Jugendchorverband „Pueri Cantores" im Juli 2004 in Köln erleben. Das offizielle Chorbuch zu der zweifellos beeindruckenden Veranstaltung enthielt reichlich (Kirchen)Musik des 17. bis 19. Jahrhunderts. Neuere Stücke fügten sich klanglich chamäleonartig in die bevorzugten traditionellen Geschmacksmuster ein. Vor so viel Retrovision möchte man warnen: Die offizielle Begeisterung ob solch vertrauter Klänge lügt sich leicht selbst in die Tasche. Wer bei der Eröffnung des Chortreffens im Dom mitten unter den Jugendlichen stand, war abseits jenes trainierten Chors, dessen Klang durch den Dom getragen wurde, mit Kritik konfrontiert. Man verstehe mich nicht falsch: Ich kenne keinen Kreativen aus der Szene des NGL, der seine Lieder gegen das hochkulturelle Repertoire ausspielen will. (Exkommunikation ist ohnehin keine Domäne der Schöpfer des NGL.) Die Werke eines Philipp Nicolai, eines Thomas Tallis, eines Paul Gerhardt oder von wem auch immer dürfen sich aber nicht als Hürde erweisen. *Kirchenmusik soll helfen, über Mauern zu springen, statt Zäune aufzurichten.*

Der Nutzen des Gesangs

Sich hier zu engagieren, lohnt, denn alle Forschungserträge kann man dahingehend zusammenfassen, dass das Singen Organismus und Selbstbewusstsein umfassend stützt. Singen ist mehr! Es ist schöpferisches Handeln und zugleich wirkmächtiges Eindruckshandeln zugunsten einer Bewusstwerdung des Subjekts. Dem spirituell Suchenden sind Lieder klingende Brücken in das Haus des Glaubens. Als Ausdruckshandeln verbindet es das singende Ich mit den anderen, zum Beispiel mit der Gemeinde. Singen verbindet Menschen und ermöglicht auch Verknüpfung zwischen Individuum und Tradition. Die musikpsychologische Forschung legt, ebenso wie musiksoziologische Studien und die kunstpädagogische Arbeit, unmissverständlich dar, dass ästhetisches Handeln einen hohen Anteil an der Entwicklung von sozialer Kompetenz und emotionaler Intelligenz hat.[4]

Singen ist ein ästhetischer Akt. Es ist Wahrnehmung, ist Erkenntnis durch sinnliches Handeln statt durch kognitive, intellektuelle Prozesse. Ästhetisches Handeln hat stets einen Rahmen, das heißt, unsere Wahrnehmung ist abhängig von der Situation des sinnlichen Erlebens. Das Neue Geistliche Lied bietet als liturgisches Handeln eine entsprechende rahmende Verortung. Das Liedersingen in der Liturgie – wenngleich von einigen Liturgiewissenschaftlern als Fehlform kritisiert – ist jeweils eingebettet in den Kontext konkreter Situationen. Von hier erhält es Sinnzuwachs und gibt auch seinerseits dem liturgischen Handeln und den Handelnden Sinngewinn. So verbinden sich Lied und Liturgie. Das Singen im Gottesdienst, eben auch eines neuen Liedes, ist liturgisches Handeln, nicht eine hübsche Zutat.

Wenn ich hier von „Situation" spreche, ist darunter *erstens* der dramaturgische Augenblick zu verstehen. Beispiele: Zu Ankunft und Sammlung gehört das Eingangslied. Zur plausiblen Reaktion auf die Lesung(en) wird sodann im weiteren Verlauf der Antwortgesang gehören. Und bei der (so genannten) Entlassung findet ein letztes Lied seinen Ort, an dem Segen und Aussendung sinnenfällig und präzisiert werden. Die dramaturgische Passgenauigkeit vieler neuer Lieder ist unbestritten. Hierzu haben nicht zuletzt die von Meyer und Janssens geschaffene Innsbrucker Universitätsmesse von 1970 („Gute Nachricht für alle

---

[4] Wer hierzu mehr lesen möchte, findet den Komplex zuletzt allgemeinverständlich im GEO-Heft vom März 2007 dargelegt. Ausführlich bearbeiten den Themenkomplex die Bundesvereinigung Kulturelle Jugendbildung/Remscheid und Prof. Dr. Max Fuchs, der Vorsitzende des Deutschen Kulturrats.

Völker") und das KJG-Projekt von 1972 früh Beispielhaftes geschaffen. In den letzten Jahren ist bei vielen Textern und Komponisten wieder eine Hinwendung zur liturgisch vorgegebenen Form und eine Orientierung an der situativen Sequenz der liturgischen Handlung festzustellen.

Zur Ästhetik des Augenblicks gehört sodann *zweitens* die ganzheitliche Hineinnahme (Involvierung) der Anwesenden in die Situation, die eine umso tiefere sinnliche Durchdringung ermöglicht. Die Situation ist vertraut: Da stehen Instrumentalisten und Sänger, die man kennt, Liederbücher und Instrumente liegen bereit. Man sieht einander an. Die Musiker sind nah – näher oft als die fern platzierte Orgel –, und sie sind uns aus Gemeinde und Stadt bekannt. *Das Neue Geistliche Lied kommt* aus *der Gemeinde* zu *der Gemeinde*. Die erwiesenermaßen mögliche exzeptionelle Emotionalität des Singens ist dabei verbunden mit interpersonaler Stimmungsübertragung. Solches Singen kann sogar Isolation aufsprengen. Dieser sozial-kommunikative Aspekt des liturgischen Liedersingens ist nicht zu vernachlässigen. Er wird gedeckt durch die musikpsychologischen Erkenntnisse, wonach zu den psychologischen Funktionen von Musik unter anderem Sozialkontakt, Selbstverwirklichung und Freude gezählt werden.

Liturgie und Neues Geistliches Lied sind Teil eines unauftrennbaren Konglomerates von verbalen und nonverbalen Komponenten. Es gibt gute Gründe, die annehmen lassen, dass die allgemein postulierte pure *Text*orientierung der Liturgie gerade im Liedersingen so starr nicht gelten kann. Fühlen und Denken ergänzen sich vielmehr zu einem Größeren, das die ästhetische und assoziative Hörweise/Erlebnisweise (in einem unspezifizierbaren Verhältnis) zum Darleben vereint. Das kommunikative Potenzial der Lieder ist also an das ganzheitliche Musikerlebnis gekoppelt, nicht an das Libretto allein:

„Ein Lied/ein Gesang ist die Einheit von Wort und Ton, Worten und Melodie. Nur im Vorgang des Erklingens ist diese Einheit präsent. Das Erklingen als solches ist ein Vorgang im Bereich der Materie, [...] in dem sich aber der Geist zu Wort meldet und sich zugleich mit den wort-losen Tönen verbindet. [...] Ein Gesang ist also ein Vorgang, in dem Geist quasi verleiblicht, sinnenhaft erfahrbar wird." (Christa Reich).

Ein Lied ist seinen Sängerinnen und Sängern immer mehr als tönende Form, und es ist auch mehr als Text – ganz gewiss ist es auch mehr als die bloße Addition dieser beiden Komponenten. Wer das nicht glauben möchte, frage einmal nach, worum es in dem gerade Gesungenen gegangen ist. Die Vielfalt der Antworten ist ein erster Beleg für die Relevanz der sich selbst vielfältig konstruierenden „Hörerwirklichkeit".

Was soll im Gottesdienst gesungen werden?

„Die Liturgie ist nicht losgelöst von Raum und Zeit."[5] Dieses Diktum von Papst Johannes Paul II. impliziert Chancen und beschreibt einen Horizont, den es in Zeitgenossenschaft auszuschreiten gilt. Das NGL kann den Menschen, der seine ureigene Nachfolgegestalt sucht, in dieser Zeitgenossenschaft treffen, seinen Existenz-Ernst (Walter Dirks) erreichen und bereichern. Musikalisch gilt dabei, was der Bonner Liturgiewissenschaftler Albert Gerhards klärend feststellt: „Grundsätzlich ist jeder musikalische Stil geeignet, wenn er der Textaussage dient." Derlei Zugeständnisse stellen aber keinen Freibrief für gedankenloses Herummusizieren dar. Gute Absicht allein reicht nicht aus, und performativer Mut macht auch nicht wett, was an Kompetenz fehlt. Letztes Kriterium muss die Beziehung zwischen dem Gesang und dem liturgischen Moment sein. Und da hakt es bisweilen schmerzhaft, insbesondere wenn es nicht um formal freie Andachtsgottesdienste geht, sondern die stark vorstrukturierten Feiern wie Heilige Messe oder Wort-Gottes-Feier musikalisch gestaltet werden. Mir drängt sich in der Praxis bisweilen ein drastisches Bild auf: Niemand käme, glücklich verheiratet, auf die Idee, seiner Frau zum Hochzeitstag etwas so Unpassendes wie eine Vorteilspackung Druckerpapier zu schenken! In Gottesdiensten aber, die Quelle und Höhepunkt christlichen Lebens sein sollen, erlebt man derlei inhaltliche Inkongruenzen en masse. Da singt sich die Versammlung in irgendwelchen Stimmungen und Strophen aus, die zum dargelebten Augenblick der liturgischen Sequenz in keinem sinnfälligen Zusammenhang stehen. Auch lässt die emotionale Qualität eines Songs manchmal alles andere in den Hintergrund rücken. Hinterfragt man derlei „liederliche" Praxis behutsam oder erbittet einfach den Zusammenhang von liturgischer Geste und Gesang, wird man schon mal rasch als vorkonziliar gesonnener Restaurateur beargwöhnt. Was vor allem den Finger auf die Wunde legt, dass es um die liturgische Bildung – mit beglückenden Ausnahmen – längst nicht zum Besten bestellt ist. Daran ist übrigens die weitgehend ausgebliebene Zusammenarbeit zwischen Religionspädagogik und Liturgiewissenschaft nicht unschuldig.
Auf ihrer Jahrestagung im März 2007 haben Texter, Komponisten und Diözesanbeauftragte für das NGL zum wiederholten Mal ausführlich über die Rolle des Liedgesangs für die Liturgie beraten. Erfreulich ist, wie dabei der Münste-

---

[5] Apostolisches Schreiben von Papst Johannes Paul II. zum 25. Jahrestag der Konzilskonstitution Sacrosanctum Concilium über die heilige Liturgie (04.12.1988), Verlautbarungen des Apostolischen Stuhls H. 89, Bonn 1990, hier: N°17.

raner Weihbischof Heinrich Timmerevers mit großer Selbstverständlichkeit dem NGL den Status eines kirchenmusikalischen und liturgietauglichen Genres zugestand. Das Mitglied der Jugendkommission der Deutschen Bischofskonferenz schlug programmatisch Pflöcke ein: „Es muss geistliche Musik geben, in der sich Menschen der Gegenwart wiederfinden können. Dem wandernden Volk Gottes entspricht auch das sich wandelnde Lied, wie auch das Wort Gottes im Leben der Menschen dieser Zeit, im Heute Gestalt annehmen will." Und in ausdrücklicher Würdigung des NGL fuhr der Bischof fort: „Das NGL darf und muss eine Ergänzung und auch ein Ausgleich zu einer eher traditionellen Liturgie sein."

Kein Begriff vom Lied in der Liturgie ohne einen Begriff von Liturgie

„Das Zweite Vatikanische Konzil hat die Gemeinde vom Zuhörersessel [...] zurückgeholt. Alle tragen jetzt mit ihrem gesprochenen und gesungenen Wort dazu bei, dass das Werk ‚erklingt', das Erlösungswerk Jesu Christi." (Günter Duffrer) Dieser Wandel im Selbstverständnis der Träger von Liturgie beziehungsweise ihrer Musik stand einst an der Wiege des neuen Liedes. Die Liederschaffenden verstanden ihre Werke dabei nicht als Beitrag zu einer modischen Benutzeroberfläche, der letztlich doch nicht in die Tiefe dringt, sondern als unverzichtbaren Bestandteil liturgischen Handelns überhaupt. Oft wird in diesem Zusammenhang nach „menschenfreundlicher" Liturgie verlangt. Was aber soll das sein? Ist nicht jede gut gefeierte Liturgie per se menschenfreundlich? Offensichtlich gibt es nach wie vor – oder wieder stärker? – ein echtes Leiden an der liturgischen Wirklichkeit. Aber Lieder allein können das Übel nicht heilen. Was stimmt nicht am Gottesdienst, beziehungsweise wie kann Musik echtes liturgisches Handeln sein?
Zunächst einmal muss man sich bewusst machen: Nicht Gott bedarf unseres Gottesdienstes, sondern der Mensch! Von daher darf Gottesdienst nicht quasi „mit dem Rücken zum Menschen" – sprich: zu seiner Lebenswelt, zu seinem Suchen, Hoffen und Fragen – aber auch nicht mit arroganter Hinterfragung seiner Gottesliebe und seiner Dankbarkeit Gott gegenüber gefeiert werden. So verstandene Liturgie kann gar nicht anders als menschenfreundlich sein. Vor allem aber ist jenem Pfarrer zuzustimmen, der während der oben erwähnten Tagung sagte: „Nur wer die Menschen mag, kann menschenfreundlich Liturgie feiern."

Dass sich solcher Gottesdienst als Gottesdienst der Kirche versteht und ihre formalen Vorgaben achtet, sollte dabei selbstverständlich sein. Es geht ja in der Frage nach menschenfreundlicher Liturgie nicht um stets neue Ideen zur Gottesdienstgestaltung, es geht wohl vor allem um eine Haltung, die spürbar sein muss. Und natürlich geht es um eine gewisse Beziehungskunst zwischen liturgischer Leitung und versammelter Gemeinde. Liturgie, die mich spüren lässt: Diese Texte, Gesten, Gebete und Lieder – ganz gleich ob überliefert oder ganz neu kreiert – meinen mich. Solche Liturgie wird als menschenfreundlich erfahren, sie ist – wenn Liturgie mit einem Wort von Professor Emil Joseph Lengeling als „Dialog zwischen Gott und Mensch" begriffen werden darf – dialogwürdig, selbst wenn ihre Texte und Lieder überliefert, alt und nicht neu kreiert sind.

Noch einmal: Was soll gesungen werden?

Man sollte die Gesten und unterschiedlichen Situationen und Szenen der Liturgie durch Gesang unterstützen, gestalten, deuten können, statt dem Vorhandenen mehr und mehr zuzufügen. Man kann mit Liedern ja auch an der Liturgie vorbeisingen oder die liturgische Handlung angesichts packender Musik zur Nebensache machen. Dabei wäre stattdessen die Symbiose, die textlich-musikalisch-szenische Einheit das Ziel. Ein paar Beispiele können das erläutern:

Beispiel Introitus: Der Gesang zum Introitus sollte unser Zusammenkommen zum Ausdruck bringen, und zwar, ohne jedes individuelle Herkommen benennen zu müssen. Unser Frühstückstisch ist hier genauso uninteressant wie der unserer Nachbarn (oder der unseres Kaplans)! Natürlich kommt man aus *unterschiedlichen* Stimmungen zusammen – aber mit *einer* Hoffnung, *einer* Absicht, die alle eint: nämlich hier gemeinsam Gottesdienst zu feiern. Die Stimmung des Pfarrers interessiert mich dabei aber ebenso wenig, wie ich den anderen in der Bank meine momentane mentale Verfassung aufoktroyieren möchte. *Ich möchte hier sein können, ohne maßgeblich sein zu müssen, gleichwohl aber möchte ich mich hier als Individuum gemeint fühlen können.* Hier ist Liturgie, nicht Supervision! Ich bin hier zwar ganz und gar als Subjekt, aber „nicht für mich allein", sonst würde ich zu einer privaten Meditation gehen. Kurz: Ich möchte mich dem Beten und Singen der Gemeinde anschließen können und möchte eintreten können in den Dialog, zu dem Gottes Wort und Sakrament gehören. Wo sind Lieder, die uns das singen lassen?

Beispiel Kyrie: Das Kyrie war vielen Kreativen lange Zeit einer der liebsten Momente für ein saftiges neues Lied. Hier entsponnen sich Klage, Anklage,

Selbstanklage. Es gibt indes nur wenige neue Kyrie-Lieder/-Rufe, die in theologischer Hinsicht gelungen sind. Zu oft tragen sie einen latenten Buß-Charakter, statt Jesus als Herrn der Welt und Mitte dieser Zusammenkunft zu bekennen und sich ihm anzuvertrauen.

Beispiel Antwortgesang: Dieser Gesang (oft misslich bezeichnet als „Zwischengesang"; als sei ein „Zwischen" eine sinnvolle Situationsqualifikation) sollte – wenn man nicht Psalmen singen möchte – thematisieren, dass wir uns in die Überlieferungsgeschichte des Volkes Gottes hineinstellen, welches diese Botschaft seit Jahrhunderten hört, annimmt und bedenkt. Für diese Botschaft sollen wir danken und das Wort nachklingen lassen.

Diese wenigen Beispiele reichen wohl schon aus, das Problempotenzial manchen Liedersingens im Gottesdienst zu beleuchten. Im Spektrum des Neuen Geistlichen Liedes fänden sich für liturgische Sequenzen derlei gelungene wie abschreckende Beispiele.

Erwartungen an (neue) Lieder

Man wünscht sich von jenen, die Lieder schaffen, wie von jenen, die sie auswählen, eine wache und theologisch kompetente Auseinandersetzung mit Welt und Gottesdienst *gleichermaßen*. Liturgische Bildung kann helfen, Lieder entsprechend zu platzieren und einen Gottesdienst bewusst zu feiern. Mit musealer Gesinnung oder Restauration hat der Appell zu liturgischer Bildung und entsprechender musikalischer Gestaltung nichts zu tun. Selbstbewusstsein und sachgerechte Begegnung mit Überlieferung und weltumspannender Kirche schließen einander nicht aus. Lieder machen und erfinden nicht den Gottesdienst neu. Als selbstverständliches musikalisches Element der Liturgie sind sie im Idealfall Ausdruck der Sehnsucht und Hoffnung. Gott ist diesen Liedern ebenso wichtig wie die Menschen und deren gemeinsames Fest. Künstler wie Anwender – und nicht selten jene, die sich dankenswerterweise für Gottesdienste engagieren – werden dabei nach Wegen suchen, die Schönheit und den frohen Ernst dieses Feierns zu unterstützen, statt die Liturgie auf eine neue Weise zu verstellen, die im Vergleich zum Traditionalismus nur moderner erscheint. Eine Liturgie, die des Menschen nicht würdig ist, würde auch Gottes Dienst an seinen Kindern nicht gerecht. Gemeinsames Singen sinnvoll ausgesuchter und gut eingeübter Lieder, auch das Singen wirklich neuer Lieder, bleibt bei all dem ein wichtiges Medium, den Gottesdienst der Kirche ebenso würdig wie menschennah zu feiern.

Ist das NGL tot?

Als sich Texter und Komponisten im Februar 2008 zum jährlichen Austausch trafen, führten sie Diskussionen über den politischen und reformerischen Anspruch ihrer Lieder. Man war sich einig, dass zur Gründungszeit des Genres die Hereinnahme des Politischen in die Liturgie und in das Gebet ein wesentliches Element des inhaltlichen Programms ausgemacht hatte. Peter Janssens' Vertonung von Kurt Martis Text ANDERES OSTERLIED („Das könnte den Herren der Welt ja so passen") von 1970 markierte hierbei vielleicht das definitive Wendejahr der Kirchenmusik. In diesen Fällen kann man durchaus von Beispielen einer gesungenen Politischen Theologie sprechen (siehe hierzu das Gespräch mit Alois Albrecht auf Seite 64). Dass solche Lieder nicht den Weg in das 1975 herausgegebene Gebets- und Gesangbuch fanden, sondern sich über Spiritusmatrizen – und später über Fotokopien – verbreiteten, mag den ehemaligen Stellenwert des Neuen Geistlichen Liedes in der amtlich verfassten Kirche verdeutlichen. Bemerkenswert: Dieses politisch-theologisch ambitionierte Lied war kirchlichen Initiativen reinsten Wassers eng verbunden, insbesondere dem katholischen Hilfswerk Misereor. Man denke an LP-Produktionen und ihre teilweise deutlichen Texte wie etwa zum (ersten) indischen Hungertuch (1976), zum mittelalterlichen Hungertuch (1980) und zu dem Hungertuch aus Haiti (1982).

Dass der teilweise eher appellative Charakter des politisch-theologisch neuen Liedes aus den frühen 1970er Jahren heute eher tümelnd und anachronistisch wirkt, erklärt sich vornehmlich durch sein geändertes Bedingungsfeld. Als Lied aus konkreten Situationen, als Song des geistlichen Lebens von konkreten (nicht idealisierten) Menschen – und darin wiederum fokussiert auf eine oft konkrete Anwendersituation – wird es immer von dem singen, was *jetzt* bewegt. Wer am Neuen Geistlichen Lied heute die ausdrücklich reformerische Attitüde vermisst, kann den Liedern (und ihren Schöpfern) nicht vorwerfen, dass Tempi passati eben Tempi passati sind. Man sollte vielmehr anerkennen, dass vertrocknete Reformbemühungen, von denen es auch in der Kirche einige gibt, eben vergangen sind.

> Das NGL kann nicht vitaler, frischer, frühlingshafter sein als das kirchliche Leben, in dem es entsteht. Andererseits: Wo Kirche jung, packend, spirituell vital ist, entstehen auch die passenden Lieder dazu!

Der Kirche und ihrer Pastoral kann es nicht egal sein, wenn Musik und Lieder fehlen, die den Menschen in Glaube und Leben aufhelfen und der Hoffnung Schwingen verleihen. Die Kirchenmusik im Ganzen sieht sich mit der Frage konfrontiert, ob sie eine tragfähige Theologie musikalischen Handelns anbieten kann. Eine solche Selbstvergewisserung hätte das Volk Gottes als Subjekt, als Akteur der Jesus-Bewegung, die wir Kirche nennen, ernst zu nehmen. So wenig vereinheitlicht die Lebenswelten der Menschen sind, umso mehr ist es drängend an der Zeit, musikalischen Pluralismus auch in der theologischen Reflexion zu verankern. Die Sinus-Studien der vergangenen Jahre legen diese Konsequenz ebenfalls nahe. An Qualitätsansprüchen sollte man natürlich festhalten. Aber weniger, um ein Bollwerk zu errichten als vielmehr in der Absicht, Sinne zu bilden und zu schulen. Eine solche Theologie würde nicht nur die Kunstfertigkeit von (Kirchen)Musik präsentieren und reproduzieren, sondern die Musik mit praktisch-theologischen Kriterien reflektieren und Konzepte für die musikalische Praxis entwickeln. Dazu gehörte es, eben viele Stile zu unterstützen und Kreative für die pastorale Arbeit mit ihnen zu qualifizieren.

Die musikalischen „Aufbrüche", die man mit dem WJT 2005 in Köln zu programmieren versucht hat, verklangen ohne Echo. Und das betrifft weniger das Neue Geistliche Lied als das bei diesem Großevent eingesetzte Pop-Ordinarium im Stile von Modern Jazz und Ethno-Pop. Die Praxis erweist das „bescheidenere" NGL demgegenüber als ein Lied vieler Menschen. In seinen hochkarätigen Beispielen dürfte es manchem Suchenden eine Brücke in das Haus des Glaubens und Teil vitaler Spiritualität sein. Hier gilt es anzusetzen, gilt es Kreative wie Anwender zu qualifizieren und auch neue Entwicklungen wahrzunehmen und fortzuführen. Viel versprechend sind einige Initiativen wie beispielsweise das Bandcoaching im Erzbistum Freiburg, die Werkstattarbeit im Erzbistum Bamberg und die Musicalarbeit mancher Jugendkirchen.

Ein grundsätzliches Problem bleibt: Über 40 Jahre nach dem jüngsten Konzil haben wir es hierzulande noch nicht zufriedenstellend vermocht, einen entspannten, beständigen, selbstverständlichen Dialog zwischen Kirche/Gemeinde/Pastoral und Musik/Kunst herzustellen. Stattdessen setzen wir oft die Definition vor das Zutrauen, die Prüfung vor die Neugier aufeinander, das Testat vor das Interesse und die Gesinnungsprüfung vor die Wertschätzung künstlerischen Schaffens. Der Lyriker Reiner Kunze drückt dieses Missverhältnis zwischen vertrauender Wertschätzung, die Aufbruch begünstigen kann, und ängstlicher Beharrung in der Begegnung von Kirche und Kunst in folgendem Gedicht aus:

**Geistlicher Würdenträger,
Künstlern ins Gewissen**

Er sagte nicht: seid
schöpfer

Er sagte: dient
dem glauben

So gering ist sein glaube
in die schöpfung

(Reiner Kunze)[6]

Auch das Bedingungsfeld des Neuen Geistlichen Liedes ist von derlei Verminung betroffen. Vom frohgemuten „nix geht flöten, alles kommt" eines Priesterdichters Wilhelm Willms (siehe das Ende des Gesprächs in Teil II dieses Buches auf Seite 234) möchte man hingegen weiter träumen und singen. Das neue Lied als der flinke Kiesel Davids, frech wie er einst war, er eignete sich nicht als Eckstein von Palästen, aber er hatte seine Qualität und seine eigene Würde: Er half leben.
Lieder brauchen wir, die ein wenig sind wie dieser Kiesel, Stolpersteinchen auf dem Weg, aufhebbar, einsetzbar, Bausteine weltwacher christlicher Spiritualität, brauchbar „auf Zeit". Von den Kreativen aus der Szene des NGL ist diesbezüglich noch einiges zu hoffen.

---

[6] Das Gedicht wird hier zitiert nach: Reiner Kunze, Gedichte, S. Fischer Verlag, Frankfurt/M. 2001, Seite 186.

Teil II: Aus der Werkstatt

Gespräche mit Textern und Komponisten

Die zehn im Folgenden dokumentierten Gespräche stellen originale (und ungekürzte) Quellentexte aus gut fünfzehn Jahren theologischer Recherche dar. In ausführlichen Begegnungen geben die Kreativen sehr persönlich Auskunft über ihre Beweggründe und Erfahrungen aus der Praxis des Neuen Geistlichen Liedes.
Die Gespräche wurden jeweils auf Band mitgeschnitten und anschließend transkribiert. Diese Abschrift wurde in der Folge behutsam sprachlich geglättet. Dies kam der Lesbarkeit zugute, lässt aber die unmittelbare Atmosphäre des Dialogs spürbar bleiben. Die Künstler redigierten diese Versionen und gaben sie schließlich zum Abdruck frei. Ihnen allen sei für ihre Bereitschaft zur offenherzigen Auskunft und Veröffentlichung gedankt. Die beigefügten Fotos entstanden fast ausnahmslos während jener Treffen.
Diese Gesprächsdokumente erlauben einen tiefen und vielfältigen Einblick sowohl in die künstlerische Werkstatt wie in die spirituelle Dimension des Liederschaffens und Musizierens von einigen der wichtigsten Kreativen aus dem Genre des Neuen Geistlichen Liedes.

„Die Lieder leben weiter"
Alois Albrecht im Gespräch[7]

Biografische Skizze
Alois Albrecht, geb. 1936 in Backnang und aufgewachsen in Bayreuth; Priesterweihe 1962; von 1965–72 Diözesanjugendseelsorger; danach Pfarrer in Bamberg; 1987 Domkapitular; November 1990 bis März 2006 Generalvikar des Erzbistums Bamberg.
Zahlreiche Lieder mit Peter Janssens: DIE SACHE JESU BRAUCHT BEGEISTERTE, WIR HABEN EINEN TRAUM, MANCHMAL FEIERN WIR MITTEN IM TAG, EINES TAGES KAM EINER uvm. Zusammenarbeit mit anderen Komponisten, z. B. Hans Florenz (UNSERE HOFFNUNG) und Ludger Edelkötter (WORAUF ES ANKOMMT, WENN ER KOMMT und KLEINES SENFKORN HOFFNUNG).
Libretti zu geistlichen Musiktheatern über Elisabeth von Thüringen (1981), Franz von Assisi („Das Testament des Franz von Assisi", 1983) und Mary Ward („Der Tag der Mary Ward", 1985) (Komposition jeweils Klaus Gramß und Hugo Scholter). Verfasser zahlreicher liturgischer Modell- und Gebetstexte.

Fiel Ihre Weihe, Herr Albrecht, 1962 in eine Konzilshoffnung?
Geweiht bin ich am 19. März 1962, im Frühjahr also. Und unsere Primiz war noch lateinisch. Das Konzil wurde erst im November eröffnet. Ich habe das Konzil dann als Kaplan erlebt und natürlich später in der Zeit als Diözesanjugendseelsorger.

Wie verlief Ihre erste Begegnung mit „anderer" Kirchenmusik?
Das lässt sich schwer sagen. In den Jahren als Diözesanjugendseelsorger habe ich immer wieder einmal Texte geschrieben für besondere Anlässe, die einfach anstanden, Weihnachtsbesinnungen und so etwas. Und dann war ich einmal bei einem KJG-Treffen dabei, das war 1970 in Münster. Damals hatte Janssens seine ersten Messen komponiert. Das hat mir sehr gut gefallen. Und dann hat mich Josef Metternich, der damals auf Bundesebene Geistlicher Beirat der KJG war und heute als Pfarrer in Köln lebt, aufgefordert, in einem Arbeits-

---

[7] Das Gespräch fand im Oktober 1995 in Bamberg statt.

kreis mitzumachen, der das KJG-Bundesdelegiertentreffen, das 1972 unter dem Titel „Konfrontationen und …" in Fulda stattfinden sollte, vorbereitete. Zu diesem Treffen, bei dem zwei wesentliche Gottesdienste vorgesehen waren, habe ich Texte, auch Liedtexte und eine Fassung für den Kanon – also für das eucharistische Hochgebet – geschrieben.

Wie kann man sich diese Gottesdienste vorstellen?
Einmal war das ein Abendgottesdienst in irgendeinem Saal und dann ein Pfingstgottesdienst in einer Kirche, dort mit dem damaligen Bischof. Ich habe Texte für beide Gottesdienste geschrieben, die unter dem Motto standen „Der Geist bewegt uns" oder so ähnlich. Ich war selber fast verwundert, dass in diesem Kreis, das war um 1970/71 herum und die erste Berührung mit dem Peter Janssens, dass die dann alle meine Texte genommen haben. Die wurden unter dem Titel „Wir haben einen Traum" veröffentlicht. Für den Abendgottesdienst, der ganz besondere Bedeutung erhielt, sind die Texte entstanden, die unter dem Titel „Unser Leben sei ein Fest" publiziert wurden. Darin fasst sich bis heute zusammen, was ich als mein Eucharistieverständnis bezeichnen möchte. Dazu gehört der Aufgesang DER TOD IST EIN CHAMÄLEON mit der Antwort DER GEIST DES HERRN IST WIE HORN.

Darauf folgt dann erst das Lied UNSER LEBEN SEI EIN FEST. Man muss also von einem Zyklus sprechen …
Genauso ist das. Das Nächste, was folgt, ist ein Sanctus und der Kanontext, den ich später auf der Platte des Janssens-Verlags auch selbst gesungen habe. Und in diesem Zusammenhang also sind die Lieder alle entstanden. Dieser Abend mit dem Gottesdienst war für uns alle ein Riesenerlebnis. Auf der Platte fehlt die Lesung aus dem Ezekielbuch, in der er den Gebeinen predigt. An dieser Stelle hielt der Josef Metternich eine Predigt, so eine Art Erweckungspredigt, und die wurde mehrmals durch einen Gemeindevers unterbrochen, den der Peter Janssens kurz zuvor komponiert hatte: Wenn der Geist kommt, werden wir es tun …

Den hat er auch für die Predigten in seinem Musical „Menschensohn" verwendet, wenn Karl Lenfers abschließend zu den Leuten sprach.
Das kann gut möglich sein. Nach dieser Predigt wurde der Dank der versammelten Gemeinde spontan formuliert, darauf eine Epiklese gesprochen und das Gedächtnis des Abendmahls. Es wäre vielleicht besser gewesen, wenn ich das in Gebetsform formuliert hätte. Mir ist das damals gar nicht aufgefallen. Ich glaube aber doch, dass wir uns an den Duktus des eucharistischen Hochgebetes gehalten haben. Trotzdem wurde ich damals sehr gescholten. Da wur-

de dann gesagt: „Der Albrecht überschreitet sämtliche Grenzen. So kann ein Kanon nicht sein." Und ich habe Prügel bezogen, die nicht von Pappe waren. Das war sehr schwierig. Ich hatte gedacht, durch solche Texte und den Impuls, den sie gaben, hätte ich etwas beitragen können zu einer guten Jugendliturgie und damit zu einem Hereinholen von Jugendlichen in den Gottesdienst und in die Kirche. Vielleicht hätte unsere ganze Jugendarbeit eine andere Richtung bekommen, denn in der Folge lief das doch sehr stark ins Politische. Das sinnenfreudige und lebensfrohe Element, auf das es mir immer ankommt, wurde zugunsten solch einer Politisierung zurückgedrängt. Wir sollten nicht nur Politik machen. Meine These war immer, bei jenen Themen zu bleiben, die die Jugendlichen selber umtreiben. Ich denke immer, die jungen Leute müssen das doch auch in der Kirche leben können; dieses Gefühl der Jugend, die sich halt freut, da zu sein und zu feiern; die voller Lebenslust sagen kann: „Ich bin jung", „Ich habe Möglichkeiten!", „Jetzt will ich leben!"

Wie machte sich solch ein Akzent in Ihrer Arbeit bemerkbar?
Ich habe seinerzeit für das KJG-Treffen in Fulda, als wir den Text unter dem Motto „Jesu Geist wirkt in uns" formulierten, gesagt, dass an den Entwürfen noch etwas fehlt. „Da muss noch was davor!", habe ich gesagt. Und dann fand ich diesen Vers, der heute das Lied einleitet: UNSER LEBEN SEI EIN FEST. Solch ein Liedtext – man kann sich ja darüber streiten, wer der Urheber ist – entstand durch Nachdenken in einem Team. Neben dem Josef Metternich und einem Oblatenpriester – Bernd Ferkinghoff – war da auch noch die Karin Heinen dabei. So steht dann heute unter dem Lied die Autorenangabe „Josef-Metternich-Team".

... und wird heute noch gesungen.
Ja, das war ja eine Vorlaufphase auch zur Synode in Würzburg. Ich habe damals zu Josef Metternich gesagt: „Pass mal auf! Die Debattenpapiere, an denen hier geschuftet wird, werden schon auf der Synode selbst völlig untergehen. Kein Mensch wird sich an diese Texte später noch erinnern. Aber die Lieder, die wir hier machen, werden – wenn sie gut sind – weitergetragen werden und solche Anliegen transportieren und verbreiten können." Na ja, das hat sich dann ja auch im Wesentlichen bewahrheitet. Die Lieder leben weiter.

Haben Sie damals die parallelen Entwicklungen im evangelischen Raum wahrgenommen?
Nein. Mit den evangelischen Entwicklungen hatte ich nur äußerst sporadisch Kontakt. Es gab für uns eigentlich bis dahin nur die importierten Spirituals. Es

hatte angefangen durch Lieder von Pit Janssens, die im Gefolge des Münsteraner KJG-Bundestreffens 1970 etwas Verbreitung gefunden hatten. Da hatte er ja schon das ein und andere komponiert gehabt. Da konnten wir anschließen.

Würden Sie im Rückblick Entwicklungen benennen können?
Es gab natürlich mit dem Peter Janssens und dem Ludger Edelkötter heftige Protagonisten, die das in Deutschland wesentlich inspiriert haben. Texter wie Wilhelm Willms und Lothar Zenetti stehen für den kräftigen Anstoß, den es da gab. Das wäre die Zeit zwischen 1971 und 1981.
Meine letzte Zusammenarbeit mit Edelkötter datiert auf 1981. Das war eine sehr fruchtbare Phase. Und ich glaube auch, das war die grundlegende Phase. Was mit „Ave Eva" vorgelegt worden war, einschließlich des Trubels darum, das hat auch dazu beigetragen, dass das unter die Leute kam.
Und dann hat sich das in der Folgezeit gesplittet. Es ist eine große Zahl junger Texter und Komponisten eingestiegen. Ich selber konnte mich der ganzen Sache dann nicht mehr in solchem Ausmaß widmen. Um das Jahr 1983/84 hatte ich den Eindruck, dass das alles abflacht. Ich habe die Katholikentage angeschaut, bei eigener Teilnahme und bei Übertragungen, und hatte den Eindruck, dass das festgefahren war.
Mir ist es dann auch selber passiert, dass ein junger Komponist aus der Gruppe der selbsternannten „Janssens-Erben" Texte von mir angefragt hat und völlig unzulänglich vertont und auch verändert hat; völlig an der Rhythmik des Textes vorbei. Das war solch ein Quatsch, auch von der Titelwahl auf dem Cover her. Die Melodien waren – das kam noch dazu – so künstlich überfeinert, dass kein Mensch das nachspielen konnte. Mir war es aber immer darum gegangen, dass unsere Gruppen „vor Ort" das auch selber musizieren konnten.
Hier in Bamberg gab es dann aber ganz positive Entwicklungen. Ein junger Nachwuchsmusiker aus meiner Gemeinde, Klaus Gramß, begann hier selber zu komponieren. Wir haben zusammen Lieder und Musiktheater erarbeitet. Unter anderem meine bislang letzte Textarbeit 1985: das Oratorium über Mary Ward. Da sind auch Gemeindelieder drin, denn das Publikum soll nicht nur konsumieren können, sondern auch sich selber ausdrücken können, agieren können und es soll auch etwas mitnehmen können. Es soll nicht nur Theater sein, es soll den Einzelnen ergreifen und es soll im Gottesdienst weitergehen können.

Ein solches Lied, das quasi mitgenommen wurde, ist auch EINES TAGES KAM EINER, *das mittlerweile sehr bekannt ist ...*
Ja, das stammt aus einem Ganztagesprojekt für die Diözesanjugend, zu dem wir hier in den Dom eingeladen hatten. Das war noch 1977 und hatte den

Titel „Wir ist mehr als Ich plus Du". Das war ein umfassendes Konzept zum Themenkreis „Schöpfung des Menschen in der Welt und der menschlichen Gemeinschaft" und wurde hier im Dom mit vielen Gästen den ganzen Tag über szenisch und choreografisch dargestellt. Menschen als Marionetten und Schaufensterpuppen wurden vorgestellt. Zu jeder Einheit gab es auch ein passendes Lied. Und das gipfelte dann in diesem Lied des neuen Menschen, Jesus, der den Traum Gottes von einer neuen Welt wieder aufgriff. Und das ist das Lied EINES TAGES KAM EINER, das dann sehr bekannt wurde.

Vor Kurzem kamen in unserem Seminar zwei Manuskripte für neue Unterrichtsbücher für den Religionsunterricht auf den Tisch. Beide verwendeten dieses Lied, strichen aber die vierte Strophe, in der von der Zärtlichkeit Jesu gesprochen wird ...
Da könnten natürlich irgendwelche Verklemmungen oder Ängste hinter stecken, die das in sexueller Hinsicht missdeuten. Ich will aber einmal so sagen: Ich hatte einmal das Glück einer Begegnung mit dem Dom Helder Camara in Recife. Ich bin noch nie einem Menschen begegnet, in den ich gleichsam so „eintreten" durfte, wie in diesen kleinen Mann. Ich bin ja selber mehr ein Typ, der Abstand wahrt, aber das hat mich sehr beeindruckt, und ich stelle mir auch Jesus so vor.
So erklärt sich dieser Text schlicht und einfach. Ein Mensch, an den jeder herantreten kann; wie die blutflüssige Frau, die wenigstens noch einen Zipfel dieses Jesus erhaschen will. Solche Unmittelbarkeit, die habe ich in Lateinamerika bei Freunden und Bekannten erlebt. Bei uns ist das erschwert, und je älter man wird, desto zurückhaltender wird man ja auch manchmal.
Da leide ich auch ein bisschen drunter: Der Friedensgruß, der ist bei uns ja so stilisiert, dass kaum eine spontane und tiefe Geste möglich ist. Es muss ja kurz vor der Kommunion nicht gleich die ganze Kirche durcheinander geraten. Vielleicht sollte der Friedensgruß auch an eine andere Stelle gerückt werden; in den gemeinschaftlichen Bußakt im Wortgottesdienst zum Beispiel.

Textänderungen mögen Sie nicht. Kürzen wäre eine Ver-kürzung?
Der Text zu EINES TAGES KAM EINER hat einen durchgehenden Duktus, der bis zum Ende seine Geschichte aufbaut. Das ist bis zuletzt stimmig und kann in der Tat nicht gekürzt werden, ohne diesen Aufbau zu stören. Eigenmächtige Textveränderungen mag ich wirklich nicht. Es kam vor, dass Komponisten anfragten, eine Verknappung kurzzeitig zu verwenden, um an späterer Stelle den Zusammenhang besser betonen zu können. Das haben Janssens und Edelkötter

manchmal gemacht, aber sie haben auch freundlich gefragt und das begründet. Andere Komponisten verhalten sich weniger höflich.

Seit 1985 gibt es keinen Albrecht-Text mehr?!
Ich bin, was die Liedtexte anbelangt, auch absichtlich ausgestiegen. 1986 bin ich 50 Jahre alt geworden. Die Sprache der Jugend spreche ich nicht mehr. Man spricht sich auch ein bisschen fest. Bestimmte Begriffe, auf die hat man sich dann festgeschrieben, ob das jetzt „Frieden" ist oder „Gerechtigkeit" oder „Wahrhaftigkeit", auch „Reinheit". Ich habe versucht, auch solch ein Wort wieder ins Spiel zu bringen.
Und dann ist es so: Ein guter Text muss auch ein Bild hergeben, und ich hatte den Eindruck, dass ich mich jetzt vorläufig „ausgesprochen" habe und wollte es einfach einmal sein lassen. Meditationen für den kleineren Kreis, für meine Weihnachtsgrüße und so – da schreibe ich natürlich schon noch was. Aber eben nicht mehr für diesen größeren Kreis.

Arbeiten Sie jetzt gar nicht mehr in dieser Richtung?
Ich bin so lange Jahre in der Liturgiekommission unserer Diözese gewesen. Wir haben so den Diözesananhang zum Gotteslob auch mit Neuen Geistlichen Liedern ergänzt. Und dann haben wir hier für die Diözese das ganz eigenständige Liederbuch „Cantate" herausgegeben, das mit über 500 Seiten neues Liedgut nicht nur abdruckt, sondern auch kommentiert und liturgisch eingeordnet anbietet. Und wir haben einen kleinen Etat mit 30.000 DM eingerichtet, dass unsere Kirchenmusiker sich auf diesem Gebiet fortbilden können und Orgelsätze zum Neuen Geistlichen Lied angeboten werden können. Denn Sie müssen bedenken: An den angestellten, hauptamtlichen Kirchenmusikern führt kein Weg vorbei. Ich musste in meiner eigenen Gemeinde seinerzeit selber zur Gitarre greifen, weil unsere Organistin so was nicht spielen wollte. Wenn Sie aber etwa Orgelarrangements anbieten, steigt die Chance, dass Musiker diese Lieder verwenden.
Es finden sich immer auch neue Leute, die Freude an der Arbeit mit solchen Liedern haben. Wir bieten auf der Burg Feuerstein Workshops für Bands und junge Musiker an. Und durch solche Aktivitäten, die natürlich zu finanzieren sind, steigen allmählich das Niveau und die Qualität des liturgischen Musizierens Neuer Geistlicher Lieder.

Also nach einer Phase der Stagnation, die Sie Mitte der 80er Jahre beobachtet haben, ist es nun zu einer neuen Belebung auf breiter und gewissenhafter Basis gekommen, die nicht zuletzt von Ihnen als Generalvikar und den Ausschüs-

sen aus unterstützt wird. So dass Sie also nicht sagen würden: „Das ist im Grunde vorbei!"
Ja, das würde ich nun überhaupt nicht sagen.

Könnten Sie sagen, was ein gutes Neues Geistliches Lied auszeichnet?
Ja, es muss ja nicht gerade ein Gedicht sein, das es zu vertonen gilt. Was der Wilhelm Willms da geleistet hat, ist natürlich enorm. Aber das kann nicht jeder.
Aber es geht einem als Texter ja irgendwann selber auf den Wecker, wenn dann immer wieder auf Begriffe wie „Weg" und „Licht" und alles Mögliche zurückgegriffen wird.

Sie haben ja Libretti gemacht, die ich als homiletisch oder kerygmatisch klassifizieren würde. Ich denke an den Vers „Jetzt muss mehr geschehen". Und dann kommen die Bilder, von denen Sie gerade schon sprachen: „Dem Maler gelingt ...". Das sind ja nicht Texte der so genannten Erweckungsmusik, die 1 : 1 die Katechismussprache imitiert, sondern kerygmatische Texte.
Ich kann das theoretisch nicht fassen für meine Texte. Die Texte kamen aus meinem Inneren heraus, als Reaktion auf konkrete Anfragen zu Projekten. Wenn Sie sagen „kerygmatisch", trifft's das vielleicht am ehesten. Sie kreisen um das, was mit diesem Jesus bei mir selber passiert. Es sind ja auch teilweise Gebete und eigene Erfahrungen, die verarbeitet werden. Sehen Sie einmal das Lied DUNKLE NACHT aus den „Gesungenen Stundengebeten". Das greift zum einen Gedanken aus den Texten Johannes' vom Kreuz auf, hatte zum andern aber auch mit der Situation zu tun, in die ich durch meine exponierte Stellung Anfang der 70er Jahre geraten war, mit den Anfeindungen, die es damals gab. Dunkle Nächte, durch die man dann gehen muss. Und dann gab es Begegnungen, die plötzlich erfreuen können. Das schlägt sich dann nieder in dem Lied MANCHMAL FEIERN WIR MITTEN IM TAG. Die meisten Lieder habe ich für Zusammenhänge geschrieben und in einem überschaubaren Zeitraum, an dessen Ende die Manuskripte als fertig gelten konnten.
Was ist ein gutes Lied, fragen Sie. – Ich habe beim Schreiben dann so ein Gefühl. Die Worte, die ich schreibe, die klingen in mir. Die müssen mit dem, was ich aus meiner Erfahrung, die ich mit dem Evangelium mache, übereinstimmen. Es muss der Augenblick da sein, an dem ich nicht anders formulieren könnte. Das ist ein sprachlicher Vorgang, in dem eine eigene Erfahrung „gelautet" wird! Die wird dann nachgeprüft, ob sie tatsächlich stimmt. Manchmal stimmt noch ein einzelnes Wort nicht, da muss man dann suchen, muss dranbleiben.

Ist das Neue Geistliche Lied nur ein Jugendlichen-Lied? Drängte man, wo man so verführe, die jungen Leute nicht geradezu in die Sonderform und verdrängte man sie so nicht aus der gemeindlichen *Eucharistiefeier?*
Also, aus der Sichtung der Diözesananhänge, die ich hier bekomme, kann ich ersehen, dass sich diese Lieder allgemein einbürgern. Dort finden sie sich immer noch in einer kleinen Auswahl. Aber in vielen Gemeinden gibt es weit darüber hinausgehende Initiativen, und die Älteren sind genauso begeistert von diesen Liedern, wenn sie vernünftig dahin geführt werden, wenn die Darbietung geschmackvoll ist und die Texte wirklich gut sind. Das wird auch noch weiter in unsere Gemeinden hineinwachsen.

Was sagen Sie zu der Position, solche Musik, die die Idiome der Pop-/Rockmusik verwendet, sei per se liturgieuntauglich, weil sie unheilig, profan sei?
Da hat es ja vor wenigen Jahren einen Text gegeben von Kardinal Ratzinger, der das thematisiert. Ich halte solche Sätze für nicht gerechtfertigt. Denn sowohl die Texter als auch die Komponisten dieser Lieder sind durchaus Leute, die Verantwortung haben und ihr gerecht werden. Ich gebe zu, dass manchmal neue Musik und Neue Geistliche Lieder in Gottesdiensten so erklingen, dass man nicht gerade erbaut wird. Das liegt aber oft weder an der Musik noch an den Texten, sondern eher an der inkompetenten Wiedergabe. Im Übrigen kann ich das jetzt nach 25 Jahren ein wenig überblicken und sagen: Es wird nur bleiben, was wirklich gut ist, was musikalisch ein Gesang ist und textlich eine Art Poesie hat.
Dieser Gedankengang veranlasst mich umgekehrt zu einer Bemerkung. Es gibt Neuschöpfungen in den offiziellen Liturgietexten, die man besser vor Drucklegung Menschen mit ausgewiesenem Sprachgefühl zur Bearbeitung gegeben hätte. Wenn man die Menschen wie Willms oder Zenetti vorgelegt hätte, dann wäre hie und da auch ein deutlicherer Kanonduktus rausgekommen, statt so einem sprachlichen Konstrukt.
Solche Texte sollten vorher nicht nur Theologen in die Hand gegeben werden, sondern auch Leuten, die irgendwann einmal mit Sprache sensibel umgegangen sind. Ich will nicht sagen, dass ich es unbedingt könnte. Ich weiß, wie schwer ein solcher Vorgang ist, aber Kanons, die einen einigermaßen befriedigenden Duktus haben – wie der leider allzu lang geratene Vierte Kanon –, wären doch wünschenswert.
Aber einem Einwand, wie Sie ihn in Ihrer Frage ansprachen, kann man eigentlich mit Worten wenig entgegensetzen. Die Schiene, die wir hier fahren, halte ich für die richtigere. Man legt Sorgfalt darauf, dass junge Leute, die musizieren, es auch können; die darum nicht die Kirche auffüllen mit einem Mordslärm, sondern die auch dem Gottesdienst im Gesamten dienen.

Der Beurteilung, die Sie zitieren, kann man am besten entgegenwirken durch Singen und Musizieren. Es nützt nichts, wenn man dagegen anschreibt. Es nützt nur etwas, wenn man sagen kann: Wir haben in vielen Gottesdiensten solche Lieder gesungen, und diejenigen, die sie musizieren, sind sorgfältig und sind auch über den Sinn der Liturgie aufgeklärt.

Die Musikwissenschaften (Musiksoziologie und -psychologie) sagen uns, dass Musik – bestimmte Musik, an die man gerät als Mensch, besonders in Umbruchphasen oder empfindsamen Phasen der Adoleszenz und Identitätsausbildung – identitätsstiftend oder -substituierend wirkt. Was ich meine: Menschen geben sich eine Gestalt und erleben sich mit einer Gestalt – mit den Texten, aber auch dem ganzen Drumherum, als das man beispielsweise solch eine Feier, einen Gottesdienst, ein Fest oder Konzert erfährt. Sie haben ja zu Beginn mit dem Ereignis aus Fulda eine solche Situation geschildert. Das würde, angewandt auf die liturgische Musik, bedeuten, dass das Neue Geistliche Lied als identitätssubstituierend oder gar -stiftend begriffen werden könnte. Würden Sie aus Ihrer Erfahrung – aus der persönlichen und aus der als Diözesanjugendseelsorger und Gemeindepfarrer – solch eine These bestätigen können?
Zunächst einmal: Ich bin der festen Überzeugung, dass wir damals (um 1970 herum) mit dieser Musik viele überhaupt in den Gottesdienst gebunden haben. Das war ja kurz nach 1968, und viele haben kritisch gesagt, wir sollen doch mit so einem „Mist" wie Gottesdienst und so weiter wegbleiben. Da haben wir mit dieser Musik wirklich Brücken bauen können. Ich glaube, dass das heute noch geschieht, und das trifft ja in gewisser Weise, was Sie sagen.
Ich würde hinzufügen: Auch andere Musik als die Neuen Geistlichen Lieder sind gangbare Wege. Die gottesdienstliche Musik kann vielfältig sein. Neben den Kleinkinder-Gottesdienst-Liedern muss es auch Neues Geistliches Lied und auch eine Messe von Mozart, Bruckner oder Haydn und auch ein Choralamt geben können. Das spielt für mich im Einzelnen keine Rolle. Alles kann mich in den Gottesdienst hineinbinden, mir helfen, hineinzufinden. Wenn junge Leute auf ihrem Weg über diese Lieder eine Bindung zum Gottesdienst finden, werden sie später auch zu anderen Formen finden. Das Neue Geistliche Lied ist, wenn Sie jetzt von Identität sprechen, nicht das einzige Medium der Identifikation, aber eine von mir sehr geschätzte Möglichkeit.
Das neue Geistliche Lied muss allein schon deshalb ernst genommen werden, weil es von den Menschen ernst genommen wird!

„Gott in unserer Mitte feiern"
Fritz Baltruweit im Gespräch[8]

Biografische Skizze
Fritz Baltruweit, geb. 1955 in Gifhorn; aufgewachsen in Hannover; Studium der evangelischen Theologie und der Musikwissenschaft in Göttingen; Vikariatsstelle und Abteilungsleiter beim Deutschen Evangelischen Kirchentag; Mitwirkung in diversen Foren des Deutschen Evangelischen Kirchentags (Forum Abendmahl, Forum Ökumene) und bei Treffen des Weltkirchenrates (Vancouver 1983, Canberra 1991).
Seit 1976: „Studiogruppe Baltruweit" (www.studiogruppe-baltruweit.de); Autor und Komponist von insgesamt weit über 500 Liedern u. a. für den gottesdienstlichen Gebrauch. Komponist u. a. von FREUNDE, DASS DER MANDELZWEIG (DAS ZEICHEN), GOTT GAB UNS ATEM und HERR, ICH WERFE MEINE FREUDE WIE VÖGEL AN DEN HIMMEL.
1984 bis 1992 Gemeindepastor in Garbsen. 1992–2001 Studienleiter am Predigerseminar in Loccum. Seit 2001 Tätigkeit im Evangelischen Zentrum für Gottesdienst und Kirchenmusik der Evangelisch-lutherischen Landeskirche Hannover (Michaeliskloster Hildesheim) und im Referat für Projekte und Öffentlichkeitsarbeit im Haus kirchlicher Dienste Hannover. Zahlreiche Veröffentlichungen zu Fragen der liturgischen Orientierung und musikalischen Gestaltung. Fritz Baltruweit ist verheiratet und Vater von zwei Söhnen.

Bei Ihrer Kirchenmusik, Herr Baltruweit, fällt eine Prägung durch die Liedermacher-Szene der 70er Jahre auf.
Reinhard Mey und Hannes Wader standen neben anderen in meiner musikalischen Biografie Pate. Ganz zu Beginn stand aber eine andere Prägung, nämlich die hervorragende Ausbildung in Heinz Hennigs Hannoveraner Knabenchor, mit dem ich allein über 20-mal die „h-moll-Messe" von Johann Sebastian Bach aufgeführt habe. Wenn wir uns samstags zur Probe trafen, gab es allein 90 Minuten Stimmbildung und weitere eineinhalb Stunden Literaturprobe. Wenn

---
[8] Das Gespräch fand statt im Januar 1996 in Rehburg/Loccum.

jetzt mein älterer Sohn dort mitsingt und ich die Konzerte anhöre, fällt mir erst richtig auf, wie prägend dieses sorgfältige Lernen für meine spätere Arbeit gewesen ist. Das zeigt sich zum Beispiel in der Betonung des gesungenen Wortes, die uns schon bei den Bach'schen Kompositionen beigebracht worden war.

Der Akzent, den Sie eingangs nannten, ist auch nicht zu überhören. Als ich 14 oder 15 Jahre alt war – wir lebten damals in der Stadtmitte von Hannover – gab es in der Rotationshalle der „Neuen Presse" regelmäßig Auftritte von Liedermachern. Da sind wir mit großer Begeisterung hingegangen. Auch die Beatles haben uns geprägt. Bei den Pfadfindern haben wir viel mit solcher Musik herumprobiert.

Theologisch gesehen würde ich natürlich sagen, dass diese wortbetonte Musik nahe liegt. Das war aber zunächst einmal die gute Musik, die für mich präsent war und die mich fasziniert hat. Dadurch bin ich in dieses „Fahrwasser" der Liedermacher geraten.

Welche Erinnerungen haben Sie an die Situation und die Gestalt der Kirchenmusik, als die Nachfrage nach neuen Liedern entstand? Ich vermute, dass Liedermacher als ausführende oder rezipierte Künstler in der Liturgie eher eine Ausnahme gewesen sein dürften?

Unsere Gemeinde in Hannover war die Hauptgemeinde, die so genannte Marktkirche. Da gab es die traditionelle und gut gemachte Kirchenmusik, auch Chormusik. Dass jeden Sonntag Abendmahl gefeiert wurde, hat man dort schon 1968 eingeführt, insofern war das Bewusstsein für liturgische Erneuerungen da, aber auf musikalischem Sektor tat sich diesbezüglich nichts. Daneben haben wir in der anderen Altstadtkirche, in der Kreuzkirche, die zur gleichen Gemeinde gehört, Jugendgottesdienste gemacht. Dabei und auch im Konfirmandenunterricht kamen natürlich auch die ersten neuen Lieder vor: Ein Schiff, das sich Gemeinde nennt, Danke und Weil Gott in tiefster Nacht erschien usw. Aber diese Gottesdienste waren noch sehr frontal gestaltet. Das waren ja ganz andere Zeiten. Kommunikation hatte eine andere Gestalt, auch die gottesdienstliche Kommunikation.

Der Kantor der Gemeinde hatte keine Ader für diese Lieder und sah sich damit konfrontiert, mit uns diese Sachen singen zu sollen, die ihm doch so sehr gegen den Strich gingen. Noch heute findet das dort so gut wie nicht statt; jedenfalls nicht in den Hauptgottesdiensten. Aber wir verstehen uns gut. Jeder hat seine speziellen Aufgaben und Begabungen.

Eine ganz beeindruckende Erinnerung in Bezug auf das Neue Geistliche Lied ist für mich der Hannoveraner Kirchentag von 1975. Damals habe ich als

Zwölfjähriger den Schlussgottesdienst mit Band erlebt. Bei den „Kirchenweckern" haben wir seinerzeit viele dieser frühen Songs und Spirituals gesungen.

Wie kamen Sie ans eigene Komponieren?
Zunächst haben wir viel reproduziert. Als ich begeistert vom 73er Kirchentag aus Düsseldorf zurückkam und Lieder von Pit Janssens singen wollte, sind wir aus den „Kirchenweckern" rausgeflogen und haben unsere eigene Gruppe, die „Zündhölzer" gegründet. Schon bei den Pfadfindern hatte ich mit einem Freund zusammen ab und zu selber was gemacht. Wir waren schon mal bei Altstadtfesten aufgetreten, aber ohne geistlichen Inhalt. Ich hatte allerdings zur Jahreslosung erste Lieder geschrieben. Aber richtig los ging das 1975. Da habe ich sehr viel mit Eva Rechlin zusammengearbeitet, und dann kam ich zu Autoren- und Komponistentagungen, auf denen ich viele Leute kennen lernte. Irgendwann verselbständigte sich diese Arbeit dann. Da war mein Liederschaffen sozusagen „getauft" und endgültig geistlich orientiert.

Musiktheater wie „Ave Eva" und „Franz von Assisi" haben aber keinen Schwerpunkt in Ihrem bisherigen Schaffen ausgemacht.
Ich habe solche Stücke geschrieben, aber das war hauptsächlich auf meine Gemeindearbeit bezogen und ist nicht so bekannt geworden. Ein Weihnachtsstück und ein Passionsstück haben wir auch unter anderem gemacht. In der Gemeindearbeit lassen sich solche Stücke leichter realisieren als mit einer freischwebenden Gruppe, die erst einmal zusammengetrommelt werden muss. Diese Stücke sind nur sehr aufwendig zu machen. Wir haben teilweise weit über 30 Mitwirkende eingesetzt und natürlich auch sehr viel ausprobiert mit Licht und Bühnenbild. Das hat sehr viel Spaß gemacht. Für fest angestellte Pfarrer und Musiker fand ich den Aufwand zu groß, um damit auch noch auf Tour zu gehen. Das mag bei den Musikprofis anders aussehen. Ich habe dann bei manchen Kirchentagsveranstaltungen Teile aus solchen Stücken einbauen können.

Können Sie etwas anfangen mit dem Begriff „Neues Geistliches Lied" oder bevorzugen Sie einen anderen Terminus?
Hinter dem Begriff steht nach meinem Dafürhalten ein theologischer Anspruch. Ich möchte das Attribut „neu" weniger auf das Liedalter bezogen wissen, sondern auf den Anspruch, dass das Lied eine Aussage macht, die einen theologischen Sachverhalt verständlicher und damit zugänglicher macht und insofern „neu" ist. Das kann sich etwa darin zeigen, dass alte Wahrheiten wiederentdeckt und wiederbelebt werden oder dass Gedanken überhaupt neu gefunden werden.

Das ist eine interessante, ganz eigene Deutung des Begriffs „Neues Geistliches Lied". Das „Neue" meint also nicht nur die klangliche Gestalt ...
Ja, sonst können Sie mit einigem Recht fragen, was an den Liedern nach wenigen Jahren jeweils noch neu sein soll. Mit der musikalischen und theologischen Sprache geschieht ja in diesen Liedern – wenn sie gelungen sind – etwas Neues. Ich finde den Anspruch gut, den dieser Begriff an die Texter und Komponisten stellt.

Dahinter steht, das merkt man jetzt schon deutlich, ein theologisches Konzept. Können Sie dazu etwas mehr sagen?
Das hat mit dem zu tun, was wir „Kontextuelle Theologie" nennen. Unsereiner ist ja sehr von Martin Luther geprägt. Man muss sich klarmachen, was Luther gemacht hat. Luther hat seine Theologie in Lieder verpackt, und das war kontextuelle Theologie: Er setzte sich ständig mit einer konkreten Situation, nämlich mit der Lage der Kirche und Gemeinde, auseinander und suchte Antworten auf das, mit dem er nicht zurechtkam. Das Entscheidende dieser Antworten hat er dann in Lieder gebracht, die die deutsche Sprache benutzten, nicht die lateinische! Dabei lasse ich jetzt einmal außer Acht, dass seine Formulierungen von einer Qualität waren, dass sie diese Sprache auch voranbrachten. Und: Luther hat Melodien „von der Straße genommen", die zeitgemäß waren, die einfach „dran" waren.
In so einer Tradition sehe ich mich eigentlich ganz gerne. Ein Gottesdienst, der die Botschaft der Guten Nachricht ernst nimmt, nimmt die Menschen ernst, die etwas vom Gottesdienst erwarten.

Haben Sie neben den vielfachen Beziehungen zur Arbeit des Weltkirchenrates Beobachtungen machen können zu Entwicklungen der Kirchenmusik im römisch-katholischen Raum?
Diese interkonfessionellen Kontakte hat es für mich immer gegeben. Bei den Werkstattgesprächen spielte konfessionell Trennendes gar keine Rolle. Natürlich spürte man etwas von den jeweiligen Traditionen, in denen der eine oder andere stand, aber schon als Jugendlicher habe ich diesen Bereich als durch und durch ökumenisch erlebt. Ich habe sogar eine Zeitlang katholischen Religionsunterricht besucht, weil der neue Lehrer für evangelischen Religionsunterricht mir zu konservativ war. Mein erster Verlag war die AV-Edition, das war ein katholischer Verlag. Auch in meiner Zeit als Gemeindepastor haben wir sehr viel zusammen mit der Jugend aus der katholischen Nachbargemeinde gemacht.

Gab es keine Probleme?
Es hat schon mal Wirbel gegeben wegen Mitwirkung bei Abendmahlsfeiern, aber wir bekamen dann auch wieder Rückendeckung. Es ist schon klar, dass unterschiedliche Traditionen aufeinandertreffen, aber da, wo uns heute ein Problem wirklich betrifft, gibt es keine großen Unterschiede in der Antwort. Ich merke das auch noch an einem anderen Punkt: Die Anfragen nach Abdruckgenehmigungen aus dem katholischen Bereich nehmen stetig zu. Denken Sie einmal an die Texter unserer Lieder: Es geht, in konfessioneller Hinsicht, quer durch den Garten. Wenn ich Lieder mit Texten von Lothar Zenetti aus Frankfurt vorstelle, wissen die wenigsten von unseren Leuten, dass dieser Autor katholisch und Diözesangeistlicher des Bistums Limburg ist.

Da sind in praxi Grenzen gefallen ...
Ja, denken Sie nur noch an Hans-Jürgen Netz aus Düsseldorf und an Wilhelm Willms, der bei uns eine enorme Bedeutung hat. Hier hat das Neue Geistliche Lied wirklich etwas nach sich gezogen: Die Autoren und Komponisten werden über konfessionelle Grenzen hinweg rezipiert und mit der Theologie wirksam.

In diesen Liedern und mit ihnen hat ökumenische Theologie eine Chance. Das entspricht Ihrem Anspruch an das theologisch „Neue", das Sie von den Liedern erwarten. Können wir einmal versuchen, die Theologie noch etwas näher zu qualifizieren, die sich bei diesen Autoren formuliert?
Also, das wird – bei allen Schattierungen und Unterschieden – auf jeden Fall eine Verlebendigung dogmatischer Begrifflichkeiten sein, in dem Sinne, dass es das Anliegen ist, wieder Fleisch auf die Knochen des kirchlichen Sprachgerüstes kommen zu lassen. Auch dass die Erfahrungen, die hinter den dogmatischen Formulierungen stecken, wieder einen Wert als nachvollziehbare Deutung von Wirklichkeit erhalten, ist ein Anliegen.
Im Augenblick sind Dogmatik und kirchliche Lehre derart verkopft, ja ein Großteil der Verkündigung ist so verkopft, dass die Leute wegbleiben. Wenn es jetzt zu Liturgien und Liedern kommt, die für das Leben etwas zu singen und zu sagen haben, dann kommen auch die Leute wieder. Wir müssen die Situation wahrnehmen, ernst nehmen und unser Fragen nach der theologischen Qualifizierung unseres Lebens vor diesem Hintergrund gestalten.
Viele Menschen fragen ja durchaus nach Möglichkeiten zur Lebensdeutung. Ich sehe das daran, dass die Leute an den entscheidenden Lebenspunkten sehr wohl zur Kirche gehen, sei es Taufe, Trauung oder Weihnachten und der Trauerfall; auch der Schuljahresabschluss oder ein Gottesdienst im Freien. Diese Kasualien könnten wir bewusster gestalten. Die Menschen sind dann da,

und sie freuen sich, wenn wir etwas zu sagen haben, was ihr Leben qualifiziert. Und solches Potenzial steckt – um auf unsere Ausgangsfrage zurückzukommen – bei Leuten wie Wilhelm Willms, Friedrich Karl Barth und anderen dahinter. Ich erlebe das auch bei meiner Arbeit im weltkirchlichen Kontext. Die Kolleginnen und Kollegen, die ich dort treffe, denken gar nicht mehr anders als in solchen kontextuellen Bezügen. Das könnte der unausgesprochene Tenor des Neuen Geistlichen Lieds sein: der kontextuelle Zugang zur Heilsbotschaft.

Hat sich das Lied entsprechend verändert in den gut zwanzig Jahren, die Sie jetzt überblicken können?
Auf jeden Fall! Von der frühen Singbewegung, die ich ja nur vom Hörensagen kenne, über die Jazz-Sachen und Spirituals, die nächste Phase, in der viel mit Pop-/Rockelementen gearbeitet wurde; dann die Liedermacher-Stilistik, in der ich mich hauptsächlich bewege. Also musikalisch sind da sicherlich Schwerpunkte auszumachen. Es kamen unterschiedliche musikalische Einflüsse nach- und miteinander zum Tragen.

Ich vermute, dass bei uns künftig die christliche Pop-/Rockmusik, wie sie vorwiegend in den USA und in den Niederlanden, beispielsweise mit dem „Flevo-Festival" bekannt ist, Verbreitung finden wird. Auch das „Christival" scheint ein Ansatz in diese Richtung zu sein. Diese Erweckungsmusik wird von Verlagsseite stark unterstützt, ist wirtschaftlich lohnend und kennt nicht die Auseinandersetzungen, die das Neue Geistliche Lied immer sofort mit sich bringt.
Unter solcher Konfliktvermeidung leidet meines Erachtens die theologische Qualität. Dort wird – bis in die Wortwahl hinein – einfach Altes fortgeschrieben. Von daher stehen wir mit dieser Art von Musik – wie Sie sich denken können – immer in einer gewissen Auseinandersetzung. Was ich von da höre, ist auch musikalisch niemals „neu" gewesen. Das gab es 1980 alles auch schon, bloß – ja, wie Sie sagen – der Markt ist größer geworden.

Die „alternative" Theologie hat ja immer Bauchweh beim Entstehen ökonomischer Strukturen. Wie soll sie da lukrativ denken können?! Diese Art gottesdienstlicher Musik ist kein großes Geschäft, und für den „kulinarischen" Genuss vor der Hi-Fi-Anlage eignen sich die wenigsten dieser Lieder.
Stimmt, es ist ein völlig anderer Ansatz. Auch die Gemeindeorientierung, die liturgische Orientierung sind eigene Akzente, die mit konzertanter Missionierung wenig zu tun haben. Ein kontextueller Ansatz, wie ich ihn verfolge, nimmt die Versammelten als Subjekte ernst. Für die Liturgie als vorwiegenden

Ort des Neuen Geistlichen Liedes heißt das: das, was uns existenziell betrifft, in einer Sprache zu bringen, die einerseits das Erbe der Überlieferung ernst nimmt und andererseits die lebendige Hoffnung der Menschen sich aussprechen lässt.

Insofern kann man sagen, dass die Lieder, von denen wir hier sprechen, besonders subjektorientiert sind. Das zeigt sich meines Erachtens auch darin, dass sie mehr oder weniger reproduktionsorientiert sind. Dafür sprechen unter anderem der liedhafte Aufbau und der Refrainstil. Ihre Studiogruppe legt demgegenüber recht anspruchsvolle Arrangements vor.
Aber man kann die Lieder auch ganz einfach spielen. Wir haben eine Entwicklung durchgemacht. Mittlerweile achten wir sehr darauf, brauchbares Aufführungsmaterial anzubieten. Die Einspielungen wurden aber in der Tat immer anspruchsvoller. Man merkt den Einspielungen schon an, dass wir die musikalischen Grundlagen vernünftig gelernt haben, sei es durch Studium oder Gesangsausbildung. Wenn unsere Musiker Einblicke in das Studiogeschäft der 90er Jahre haben und sich mit der Bandbreite von Passionsmusik bis zur Tanzmusik beschäftigen, kommt das den Produktionen der Studiogruppe nur zugute.

Wie würden Sie Ihren Musikstil bezeichnen?
Das ist wohl im weitesten Sinne Popularmusik. Auch die Begegnungen auf der Ebene des Weltkirchenrates gehen nicht spurlos an einem vorüber. Wenn man den Stil etwas näher qualifizieren wollte, könnte man sagen, es ist ein nicht zu überhörender Folk-Einschlag darin vorhanden. Auch die klassische Komponente ist vorhanden. Aber im Grunde ist es mir auch ziemlich egal, was es ist. Es ist halt „unsere Musik"! Unser Stil hat sich ja auch verändert und ist mit uns gewachsen. Er verändert sich auch immer etwas durch die Stücke, die wir zusammen schreiben.

Können Sie das an einem Beispiel erklären?
Auf einer unserer jüngeren Einspielungen finden Sie das Lied ZUSAMMEN UNTERWEGS. Als es entstand, waren wir sehr betroffen durch den Tod einer Freundin und des Vaters von einem unserer Musiker. Wir setzten uns – wie stets – zusammen und überlegten, welche musikalische Grundstimmung und Aussage das Stück haben kann. Wir überlegten, was es heißt und bedeutet, dass geliebte Menschen tot sind. Wir entdeckten die unterschiedlichen Betroffenheiten wie Partnerschaft, Liebe und Eltern-Kind-Beziehung, und solche Dimensionen gerieten auch in den Text, der sich im Laufe der Zeit immer noch

weiterentwickelte. Aber am Ausgangspunkt stand eine sehr heftige Erfahrung von plötzlichem und unbegreiflichem Tod in unserer nächsten Umgebung. Irgendwann hatte ich dann den Text fertig. Den hat dann Peter Frank vertont, der auch Vorstellungen von der Musik zu diesem Text mitbrachte. Er brachte auch noch inhaltlich Gedanken ein, die ich dann in den Text hineinbaute. Auch ich brachte drei Wochen später noch eine Zeile hinzu. Das ist also als erstes die Textarbeit, die dialogisch beeinflusst wird. Ich mache Sachen lieber zusammen als allein, auch weil es eine andere Tiefe gibt.

Die Frage, welche musikalische Gestalt angemessen ist, kommt anschließend. Wir fragen, was das, was wir ausdrücken wollen, für die Musik heißt. Und dabei versuchen wir natürlich, unsere musikalischen Möglichkeiten einzubringen. Wenn man so wie wir schon viele Jahre zusammenarbeitet, weiß man vom anderen, was er einbringen kann und verlässt sich auch auf die Kreativität der einzelnen Musiker. Wir versuchen, für eine Aussage den angemessenen Ausdruck zu finden.

Dass der Text in der Regel am Beginn der Arbeit steht, unterscheidet Ihre Arbeit – wie die vieler Komponisten aus dem Bereich des Neuen Geistlichen Liedes – vom üblichen Ablauf in der Pop-/Rockmusik. Wie aber wird eine Musik dem Text, der Aussageabsicht „angemessen"?

Das ist weniger ein formales Problem. Bei mir muss nicht um jeden Preis jede Silbe korrekt durch den Musikverlauf betont sein. Anders ist das etwa bei Rolf Schweizer, der dafür auch hervorragende Lösungen findet. Mein Hauptaugenmerk liegt woanders. Mir ist wichtig, dass es mir gelingt, die Stimmung, die Atmosphäre, die Erfahrung, die hinter dem Text sitzt, zu erfassen. Mit der Musik habe ich ganz eigene Möglichkeiten, die die Möglichkeiten der reinen Textsprache erheblich erweitern. Das ist es, glaube ich: dass sich das Mehr an Erfahrung, das hinter dem Text steht, inkarnieren kann. Das Wort hinter dem Wort, meine Botschaft, die hinter dem Text sitzt, in möglichst großer Tiefe einzufangen, das ist das Bestreben dieser Arbeit.

Das ist ein sehr emotionaler Gehalt ...

... dabei spielen Gefühle eine große Rolle. Die Vision *weiß* ich nicht nur, ich *spüre* sie auch.

Musik ist also mehr als die Vertonung des Textes.

Man muss schon verstehen, was hinter dem Text steht. Wenn man „erfahrungsorientiert" arbeitet, weiß man, dass eine Situation da sein muss, damit Sachen gelingen.

Wie ist die Situation beschaffen, in der Ihnen das gelingt? Haben Sie Gewohnheiten, mit denen Sie das einleiten können?
Feste Gewohnheiten habe ich dafür nicht, obschon ich sie mir manchmal wünsche. In unserem Haus hier herrscht normalerweise übersprudelndes Leben, und ich muss nach Freiräumen suchen, in denen kreatives Arbeiten möglich wird. Die Arbeit muss vor allem wachsen können. Ein bedeutender Ort der Inspiration ist da für mich – Sie dürfen jetzt lachen – die Dusche. Oder beim Autofahren, wenn ich längere Strecken zurücklegen muss. Mit der Arbeit hier am Predigerseminar muss ich oft herumfahren, um die Vikare zu besuchen. Dann gibt es unterwegs fast meditative Phasen, in denen etwas entstehen kann. Auch die stille Zeit in der Abendandacht, die wir hier jeden Tag halten, lässt manches entstehen. Am besten ist es, wenn ich mich mit Leuten darüber unterhalten kann. Die Produktionen, die aus uns selber kommen, fallen mir sehr viel leichter als die Auftragsproduktionen.

Wie groß ist der Anteil an Auftragsarbeiten in Ihrem Schaffen?
Der wird immer kleiner. Im Augenblick mache ich fast nur noch, was ich will. Sich abends hinsetzen zu müssen, nur um sechs Stücke zu schreiben, die jemand ausgerechnet von mir komponiert haben will, ist im Grunde etwas Schreckliches.

Die Schmeichelung durch solche Anfragen hält sich mittlerweile in Grenzen?
Allerdings, ja! Was wir zu sagen haben, das bieten wir als Studiogruppe von uns aus. Ich will ja nicht nur Handwerk vorführen, ich will „Geist" rüberbringen. Das kann ich bei der Projektarbeit, den ökumenischen Liturgieformen und Konzepten etwa für den Kirchentag in der Regel am besten verwirklichen.

Werden die Produktionen, die für den Kirchentag entstehen, eigentlich honoriert?
Unsere Arbeit ist ehrenamtlich. Aber wenn etwas Vernünftiges dabei entsteht, führt das unter Umständen zu anderen Umsetzungsmöglichkeiten – und für die gibt es ja Honorar.

Welchen Zusammenhang sehen Sie zwischen Text und Komposition? Ihre Arbeit entsteht ja, wenn ich Sie recht verstehe, in einem offenen Prozess.
Die Texte von Willms und Juhre sind meisterhaft, und an denen stimmt alles. Bei den eigenen Texten habe ich viel öfter noch Bedenken. Die Arbeit mit den meisten Textern ist in der Tat offen. Da ist selten ein Text in der Gestalt auf der Platte eingespielt worden, in der er hier ankam.

Worauf kommt es bei einem guten Text an?
Bei Sololiedern gelten andere Ansprüche als bei Strophen- und Gemeindeliedern. Bei letzteren muss der Text in allen Strophen auf ein und dieselbe Melodie singbar sein. Da müssen auch die Silbenbetonungen durchgängig gleich sein. Das ist das Erste und darauf kann man sich erfahrungsgemäß längst nicht immer verlassen. Ferner müssen die Konzeption der Aussage und des Gesamtzusammenhangs stimmen. Auch wenn die „inklusive Sprache" nicht benutzt worden ist, frage ich schon mal nach. Das handhabe ich inzwischen ziemlich konsequent, dass ich beispielsweise statt „Herr" besser „Gott" sage. Die Dramaturgie des Textes muss stimmen. Dass die Bilder sinnvoll gesetzt und genutzt sind. Dass auch der Aufbau stimmig ist. Meine eigenen Texte reiche ich immer weiter, weil ein Korrektiv hilfreich ist. Die Arbeit im lebendigen Prozess gefällt mir besser und darin bin ich in der Regel am kreativsten.

Welche Ansprüche haben Sie an ein gutes Lied?
Das kommt auf das Lied an. Ich habe an ein Gemeindelied andere Ansprüche als an ein Vortragslied. Das Gemeindelied muss von der Gemeinde gesungen werden können. Im Vortragslied hingegen kann ich der Gemeinde etwas zusingen von meiner persönlichen Erfahrung. Das Gemeindelied muss in dem eben skizzierten Sinne handwerklich stimmen und es muss eine Situation anfüllen können. Es sollte nicht unverbindlich „jenseits von Zeit und Raum schweben". Ich muss gestehen, dass es auch von mir solche Gemeindelieder gibt, die sich irgendwie als tauglich durchgesetzt haben, aber heute von mir nicht mehr gemacht würden, weil sie zu uneindeutig sind in ihrer Situationsbezogenheit. Nehmen Sie zum Beispiel das Lied VERTRAUEN WAGEN. Das habe ich seinerzeit für einen DDR-Kirchentag gemacht, ohne die Situation genau zu kennen. Das würde mir heute nicht mehr passieren. Aber das Lied begegnet mir sehr häufig als Gemeindelied nach der Predigt.

Weil es verhältnismäßig situationsungebunden ist, passt es so gut in zahllose Situationen?
Die Konkretion ist mir lieber. Das Lied muss singbar sein, darf nicht kitschig sein, also die Situation überkleistern. Wie darin von Gott und den Menschen gesprochen wird, ob beide ernst genommen werden – die Theologie, die sich darin formuliert, muss ich für verantwortbar halten können. Die Form des Gemeindelieds muss „rund" sein. Das Sololied kann in seiner Gestalt sehr viel offener sein.
Im Übrigen muss man ausprobieren, welches Lied wohin passt. Ein Lied vermittelt ja auch eine Emotion, und die prägt die Situation häufig deutlicher als

der Text. Darauf muss man achten und sich vorher Gedanken dazu machen. Den liturgischen Ablauf kann man ja lernen sich vorzustellen, der ist über weite Teile vorgegeben und – in gewissen Grenzen – kalkulierbar. Da kann man sich als Vorbereitender sensibilisieren und eine angemessene Gestaltung vorbereiten. Aber die emotionale Wirkung eines Liedes lernt man am besten über Erfahrungen abzuschätzen. Vielen Liturgen fehlt diese Erfahrung oder sie achten nicht auf diese Wirkung.

Das braucht etwas Anstrengung und Aufwand, aber die Gemeinde und die Liturgie sollten es einem wert sein.
So denke ich, ja! Bei den Mitsingkonzerten, die wir mit der Studiogruppe besonders gerne machen, ist das anders. Da kenne ich die Situation vorher nicht, und unser Programm ist dann immer entsprechend variabel aufgebaut, um eben reagieren zu können.

Ist es Ihnen passiert, dass Sie als paradigmatische Person gesehen werden? In der Pop-/Rockmusik ist es ein verbreitetes Phänomen, dass der „Kunde" den „Performer" idealisiert und auch auf den Prüfstand stellt.
Bewusst habe ich das so gut wie nie wahrgenommen. Natürlich kommt es manchmal zu sehr starken Orientierungen an mir, aber ich bin kein Typ, der darauf aus ist, und muss halt damit rechnen. Mittlerweile singe ich nur das, was ich auch abdecken kann. Die theologischen Aussagen der Lieder sind auch Anfragen an mich selber, und ich versuche, dabei ehrlich zu bleiben und das auch spürbar werden zu lassen. Es kommt auch darauf an, wie wir mit unserem Status umgehen. Ich muss ja keine Riesenfigur um mich herum aufbauen, dann habe ich das Problem der Idealisierung auch nicht in solchem Ausmaß. Wir begreifen uns am besten selber als Beteiligte des Prozesses, nicht als seine Macher.

Ich würde gern mit Ihnen die These bedenken, dass das Singen dieser Lieder für viele Menschen ein Mittel ist, sich selber eine Gestalt zu geben, eine Identität zu formen. Die Musikwissenschaften lehren uns seit Langem, dass die Rezeption und Performanz der Popularmusik identitätssubstituierend und -bildend wirken können. Folgende Elemente kann man dazu benennen: Die Lieder sind gruppenbildend, sie haben eine inhaltlich qualifizierende Aussage und sie haben eine distinguierende Wirkung. In der Liturgie machen wir Ähnliches: Sie bietet Formen und Texte an, sich „von außen" eine Gestalt geben zu lassen.
Ich denke, da ist etwas Wahres formuliert, über das ich bisher noch gar nicht nachgedacht habe. Wenn das das Interesse Ihrer Arbeit ist, machen Sie auf et-

was Bemerkenswertes aufmerksam. Das stimmt ganz sicher, dass die Lieder identitätsbildendes Potenzial haben! Das Neue Geistliche Lied sammelt Menschen, nicht Altersgruppen. Es gibt eine gewisse Klientel für die Lieder. Diese Menschen zeichnen sich durch eine bestimmte Wirklichkeitswahrnehmung aus.

Können Sie diese Wirklichkeitswahrnehmung näher beschreiben?
Es ist der Weg, den ich den Weg der „anderen Sprache" nennen möchte. Ein Interesse daran zu haben, Situationen durch Lieder eröffnen und erschließen zu lassen, ist schon ein Kennzeichen dieses Wegs.
Auch dass man versuchen will, die Situation aus unserem Lebensgefühl heraus zu formulieren, charakterisiert diese Sicht. Es gibt andere, die da Sperren haben, die etwa fordern, Christus müsse immer als der König benannt werden. Aber gerade von den Rändern der Gemeinden und Kirchen her besteht großes Interesse an den neuen Liedern und neuen, „übersetzten" Aussagen. Ich glaube, dass sich das daran festmacht, dass die Menschen dieses Maß und diese Art an Aufmerksamkeit spüren.

Das muss nicht heißen, dass Gottesdienste dem Einerlei des Alltags gleichgemacht sind. Sie sollen ja doch, um ein Diktum Fulbert Steffenskys zu verwenden, Konzentrationen der großen Lebenswünsche sein. Es mag vielleicht sein, dass diese Lieder eher als andere eine „niedrigschwellige Liturgie" ermöglichen!
Das bringt die Sache auf einen guten Begriff!

Können die Lieder aber andererseits nicht nur gemeindeaufbauend, sondern unter Umständen auch gemeindespaltend wirken?
Die Auseinandersetzung ist unter Umständen nicht zu unterschätzen. Man muss aber beide Seiten bedenken: Die alten Lieder habe ich auch als gemeindespaltend erlebt! Weil viele Menschen einfach wegbleiben, wenn man immer die Orgel als Inbegriff der Allmacht Gottes vorgestellt bekommt. Schon Bach hatte Schwierigkeiten, seine Instrumentalisten durchzusetzen. Das führt dahin, dass noch jetzt im neuen Evangelischen Gesangbuch die Lieder ohne Akkordbezifferungen abgedruckt werden. Dahinter steht auch ein handfestes, aber unausgesprochenes Interesse, die Orgel als das liturgische Instrument zu bewahren. Es ist eine Unverschämtheit, dafür dann auch noch mit einem Foto zu werben, das Jugendliche mit Gitarre beim Singen zeigt. Ob eine Sonderausgabe mit Gitarrengriffen in unserer Landeskirche herausgegeben wird, steht noch in den Sternen. Da wird zum Teil mit harten Bandagen gekämpft. Wenn die Kirchenleitungen und Musiker es nicht schaffen, die Situation ungeschminkt

wahrzunehmen, können die das noch gerne zehn Jahre weitermachen, aber dann kommt wirklich keiner mehr in die Gottesdienste.

Es gibt ja eine Ablehnung der Idiome der Pop-/Rockmusik für die gottesdienstliche Verwendung, die begründet wird mit dem Argument, dies sei „unheilige" Musik mit erotischen Konnotationen und säkularen Instrumenten.
Mit dieser Begründung hat man in Brasilien die Verwendung der Volksmusik untersagt. Die Flöte wurde verboten, weil sie ein Sexsymbol sei. Aber hier wäre zu fragen, wer die Kriterien des Erlaubten setzt. Das ist eine Frage der Macht! Die Orgel ist ja auch in dieser Hinsicht ein Allmachts-Instrument! Die Popularmusik stellt ja eine Hinterfragung dieser Strukturen dar. Sie bietet zum Beispiel in der Regel nicht solistische Instrumentalbegleitung, wie die Orgel das tut, sondern Zusammenklang mehrerer und verschiedener Instrumente, da steckt ja auch eine theologische Komponente hinter ...

... das Neue Geistliche Lied als communitäres Ausdrucksmedium auch der Musiker untereinander, nicht nur der singenden Gemeinde ...
Genau! Eine wesentliche Frage ist ja auch, was der versammelten Gemeinde angemessen ist. Die strengen Verfechter der herkömmlichen Kirchenmusik hängen an ihrem ‚Zuhause' und das möchten sie nicht verlieren.

Erlebnisqualität als Hintergrund theologischer Begründungen?
So kann man sagen. Aber dieses Heimatgefühl teilen offensichtlich nicht mehr allzu viele Menschen. Mir ist es wichtig, unterschiedliche Heimatgefühle zum Zuge kommen zu lassen. Wir müssen integrieren, nicht ausschließen.

Was aber ist das „Heilige", das manche hier bedroht sehen?
Auch da müssen wir unterschiedliche Vorstellungen integrieren. Ein Beispiel: Für mich persönlich ist der Altarbereich ein Bereich wie jeder andere. Ich habe in meiner Zeit als Gemeindepfarrer immer versucht, eine runde Form herzustellen, die mich nicht von den Leuten trennt; ich habe auch immer viel frei gesprochen. Für mich war klar, dass wir Gott in unserer Mitte feiern. In dieser Begegnung findet das Heilige statt. Ich muss aber akzeptieren, dass andere eine Ehrfurcht vor dem Altarbereich haben und in seine Richtung hin beten. Ich frage mich dann, ob man Gott an so einen Ort binden kann. Ich habe da eine andere Auffassung vom Heiligen. Man kann darüber ins Gespräch kommen, und das hat mehr mit Heimatgefühl zu tun, als viele wahrhaben können. Mit Theologie allein kommt man da oft nicht weiter. Die theologischen Gründe sind oftmals unbewusst vorgeschoben.

Ich möchte den Menschen zeigen, dass wir mit unserer christlichen Weltsicht den Menschen Lebensqualität zu bieten haben. Das Heilige ist, dass wir einen Gott haben, der uns das Leben schenkt und ermöglicht, und dass wir eine Zukunft haben, die uns in seiner Liebe gehalten weiß. Das versuche ich zu übersetzen und das ist mir heilig. Das ist auch das Kriterium für meine Arbeit als Texter und Komponist. Ich versuche, solche Beheimatung und Liebe in Lieder zu übersetzen. Heilige Kirchenmusik wäre eine Musik, die von dieser Sache etwas spürbar werden lässt, die dieser Sache dient – oder mit anderen Worten: die etwas davon inkarniert! Bach hat das geschafft. Die Leute sind froher nach Hause gegangen. Dieses Heilige wird auch durch das Neue Geistliche Lied gar nicht bedroht, sondern für viele Menschen eher gefördert.

Folgen Sie darin der Inkarnationstheologie, wie zum Beispiel Kurt Marti sie vorträgt? Gott wurde Mensch, und darin sind ein für allemal die Schranken zwischen sakral und profan durchlässig gemacht. Der Vorhang, der Tempel und Welt voneinander trennt, ist gerissen. – Wie aber geht man mit dem Vorwurf um, solch eine Auffassung würde zu kurz greifen, da sie das Zeugnis von Auferstehung und Himmelfahrt nicht berücksichtige?

Ich will ja das Sakrale gar nicht verneinen oder abschaffen. Die Durchlässigkeit der Grenzen zwischen sakral und profan ist mir sehr wichtig. Ich sehe zum Beispiel keinen Grund, weshalb ich nicht im Freien Gottesdienst feiern sollte. Aber das Wort „sakral" hat einen unangenehmen Beiklang für mich. Wir dürfen das Heilige, die Mitte unseres Lebens nicht verlieren. Räume können das Empfinden fördern wie Musik es kann. Sie können es aber auch behindern. Dafür muss man aufmerksam werden.

Ich wage zu bezweifeln, dass wir mit der Wiederholung unserer traditionellen Formeln dem Verlust der Mitte gegensteuern können. Wir müssen gucken, wie wir die alten Dinge neu übersetzen lernen, und da sind die neuen Lieder sehr wichtig. Vielleicht müssen wir mehr darauf achten, wie Begegnung im Gottesdienst geschieht. Vielleicht kann man das Heilige damit ansatzweise beschreiben: Wenn ich im Gottesdienst zum offenen Fürbittgebet einlade und die Menschen etwas aussprechen und wir darauf gemeinsam antworten, so ist das ja nicht nur eine Kommunikation zwischen mir und Gott. Dabei verändert sich ja auch die Kommunikation und Atmosphäre in der Gemeinde. Das kann man mit „Heiligem Geist" beschreiben. Es ist aber die Begegnung, in der wir das erfahren. Da liegt eine Fährte, auf der das Heilige zu begreifen ist.

Trifft Ihrer Meinung nach der Vorwurf der bloßen Innergeschichtlichkeit zu, wie er gegen das Neue Geistliche Lied vorgetragen wird?

Natürlich ist das ein oder andere Lied auch eine Gegenbewegung gegen jahrzehntelang gepredigte Weltflucht. Aufs Ganze gesehen trifft der Vorwurf aber nicht zu. Es gibt Lieder, die das Wort „Gott" nicht erwähnen, aber sie sensibilisieren womöglich durch ihre Bilderwelt für andere Dimensionen. Ich denke etwa an mein Lied WO EIN MENSCH VERTRAUEN GIBT, das von Erlösung und Heil explizit nicht spricht. Auch solche Lieder beschreiben dann wenigstens die Chance gehaltvoller Begegnung.
Das wären auch Lieder für das, was Sie gerade einmal so passend niedrigschwellige Liturgie genannt haben. Solche Liturgie verändert nicht den Inhalt des Glaubens, sondern versucht, ihn neu aufzuschließen. Das ist das Missverständnis, mit dem unseren Liedern oft begegnet wird. Liturgie ist Verdichtung von Leben, ihre Schritte sind lebendigen Ursprungs, das darf man unseren Feiern auch heute ruhig anmerken.

Es gibt in der katholischen Liturgiewissenschaft die Kritik, dass das Liedersingen an der Liturgie vorbeigeht, weil dabei häufig nicht der liturgische Text selbst gesungen wird, sondern ein Lied nur noch „anlässlich" des Gottesdienstes.
Ich bin dagegen, mit neuer Musik alte Sprache zu verpacken. Das machen viele Evangelikale. Es muss aber um die Übersetzung auch des Textes gehen. Die liturgischen Schritte selbst gehen nicht an der Wirklichkeit vorbei. Das Kyrie beispielsweise nennt Manfred Josuttis den allumfassenden Gebetsruf, in dem alles vor Gott getragen werden darf. Das muss im Gottesdienst Gestalt gewinnen. Man muss das auch nicht alles singen. „Vater unser" und „Glaubensbekenntnis" finde ich gesprochen besser.

Das Credo ist ja im Grunde eine Sprechurkunde, und wenn wir es gemeinsam vortragen, ist es eine gesprochene Beurkundung.
Deshalb will ich an diesen großen, wichtigen Texten auch nichts ändern. Das Credo geht immer über uns hinaus und sein ökumenischer Gehalt ist nicht zu unterschätzen.

Sie würden aber das Liedersingen zugunsten der Mitteilung der erneuerten Botschaft in Kauf nehmen?
Gerade beim Kyrie gibt es Beispiele sehr gelungener Lieder, die die alte Wurzel des Kyrie-Rufes neu aufnehmen. Und dazu drängt sich doch auch die Frage auf, wie ich das Sanctus oder Gloria sprachlich übersetzen kann. Die Übersetzung muss meiner Meinung nach sein.

Wie stehen Sie zu dem Vorwurf, viele der Lieder seien von Text und Musik her recht banal?
Eine gewisse Qualifikation ist gefordert. Für die Aus- und Fortbildung öffnet sich da ein weites Feld. Das Handwerkszeug ist unerlässlich.

Wo sehen Sie den derzeitigen Standpunkt und die Zukunft des Neuen Geistlichen Lieds?
Von der Theologie her würde ich sagen, dass die weltkirchliche Dimension immer bewusster und deutlicher geworden ist. Im Augenblick tritt das Neue Geistliche Lied in weiten Teilen auf der Stelle. Die Aufbrüche der 60er Jahre – wie beispielsweise die Reich-Gottes-Theologie – sind ja heute keine Aufbrüche mehr. Ich erwarte die neuen theologischen Impulse eher aus südlichen Gefilden. Wir müssen mal gucken, wohin das führt. Gleichzeitig ist bei uns noch viel im Entstehen. Mit der Einführung des neuen Evangelischen Gesangbuchs beginnen viele Gemeinden jetzt erst, die Lieder kennen zu lernen. Vielleicht müssen wir jetzt erst mal auf einige Nachzügler warten. Womöglich tut sich dann irgendwo wieder etwas auf, aber das müssen dann mit einiger Sicherheit andere Künstler sein. Ich merke ja an mir selber: Ich fülle mein Lied mit meiner Persönlichkeit aus, aber ich kann jetzt nicht plötzlich ein anderes machen. Da müssten neue Situationen neue Leute hervorbringen, die die Szene dann wieder in Bewegung bringen. Das ist im Augenblick noch nicht absehbar. Ich sehe das zumindest nicht.

„Der Reim ist eine Falle"
Alexander Bayer im Gespräch[9]

Biografische Skizze
Alexander Bayer, geb. 1964 in Lauffen am Neckar als fünftes Kind einer früh verwitweten Mutter; Abitur in Rottweil; Studium der Katholischen Theologie in Tübingen, Poona (Indien), Innsbruck und Brixen. Studium der Musikwissenschaft in Tübingen; lebt in Obermarchtal.
Seit 1989 Auftritte mit dem später „Entzücklika" genannten Ensemble. Kooperationen u. a. mit dem Katholischen Bibelwerk Stuttgart (Ökumenischer Kirchentag Berlin 2003) und dem Autor Pierre Stutz. Zahlreiche CDs (u. a. „Nacht-Wandler" 2001, „Bereit" 2007) und Liederbücher („Nacht-Wandler", „Schatzkästlein" u. a.). Vertrieb und Informationen: www.entzuecklika.de.

Alexander, wir treffen uns hier in Speyer und es läuft gerade wieder eine kleine Tournee mit den „Nacht-Wandler-Abendgesängen". Gestern Abend konnte ich an einem eurer Konzerte teilnehmen. Ist das, was ihr im Augenblick macht, für dich die Krönung deiner bisherigen Tätigkeit?
In Autoklassen gesprochen ist dies unser Rolls-Royce. Da fühlen wir uns am wohlsten. Wir können die Vorteile nutzen, hier im kirchlichen Rahmen zu arbeiten. Da fühlen wir uns zu Hause. Bei dieser Veranstaltungsform agieren wir mit einem weiten Themenfeld, sind aber auch nicht so eingeschränkt wie bei den Vorgaben der Liturgie wie etwa einer Eucharistiefeier. Ich kann auch mehr und anderes zusammenbringen, als es bei gängigen Andachtsformaten möglich wäre.

Wie würdest du beschreiben, was ihr da macht?
Das nicht zu können, ist fast schon mein täglich Brot. Wir sagen immer: Das ist eine Mischung aus Konzert und Gottesdienst. Es gibt konzertante Elemente, bei denen wir solistisch arbeiten, und es gibt gemeinsame Lieder mit den Besuchern. In thematischer Zusammenstellung und musikalischer Verknüpfung

---

[9] Das Gespräch wurde im November 2004 und im September 2008 geführt.

bildet das Programm jeweils eine Einheit. Wichtig ist mir, dass sich eine Atmosphäre von Andacht ergibt.

Gestern Abend habt ihr mit einem regelrechten Introitus des Ensembles vor dem Altar begonnen, habt Richtung Altar, einem schönen Marienaltar hier in St. Ludwig muss man dazu sagen, habt also auf den Altar hin, auf dieses Marienbild hin, gesungen. Habt euch erst dann zur Gemeinde umgedreht und sie singend gegrüßt. Das ist ja liturgieartig geformt.

Das hat sicher damit zu tun, dass wir als ehemalige Ministranten eine Sensibilität für Form entwickelt haben. Dazu gehört, dass man nicht einfach in einen Raum hineinschlappt, sondern dass man ihn gesammelt betreten muss und dabei eine geformte Handlung hilft. In gewisser Weise kann man den Raum dadurch langsam in Besitz nehmen. Ich habe mich auch vom Ballett inspirieren lassen, bei dem zunächst die Ausmaße der Bühne mit den Schritten erfasst werden. Man schaut quasi mit den Füßen „Was ist hier mein Umfeld?". Andererseits signalisieren wir auch: „Wir treten jetzt in einen anderen Raum rein."

Während der Veranstaltung gab es auch Passagen, in denen du in freier Rede das Wort ergriffen hast. Man hatte den Eindruck, das geschieht spontan. Die Menschen, die sich versammelt hatten, die Bilder des Raumes – all dies wurde mit der Andacht des Publikums, das wie eine Gemeinde wurde, zusammengebracht. Dein Agieren vermittelte den Eindruck eines Laienpredigers, ohne dass es einen Augenblick peinlich wurde. Hast du so eine Ader in dir?

Ich nehme das einfach so an, wie du das so sagst. Ich habe kein entsprechendes Vorbild. Ich komme ja nicht aus der evangelischen Szene und kenne auch die freikirchliche Tradition nicht. Ich habe katholische Theologie studiert. Aber ich tue mich schwer, mehrseitige Manuskripte vorzulesen.

Früher habe ich probiert, geschliffene rhetorische Texte zu machen, aber dabei habe ich mich nie wohlgefühlt. Irgendwann habe ich gemerkt, es fällt mir leichter, den Psalm als Ausgangspunkt meiner Gedankengänge auswendig zu lernen. Den versuche ich dann auf schwäbisch, schwäbisch-hochdeutsch, wiederzugeben. Das ist für mich stimmiger. Die Leute sind aufmerksamer, und ich nehme es aber auch in Kauf, dass ich mich verhaspele und dass ich mal aus der Konstruktion fliege und den roten Faden verliere. So was kommt vor. Das ist für mich dann nicht so tragisch, sondern ein Stück Authentizität. So ist das Leben.

Mit den Abendgesängen habt ihr eure optimale Ausdrucksform gefunden. Gehen wir mal gut 40 Jahre zurück. Du bist 1964 geboren, als fünftes Kind einer

verwitweten, allein erziehenden Mutter. Kannst du die Situation beschreiben, in der du groß geworden bist?
Ich bin im Württembergischen aufgewachsen, in einer evangelischen, pietistischen Gegend. Aber in der Siedlung, in der wir wohnten, lebten viele Vertriebene katholischen Ursprungs. Das waren zwei Welten, die Welt der Vertriebenen aus Ungarn und Schlesien hier und die andere Welt – zum Beispiel in meiner Schule – mit den einheimischen Pietisten. Wir waren in der Schulklasse nur drei Katholiken. Als Katholik war ich immer in der Minderheit.
Und nachdem meine Mutter früh verwitwet war, mein Vater war Schuhmacher und ein Wandersmann gewesen, saß sie alleine und mit fünf Kindern da. Ich bin in Armut aufgewachsen, aber ich hab das damals nicht so empfunden. Meine Familie und das kirchliche Umfeld, auch mit den Vertriebenen, war echte Heimat. Die Vertriebenen hatten es ja geschafft, sich wieder ein Stück Heimat zu schaffen. Sie sind nicht in Lethargie oder Wehleidigkeit verfallen, sondern haben sich in Arbeit gestürzt, bauten Häuser, gründeten sich eine neue Existenz. Sonntags ging man natürlich mit allen in die Kirche. Im Grunde genommen habe ich hier noch das alte katholische Dorf erlebt, einschließlich des sonntäglichen Frühschoppens. Was ein Kaiser-Franz-Josef-Bart war, wusste ich schon früh, und bei uns zu Hause nannte man das, was andere als Spätzle bezeichneten, Mehlspeisen. Meine direkten Vorfahren haben noch alle einen bairischen Dialekt gesprochen, erst meine Mutter gewöhnte sich mit uns Kindern allmählich aufs Schwäbische um.
Das mit den Vertriebenen betone ich nicht zuletzt deshalb, weil ich bemerkt habe, dass meine persönliche Situation sich immer wieder auch beim Propheten Jesaja findet, der ja auch Zerstörung vor Augen hat und das Exil reflektiert. Durch Jesajas Texte fühle ich mich noch heute besonders angesprochen. Das wirkt sich auch darin aus, dass ich Jesaja-Texte immer wieder vertone oder bearbeite.

Jesaja, der die Zerstörung erlebt hat und dagegen so eine unverschämte Hoffnung setzt, dass es dennoch ein Leben gibt ...
... und der aber die Betroffenen, die Traumatisierten jetzt nicht billig vertröstet. Je länger ich den Jesaja lese, desto mehr höre ich raus, dass er den Blick der vom Leid Getroffenen vom Leid weg auf ihre Kinder lenken möchte. Ihnen sagt er: Schaut, hier ist eine Zukunft, die nicht von außen auf euch herabfällt, sondern die als gute Zukunft schon unter euch entsteht. Wenn ihr euch besinnt, nicht immer nur jammert und die Politik schuldig macht, sondern wenn ihr euch besinnt auf eure Möglichkeiten, dann werden Energien freigesetzt. Energien, sich zu trösten, sich zu stärken, zu bekräftigen, sich gegensei-

tig stark zu machen. Die so entstehende Gemeinschaft kommt gemeinsam voran. So lese ich Jesaja.

Hat es in deiner Kindheit die klassische Sozialisation gegeben über Ministrantendienst oder Knabenschola?
Da wir sehr ländlich in der Diaspora aufgewachsen sind, hat's da kein allzu ausgeprägtes kirchenmusikalisches Angebot gegeben. Unsere Orgel war klein mit fünf oder sechs Registern. Beim Singen ging es sehr langsam vonstatten, brucknermäßig. Aber wir hatten einen holländischen Pfarrer, der 1970 nach Brackenheim kam, dem Geburtsort von Theodor Heuss. Und als er ankam, hatte er das Zweite Vatikanische Konzil im Gepäck und zwar mit voller Wucht. Musikalisch machte sich das darin bemerkbar, dass ich mit der Musik von Peter Janssens aufgewachsen bin.
Bei meiner Erstkommunion gab es zwar mangels Bandmitgliedern noch keine Gemeindeband, aber es gab den Plattenspieler. Wir haben die Janssens-Lieder von der Platte gehört und kräftig mitgesungen. Das war dann immer lustig, weil der Mesner mit dem Plattenspieler nicht umgehen konnte. Aber den Pfarrer stresste nichts, er ging halt vom Altar weg zum Plattenspieler und setzte die Nadel drauf. Natürlich trifft man dann nicht genau die Pause vor dem gewünschten Lied. So hörten wir immer noch die halbe Minute vom vorigen Lied mit.
Bald hatten wir unsere eigene Band, erlebten und gestalteten Schulgottesdienste, Jugendwallfahrten usw. Alles war von den Anfängen des NGL geprägt. Das hat mir gut getan. 1980 wechselte ich die Schule, kam auf ein humanistisches Gymnasium im 150 km entfernten Rottweil. In diesem bischöflichen Konvikt habe ich Latein und Griechisch nachgelernt und habe mich wohlgefühlt. Latein und Griechisch, das war meine Welt. Auch dort haben wir noch NGL gesungen, aber da lernte ich dann auch schon diese anderen Songs kennen, die etwas betulicheren, charismatisch angehauchten. Die empfand ich in ihrer selbstsicheren, glaubenssicheren Massivität als langweilig. Ich glaube, wenn man mit Janssens und mit seinem UNSER LEBEN SEI EIN FEST oder MANCHMAL FEIERN WIR MITTEN IM TAG angefangen hat, kann man vieles von dem anderen nur noch als Abstieg empfinden.

Verblüffungsfeste Glaubensüberzeugungen werden auch im modernen Klanggewand nicht attraktiver, wenn ihnen das Feuer des Zweifels nicht abzuspüren ist.
Ja, und wenn dann noch Worte vorkommen, die bei mir weder im bairischen, bayerischen noch im schwäbischen Dialekt vorkommen und auch nicht im

Schulalltag, wenn also solche „gebenedeiten" Worte vorkommen, da habe ich eine automatische Schranke, und es läutet Alarm. Da komme ich leider nicht drüber. Ich kann mit bestimmten Worten im kirchlichen Kontext einfach nichts anfangen. Ich kann mir im Kopf zwar zusammenreimen, was gemeint ist, aber es geht mir nicht über die Lippen, weil ich keinen Bezug herstellen kann.

Andererseits wird das im Konvikt durchaus eine Sprache gewesen sein, da man dort vermutlich auch Priesternachwuchs rekrutieren wollte.
Gott sei Dank nicht, nein. Die Rekrutierung von Priesternachwuchs durch Konviktsleben funktionierte da schon nicht mehr. Wir sind auch nicht zum Stundengebet angehalten worden, aber wir mussten einmal in der Woche Meditationen gestalten. Natürlich war das bei uns Jugendlichen nicht sehr beliebt, aber es war eine Möglichkeit, sich mit neuen Texten und moderner Musik vor anderen, vor einer Art Publikum, auszuprobieren.
Damals war's noch so, dass dann bevorzugt „Pink Floyd" gelaufen ist. Das gängige Thema war der Konsumrausch, und wir ließen von Pink Floyd „Money" laufen, und dann hat man gejammert über die materiellen Fixierungen und ist dann darauf gekommen, dass die Armut des Franz von Assisi demgegenüber vorbildlich ist usw. An dem Punkt legte ich dann die Bremse rein. Wenn man – wie es mir passiert war – beim Schulausflug nicht mitgehen kann, weil man kein Fahrrad hat, hat man mit der spirituell hochgespielten Armut, wie sie in den 70er/80er Jahren propagiert wurde, seine Schwierigkeiten. Von innen fühlt sich Armut nämlich anders an, als wenn man sich das spirituell antrainiert. Deshalb hat mich auch Wilhelm Willms' und Peter Janssens' Musical „Franz von Assisi" nicht in dem Maße angesprochen wie ihre anderen Sachen.
In dem Konvikt habe ich aber auch die stille Abendzeit der Komplet kennen und lieben gelernt. Die war mir damals sofort sympathisch. Nachts um zehn wurde man rausgeklopft. Rottweil dürfte eine der wenigen Städte sein, in denen um 22 Uhr noch mal eine Glocke läutet. Dann sitzt man da in der dunklen Kirche und singt die deutsche Komplet. Diese Liturgie haben wir Entzücklikanten Jahre später mit unseren Programmen aufgegriffen und weiterentwickelt. 1996 führten wir in einer Kirche auf dem Michaelsberg (einem Weinberg übrigens) das Singen einer Komplet wieder ein. Das zog viele Menschen an, die aber – weil sie sich dafür auf einen weiten Weg den Berg hinauf gemacht hatten – nicht schon nach 20 Minuten fertig sein wollten. Und so wurde mit der Zufügung von mehr und mehr Liedern – und auch ökumenischen Liedern und Taizé-Liedern – aus dieser Komplet das, was gestern als „Nacht-Wandler-Abendgesänge" erlebt werden konnte.

Wie ging es weiter, nachdem du auf dem Konvikt das Abitur gemacht hast?
Ich hatte nicht nur die Theologie im Kopf. Ich wollte Katholische Theologie und Griechisch studieren, das mir so viel Freude machte.

Da wäre klassischerweise ein Priester oder Lehrer daraus geworden.
Ich war schon eigentlich in Richtung Priester eingestellt. Das Griechische war mein persönliches Faible, weil die Sprache einfach Spaß macht und das Hineintauchen in andere Denkwelten spannend war. An Sokrates konnte ich regelrecht zerschmelzen, mit Sophokles' Antigone in andere Welten schweben. Aber das Griechischstudium wollte man mir vom Wilhelmsstift aus nicht zugestehen. Heute würde ich mir das nicht gefallen lassen, aber man ist ja jung. Und so habe ich dann also meine Theologie studiert, aber ich war kein glücklicher Theologiestudent. Im ersten Semester habe ich mich bei der Dogmatik gleich in die Nesseln gesetzt, weil ich gemerkt habe, dass manche ihrer hübschen Sätze, wenn die so apodiktisch dastehen, überhaupt nur unter Voraussetzungen verstanden werden können. Mir fällt jetzt kein konkretes Beispiel ein, aber diese ganzen so genannten Einführungen in das Christentum, das waren für mich alles ungedeckte Schecks. Die Fragen, wie jemand dazu kommt, solche hohen theologischen Aussagen zu machen, was seine Quellen, seine Gründe sind – all das schien mir ausgeblendet. So war ich schon bei der Dogmatik quasi mit dem falschen Fuß aufgestanden. Ich habe mir das dann mühsam – man ist ja lang genug im Studium – angeeignet.
Die Frage nach dem Woher der Dogmatik führte mich zu psychologischen Fragen als Zugängen, aber die universitäre Theologie wollte nicht so recht mein Herzensanliegen werden. Ich habe Kirche und Glaube anders wahrgenommen, als dass ich mich da in den dogmatischen Bahnen wohlgefühlt hätte. Für uns Studierende war selbst der Konflikt um den Tübinger Professor Hans Küng schon ein Mantel, der nicht für uns geschneidert worden war. Für uns war dessen Unfehlbarkeitsdebatte eigentlich schon erledigt und gar nicht nachvollziehbar, dass da überhaupt noch jemand was hat diskutieren können.

War das akademischer Streit um Fragen, die keiner mehr stellte?
Das war viel zu weit weg. In gewisser Weise war es bereits nur noch nostalgisch, dabei zuzuhören, wenn sich Professor Küng und Ehrendoktor Ludwig Kaufmann anlässlich einer Ehrendoktorverleihung über ihren früheren Kollegen Ratzinger unterhalten haben. Das war nett, aber es war nicht unseres. Da war mir die Sozialisation, die ich über Jugendwallfahrten und Janssens-Musicals erlebt hatte, doch wichtiger.

Im Studium aber ist man auf der Suche. Also, ich habe es mir nicht nehmen lassen, auch ein Freisemester in Poona, in Indien zu machen und dort wieder eine ganz andere Welt kennen zu lernen. Ich war bei den Jesuiten untergebracht, habe die Theologie der Befreiung im Kontext der dortigen Religionenvielfalt kennen gelernt, aber auch das Problem, wie man versucht, unsere christliche Botschaft zu inkulturieren. Nachdem ihr altes Christianisierungsmodell 300 Jahre zuvor gescheitert „wurde", wollten die Jesuiten jetzt versuchen, indische Gesten, indische Sprachen, indisches Empfinden in die Liturgie hereinzunehmen. Inkulturation beginnt mit unscheinbaren Details: dass man die Messe auf dem Boden feiert, dass der Priester statt der Stola einen indischen Schal umlegt und indische Symbole in den Gottesdienst aufgenommen werden.

Im Grunde genommen konnte ich auf diese Weise ein indisches Pendant zum Anliegen des NGL für den deutschen Kulturraum erleben. Interessanterweise haben nun wiederum die indischen Katholiken nicht mitgespielt: „Gemeinde" lief nämlich nur so, dass man mit schwarzer Hose und weißem Hemd ein westliches Erscheinungsbild wünschte. Sonntagsmorgens war die Kirche zwar rappelvoll, aber es gab kaum innere Teilnahme. Dieses „Da gehe ich hin, da bin ich dann und ich gehe wieder, ich war da" war entnervend für alle, die mehr wollten. Ich hatte nicht den Eindruck, dass da ein echtes spirituelles Bedürfnis gelebt werden kann. Hoffentlich setze ich mich jetzt nicht in die Nesseln, weil manche Inder das natürlich nicht hören möchten.

Kannst du dein spirituelles Motiv beschreiben? Die Musik scheint eine ganz wesentliche Rolle gespielt zu haben.

Vor zwanzig Jahren hätte ich es noch nicht benennen können, aber im Rückblick kann ich sagen: Lieder wie UNSER LEBEN SEI EIN FEST, das ja eine Alternative darstellte zum Altbackenen und das auch die besondere Art, den Gottesdienst zu feiern, beinhaltete, waren das Prägende. Das „Ich gehe in den Gottesdienst, weil ich muss und auch, um keiner Strafe anheimzufallen" war ja in meiner Jugendzeit durchaus noch im Raum. Das sind Drohungen, die zwar nicht ausgesprochen werden, aber die man dennoch hört. Ein Lied wie UNSER LEBEN SEI EIN FEST formuliert demgegenüber komplett anders. Ich gehe von der alten Motivation weg, erfahre aber Kostbares. Hier feiern wir, dass wir von Gott gerufen, vor ihm und miteinander da sind.

„Manchmal feiern wir mitten im Tag ein Fest der Auferstehung." Das ist ja auch ein Appell, die eigenen Kräfte nicht vor sich hin schlummern zu lassen. Dass wir uns mobilisieren, dass nicht jeder miese Zustand zementiert sein muss, das prägt mich bis heute. Leben ist Leben aus dem Aufruf, die Energien, die Möglichkeiten, das Positive, das mir geschenkt ist, wieder mit ins Spiel zu bringen. Oft kommuniziert die Kirche anderes. Ich komme in Gottesdienste, wo immer das Defizitäre betont wird: was uns alles fehle, was wir alles falsch gemacht haben. Und schon im nächsten Moment muss ich wieder bitten, dass all das, was mir fehlt, von Gott geschenkt werden möge. Dieses subtile Herumreiten auf Defiziten ist schrecklich. Zugegeben formuliert auch so manches NGL einen Missstand, aber es singt mir auch davon, wie man das überwinden kann.

Du fragst nach Motiven: Die Auferstehungsbotschaft wird in den Alltag übersetzt, Menschen nehmen sich an der Hand, werden füreinander zu Engeln, nicht zu Engeln mit Flügelchen, sondern zu Botschaftern des Guten, zu Botschaftern der Zukunft. Die Liedzeile „Wirst du für mich, werd ich für dich der Engel sein" bringt das schön auf den Punkt. Wir brauchen einander als Boten der Guten Nachricht, die ins Hier und Heute reicht. Das sind Sätze, die mich geprägt haben, und hinter die kann ich nicht zurück. Ich könnte und wollte nicht mehr in eine Kirche zurück, in der ich meine schwach ausgeprägten Tugenden verfeinere, nur damit ich nicht ins Fegefeuer komme. Das ist zudem egoistisch, weil es mich auf mein persönliches Heil konzentriert.

Dieser Zuspruch von Erlösung, dass es ein gutes Leben gibt, dass ich gewollt und willkommen bin, das zieht sich auch wie ein roter Faden durch deine Liedtexte. Ich habe auf unser heutiges Gespräch hin noch einmal die Booklets der beiden CDs „Im guten Geist" und „Nacht-Wandler" gelesen. Die Begriffe, die am häufigsten vorkommen, sind tatsächlich „Leben", „Liebe" und Begriffe aus dem Wortfeld „Geborgenheit", „Gemeinschaft", „Miteinander", „Beieinander". Ich höre und lese von Zuspruch: „Ihr könnt", „Ihr seid gewollt", „Ihr seid unterstützt". Wenn ich an Janssens denke, dann war das Lied bei Janssens auch immer ein Stück weit gesungene politische Theologie. Nun ist das natürlich eine Theologie, die Leute auch unter Druck setzt, die stressen kann, weil sie Engagement fordert. Ich vermute aus dem, was du jetzt erzählt hast, dass dieser Zugang bei dir nicht virulent war und ist.

Nein, bislang nicht. Ich versuche einmal zu entfalten, warum das so sein mag: Wenn ich das richtig betrachte, die Zeit der 70er und 80er Jahre – ich spreche jetzt aus der Distanz, damals hätte ich das nicht sagen können – war das die Zeit, in der es noch darum gegangen ist, was „richtig" ist und was „falsch". Man fragte: Wie kommen wir miteinander ins richtige Gleis? Die Frage der Wahrheit war wichtig, die Frage nach dem richtigen Konzept. Was gab es nicht alles an ausgebauter Erwachsenenbildung, was rang man nicht alles um Inhalte!

Mittlerweile sind wir in eine andere Phase eingetreten. Die Menschen fragen nicht mehr: „Bist du jetzt katholisch oder bist du evangelisch?" In unseren Konzerten fühlen sich auch Leute wohl, die gar nichts mehr mit Kirche zu tun haben. Sie kommen, weil ihnen das Thema Geborgenheit wichtig ist oder weil die von uns bereiteten Situationen sie entspannen und helfen können, Krankheiten oder Blockaden zu überwinden.

Hierfür haben wir in unserer Arbeit als Entzücklika im Laufe der Zeit Sensibilität entwickelt. Ich finde es wichtig, und im rechten Wortsinn evangelisch, dass wir auf die Menschen zugehen und Gelegenheit bieten, Atem zu holen. Zu uns kommen Leute mit ihren Krebserkrankungen, nach Brustkrebsoperationen, Menschen mit Traumatisierung durch Kindsverlust. – Sie finden bei uns einen Ort zu hören und zu singen. Da möchte ich dann nicht auch noch mit dem nötigen Engagement für die Dritte Welt kommen.

Das Ensemble Entzücklika steht für die therapeutische Sparte innerhalb des NGL?
Im Grunde verstehen wir uns so.

Ich möchte noch einmal etwas beim gestrigen Abend bleiben: Ihr habt teilweise sehr eindrückliche Lieder vorgetragen, zum Beispiel über das Erleben von Alzheimer in der eigenen Familie. Die Leute schienen sehr gesammelt, hoch konzentriert zu sein. Ihr macht während des Programms auch keine Pause. Wie ein Gottesdienst, der auch keine Pause hat, wirkt das Ganze aus einem Guss, endet nach siebzig, achtzig Minuten in Stille. Die Veranstaltung endete bewusst still – ohne Applaus. „Wir schenken Ihnen die letzte Minute, dass Sie still sein können", hast du zum Schluss gesagt. Einige Zuhörer blieben nach dem letzten Stück lange sitzen, manche weinten, manche hielten sich noch im Arm. – Wenn man das Gästebuch auf eurer Homepage liest, formulieren auch dort Besucher immer wieder, wie wichtig ihnen das Singen mit euch gewesen ist. Dass eure Lieder sie in ihrer Trauer begleitet haben. Die, im guten Sinn, therapeutische Funktion solch gottesdienstlicher Konzerte oder musikalischer Gottesdienste wird deutlich.
Ja, das kann man so sagen. Damit umschreibst du unsere „Arbeit" sehr treffend. Ich kann deshalb auch nicht zu jedem x-beliebigen Thema etwas schaffen. Ich mache keine Themen-Gottesdienste, sondern arbeite mit biblischem Text, meist einem Prophetentext, suche nach dem Akzent, der betrifft, und erlebe dann, dass etwas entsteht, das mir auf der Seele brennt und so geformt wird, dass jemand nachher sagen kann: „Es hat bei mir einen Knoten gelöst. Das hat es mir möglich gemacht, Fesseln abzustreifen." Oder: „Das hat mir wieder einen Grund gegeben, auf dem ich stehen kann." Oft erfährt man ja

gerade in der Bodenlosigkeit, dass Menschen wieder zu ihrer eigenen Lebendigkeit zurückkehren können. Insofern kann unsere Musik therapeutisch sein. Menschen müssen nicht auf einen Guru hören, sondern können wieder ihre eigenen Kräfte einsetzen, können eine schwere Situation aktiv überwinden.

Neben Indien steht auch Innsbruck auf der Landkarte deiner Studienorte. Wann wusstest du, wohin du willst?
Die Irrungen und Wirrungen des Lebens, die es halt gibt, packten auch mich ganz schön. In Innsbruck habe ich konzentrierter studieren können als in Tübingen, wo man mir zu sehr am Tübinger Image ausgerichtet war. Innsbruck war vom Lernen her die bessere Zeit, und da gewann ich auch eine versöhntere Haltung zur Kirche. Inzwischen hatten wir späteren Entzücklikanten nämlich die erste Begegnung gehabt mit Pater Ludwig Kaufmann, dem Konzilsberichterstatter, der uns mit Leben und Haltung von Papst Johannes XXIII. regelrecht „infiziert" hat. Dann hatten sich Gelegenheiten ergeben, über Papst Johannes XXIII. quasi erwachsenenbildnerisch aufzutreten mit musikalischen Mitteln. Uns dreien, Maria Sailer, Bernhard Lämmle und mir, war klar, dass wir keine regulären Musiker waren. Wir konnten auch nicht einfach als Musiker auftreten und waren daher erkennbar als Theologen unterwegs.

Da nannten euch die Zeitungen das „Tübinger Theologentrio" ...
Den Titel fanden wir zwar doof, aber erstmal war uns ja gar nicht wichtig, als Ensemble erkannt zu werden, sondern Johannes XXIII. vorzustellen. Das machten wir mit einer nach heutigen Maßstäben bescheidenen multimedialen Inszenierung: Dias, Texte, Songs, viel Humor – denn Johannes muss man mit Humor rüberbringen. Allmählich haben wir Geschmack gekriegt an dieser Geschichte, und es begann der Gedanke zu reifen, ob wir das nicht ausbauen sollten. Der kirchliche Betrieb, so wie er sich uns dargestellt hat, hat uns allen dreien einfach nicht mehr behagt. Uns war nicht vorstellbar, in übergroß werdenden pastoralen Strukturen Funktionsträger zu werden. Und so begann um 1990 unsere Phase der Umorientierung.

Die Namen der beiden Mitstreiter in Entzücklika sind jetzt schon einmal gefallen. Maria Sailer und Bernhard Lämmle. Sie studierten beide auch Theologie ...
Ja, in Tübingen haben wir uns schon kennen gelernt, ohne zu ahnen, was rauskommt am Schluss. Und 1992 haben wir dann tatsächlich den Entschluss gefasst, zu arbeiten wie unser Vorbild Peter Janssens. Wir sind ziemlich unbedarft in die Sache reingegangen, haben auch viel Lehrgeld zahlen müssen; mussten unser Thema erst finden.

Am Beginn stand das Schaffen für eine frohe, lebendige Kirche, die angefragt ist von einem gesellschaftlichen Umfeld, das wir gemeinhin Spaßgesellschaft nennen. Wobei ich das Wort selber nicht so gern verwende. Aber die Kirche für Zeitgenossen plausibel und attraktiv machen zu wollen, das war unseres. Wir haben das zunächst im bescheideneren Rahmen der Erwachsenenbildung probiert, die schon schwächelte. Und auch mit ironischen Mitteln haben wir's probiert, und mit Texten von Ernst Jandl hab ich gerne gearbeitet, habe Kafka verarbeitet, dazu eigene Zwischentexte verfasst. Natürlich zahlten wir Entzücklikanten einiges Lehrgeld – zum Beispiel, dass meine ironischen Texte in der Kirche nicht verstanden wurden. Man meinte, das gehöre nicht ins Gotteshaus. In Kirchen wird „so etwas" nicht erwartet. Die einen hielten das für schlechtes Kabarett, die anderen für schlechte Musik. Die musikalischen Fähigkeiten, die mir zur Verfügung standen, reichten nicht aus, um Pointen oder Ironie gut zu platzieren. So war unsere Findungsphase nicht ganz einfach.

Dass wir auf den Applaus in unserer Veranstaltung gern verzichten, hat auch was damit zu tun, dass wir gar nicht im Mittelpunkt stehen wollen. Uns ist wichtiger, was auf der Gesprächsebene stattfindet. Ich kann es nicht leiden, wenn ich mich zehnmal verbeugen und womöglich gar Zugaben spielen sollte.

Es gab einen Preis für eine Gedichtssammlung von dir mit dem Titel „Jesus Mariandl". Wie ist es dazu gekommen?
Das war in Österreich vor meiner Zeit mit Entzücklika. Mein persönlicher Spaß, Gedichte zu verfassen – wobei ich mich von Ernst Jandl habe inspirieren lassen –, brach sich da Bahn. Jandl ließ ja gezielt Bomben in seine Sätze reinregnen, so dass die Worte in Silben zerbröselten. Diese Silben sortierte Jandl aus und fügte sie neu zusammen, so dass poetisch sichtbare Gedichte entstehen, die man dann auch entsprechend lautmalerisch vortragen muss.

So hast du quasi „Jandl auf geistlich" versucht?
Und zwar auf die Bibel übertragen. Eines meiner liebsten sprachdichten Gedichte, an dem ich die größte Freude habe, geht so:

    das letzte abendmahl
    sprach –
    salat

Vielleicht stimmt's, dass Liturgie humoruntauglich ist. Neben dem einen roten Faden des Therapeutischen gibt's einen zweiten, der auffällt: Ihr macht kein klassisches, liturgiebezogenes NGL. Wenn man eine CD von euch kauft und denkt, man werde von den zwölf Liedern auf dem neuen Tonträger mindestens drei finden, die man mit seinem Chor für die Jugendmesse einstudieren kann, ist man in der Regel enttäuscht, weil man diese Art von liturgischer Gebrauchsmusik von euch nicht angeboten bekommt. Es gibt da stattdessen kabarettistische Bocksprünge, die ohne die Darbietung durch dich oder euch gar nicht funktionieren können.*

Das ist dann für manche schon mal starker Tobak. Beim Liedermachen mache ich von einem Text mehrere Versionen und schwanke zwischen der leichter verdaulichen Fassung und jener anderen, die ich persönlich spannend finde. Normalerweise wähle ich die Heiklere und nehme in Kauf, dass dadurch mein „Marktwert" leidet. Aber bei unseren Veranstaltungen tu ich mich dann leichter, damit aufzutreten.

Schauen wir mal auf die Werkstatt deines Liederschaffens: Was gibt es zuerst: Die Inspiration auf ein Thema hin oder ist da als erstes eine Textzeile oder gar eine Melodie?

Das kann ganz unterschiedlich sein. In meiner Werkstatt hängen viele „Handwerkszeuge". Der Idealfall ist, dass mich ein Thema sehr bewegt. Das kann etwas sein, das mich bedrückt. Etwas liegt mir auf der Seele und dann auf der Zunge. Hierzu sammle ich im nächsten Schritt Eindrücke. In der Regel ist es so, dass es einen zündenden Gedanken gibt. Er verdankt sich meistens einer Emotion, die „raus" muss. Am heftigsten widerfährt mir das am Pfingstfest. Wenn irgendein Pfarrer sagt, es habe an Pfingsten Feuerzungen geregnet, ärger ich mich und denke: So ein Blödsinn!

Wut als Liederquelle?

Ja, manchmal auch Empörung. Nicht, dass ein falscher Eindruck entsteht: Ich kann mich auch positiv anrühren lassen. Aber wenn's halt bestimmte Dinge gibt, die mich einfach auf die Palme bringen, setzt das bei mir die Energie des Widerspruchs frei, der genauer hinsehen und hinhören will. Das muss dann natürlich erweitert und bearbeitet werden.

Beim Vertonen schaue ich auf den Sprachfluss und meistens kommt dann noch, wenn die Gefühlslage lange genug anhält, automatisch die richtige Melodie dazu. Ich muss also nicht lange suchen. Wenn's Gefühl stimmt, läuft es. Aber es braucht Ruhe und seine Zeit dafür. Ich kann nicht geschwind in einer Stunde ein Lied runterschreiben. Ich brauche Zeit und kann dieser Gefühlslage nachspüren, und wenn das erste Ergebnis ansprechend gerät, kommt vielleicht noch eine zweite Strophe dazu. Mittlerweile kann ich auf diese zweite Strophe und auf weitere auch mal ganz gut verzichten. Dann wird das Werk eben nur eine Miniatur.

Was auffällt, ist ein häufiger Verzicht auf den Zeilenreim in deinen Texten.
Der Reim ist eine Falle. Man beschäftigt sich plötzlich mehr mit Wortklang als mit Inhalt. Ich mag den Reim, wenn er es ermöglicht, dass man sich ein Lied leichter merkt, aber zum Arbeiten ist er einfach Käse. Da investiert man eine Menge Zeit in zweitrangige Dinge. Es macht die Arbeit ja auch furchtbar umständlich. [Lacht.] Wichtiger ist, den Text in eine fließende Melodie zu übertragen.

Hast du hierzu irgendeine Ausbildung genossen?
Eine Ausbildung im engen Sinne habe ich nicht, aber für mich waren Kooperationen Lernfelder. Wenn ich etwa mit Michael Schütz, Johannes Falk oder Hans-Werner Scharnowski zusammenarbeite, lernte und lerne ich viel. Johannes Falk war ein Kirchenmusiker in Freiburg, der sowohl die klassische als auch die moderne Kirchenmusik bedient hat. Michael Schütz ist evangelischerseits sehr bekannt für seine poppigen Arrangements, unter anderem über alte Melodien. Er hat zum Beispiel für Kirchentage die Abschlussgottesdienste musikalisch verantwortet. Ein richtiger Profi, Popmusiker; hat unter anderem mit Pe Werner gearbeitet. Er war unser Arrangeur bei der „Nacht-Wandler"-CD. Der Arrangeur von unserer CD „Im guten Geist" ist Hans-Werner Scharnowski. Er ist auch ein begnadeter Popmusiker, den die Evangelischen vor allem aus seiner Zusammenarbeit mit den Heizmann-Musicals kennen und der unzählig viele gute Produkte verantwortet hat.

Was lernst du von diesen Arrangeuren?
Im Studio professionell und einfach zu musizieren, zu singen. Am Mikrofon zu arbeiten. Sie geben Anregungen: „Mach das mal so oder mach das mal so!" Aus dem ergibt sich dann ein schönes Geflecht an Erfahrungen. In meinem Studium war ja nicht vorgesehen, dass ich später mal so tätig sein werde. Ich habe mich in diese Richtung hin entwickelt. Durch meine Freude am Griechischen und durch Besuche am ökumenischen Institut bei Karl-Josef Kuschel, wo ich zusammen mit Thomas Laubach manche Literaturseminare besucht hab, habe ich eine gewisse Sensibilität für Sprache entwickeln können und habe meinen Spaß ausleben können an Literatur. Aber das ist noch mal was anderes, als Lieder zu schreiben.
Und dann ist man natürlich in einem gewissen Wettbewerb mit seinen Kollegen, die auch Neue Geistliche Lieder machen, und jedes Mal, wenn man – etwa auf der „Überdiözesanen Fachtagung" der afj – jemanden mit etwas Neuem hört, schärft sich das eigene Urteil an Gelungenem und weniger Gelungenem. Dadurch bin ich mit mir selber im kontinuierlichen Reifeprozess.

So kommt es dann etwa auch, wenn ich merke, dass jetzt plötzlich das Wort „Nacht" inflationär verwendet wird und in hunderttausend Liedern erklingt, dann mach ich damit jetzt erstmal gar nichts mehr.

Ich resümiere mal bis hierher: Es gibt eine Idee, oft ist es ein gewisser Ärger, wodurch ein kreativer Prozess ausgelöst wird. Mit der Kreativität suchst du eine Alternative. Es kommt dann zu einem ersten greifbaren Gedanken, etwa einer ersten, immer wieder memorierten Zeile. In der Regel tritt dann auch schon ein Melodiefragment dazu. Das ist ja noch kein komplettes oder gar fertiges Lied, das ist ja erst noch ein Fragment oder ein Keim. Wie geht es weiter?
Ganz wichtig ist, dass ich als erstes mit dem Text fertig bin. Die Pointe, die Zielaussage muss formuliert sein, denn auf die komponiere ich später zu. Ich frage: Wie unterstreiche ich die Pointe? Wie kriege ich den Titel richtig hin, so dass das Offene nachher auch wirklich offen ist und dass das Empörte wirklich empört ist. Ich versuche, mir vom Text her den „psychologischen" Charakter klarer zu machen und diesen Charakter dann auch in der Musik wieder rüberzubringen. Das ist für mich die größte Kunst, und hier entscheidet sich später auch wohl, ob ein Lied gut ankommt. Melodie- und Textcharakter müssen zusammenkommen.

Wann bist du zufrieden mit einem Lied? Wann ist das Lied für dich gut?
Wenn ich's dreimal aufgeführt hab, und mich nichts mehr stört!

Das heißt, es wird nach dem ersten Aufführen durchaus noch verändert.
Ja, leider. Ich kann das am Klavier allein nicht entscheiden. So weit bin ich noch nicht, dass ich zu Hause am Instrument sitze und sagen kann: Jetzt ist es vollendet, jetzt kann ich in die Öffentlichkeit. Ich muss das neue Lied noch mal hören und „sehen". Ich muss es in Situationen erleben. Da muss sich weisen, ob es passt und fruchtbar sein kann. Es hört sich jetzt vielleicht eigentümlich an, aber wenn ich ein neues Lied zum Beispiel in einer Krebsklinik oder in vergleichbaren Situationen, wo das Leben ausgesetzt und bedroht ist, musizieren kann und es dann stimmig ist; wenn wir nicht einfach über die Leute hinweg musizieren, dann ist's für mich gelungen.

Nehmen die Ensemblemitglieder auf ein neues Werk Einfluss?
Wenn ich etwa merke, dass eine Textzeile nicht verstanden wird – und das merk ich schon an der Art, wie Maria oder Bernhard singen – dann überlege ich noch mal. Wenn es die beiden, die regelmäßig mit mir zusammen sind, schon nicht verstehen, dann gehe ich besser noch mal mit mir ins Gericht.

Wenn man schaut, wie der publizistische Umgang mit dem Neuen Geistlichen Lied im Augenblick ist, dann fällt auf, dass da, wo in den 60er, 70er und teilweise auch noch in den 80er Jahren Konflikte waren, weil die Musik als unangemessen für den liturgischen Gebrauch bewertet wurde, diese Frontlinie weitgehend aufgelöst ist. Eine bisweilen recht starke Emotionalisierung – auch als publizierte deutliche Ablehnung – gibt es aber immer noch bei deinen Werken. Es gibt Rezensionen, zum Beispiel des „Nacht-Wandler"-Projekts, die sehr deutlich Kritik bis zur Gehässigkeit formulieren. Das sei schlecht, weil handwerklich nachlässig, nicht nach den Regeln der Kunst gemacht, untauglich in seinem Text-Musik-Verhältnis. Kompositionsprinzipien werden nicht eingehalten, und immer spielt auch die Frage der unterschiedlich eingeschätzten Humorigkeit eine Rolle. Wie kommt so eine Kritik bei dir an?

Ohne jetzt zu viel davon aufrühren zu wollen, muss ich doch sagen, dass da nicht nur sachliche Kritik, sondern teilweise auch intrigante Stimmungsmache im Spiel war. Manches meinte nicht allein mich, sondern den Produzenten oder andere Partner in dem Projekt. Ein Stück weit kann ich das einfach stehen lassen. Es hilft auch, zu erleben, dass ich mit vielen Leuten zusammenarbeite, die die vorgetragenen Probleme nicht haben, die etwa kein Problem darin sehen, wenn etwas musikalisch anders läuft, als es der Kirchenmusiker gerne hätte. Ich fühle mich auch gar nicht bemüßigt, dem Kirchenmusiker zu gefallen. Der tut es seinerseits auf weiter Strecke ja auch mir gegenüber nicht. Die Kirchenmusiker wissen sehr gut, dass ihre Orgel- und Chormusik auch nur noch Minderheitenprogramm ist. Ich werd den Teufel tun, ausgerechnet die Kirchenmusiker für mich als Vorbild zu nehmen.

Manches Lied, das im ersten Moment fachlich gut erscheint, hat bei genauerer Analyse seiner kompositorischen Faktur Schwächen. Aber das darf kein Grund zur Häme sein. Es können nicht lauter Mozarts auf der Welt rumspringen. Ich bin mir im Übrigen auch nicht sicher, ob Mozart nicht gelegentlich auch langweilig ist, etwa dort, wo er einfach nur richtig ist.

Während viele meiner Kollegen Lieder schreiben, die sie in die Eucharistiefeiern hineintragen, gehe ich eigentlich den umgekehrten Weg: Ich schreibe Lieder, die in bestimmten Kontexten und Arrangements zu neuen Liturgien verschmelzen. Ich habe inzwischen den Nacht-Wandler-Abendgesängen einen weiteren Untertitel gegeben: eine Liederliturgie. Die Freiheiten und Abweichungen, die augenzwinkernden Bemerkungen, die ich mir dabei leisten kann, haben natürlich Abwehrreaktionen erzeugt bei jenen, die es übersehen wollten, dass ich kein Liederschreiber für die Eucharistiefeier bin. Die Tatsache, dass ich in den Abendgesängen statt „Großer Gott, wir loben dich" die Variation von Gerhard Schöne singe „Sanfter Gott, wir loben dich", heißt nicht, dass ich die Schöne-Version als Sanctus in einer Eucharistiefeier singen würde. Das hat man mir im ganzen Nachtwandler-Streit zu Unrecht unterstellt. Ich hatte mein Buch für priesterlose neue Gottesdienstformen und für Spontan- und Weggemeinden konzipiert und ich finde es in diesem Kontext immer noch richtig, mit alten Liedern und Texten zu „spielen". In diesem Kontext, und ich nutze ja auch die Möglichkeiten der Moderation, kann ich neben den Verfremdungen und Variationen auch die originalen Choräle anstimmen. Mir ist ein saftiges, verschnörkeltes, bilderflutendes dialektgefärbtes Original von Philipp Nicolai ja immer noch tausendmal lieber und näher als die liturgisch korrekt geglättete, gotteslobfähige, neudeutsche Verbesserung eines alten Liedes.

Genau dieses Gegen-den-Strich-Bürsten-bis-man-bereit-ist-sich-von-der-Bibel-gegen-den-Strich-bürsten-zu-lassen hat meinen Abendgesängen nun schon über zehn Jahre und über 1000 Veranstaltungen das Überleben gesichert, es sucht sich und findet sein Publikum. Ansonsten würden nämlich die unverzichtbaren emotionalen Momente der Abendgesänge ganz schnell in einen Heile-Welt-Kitsch-Abend abgleiten. Und in Klammern abschließend ergänzt: Dafür, dass die Gemeinden einfach keinen Elan entwickeln, die hochamtlich gelobten Psalmodien der Gotteslöber und Stundengebete schön zu singen, muss doch nicht ich mich prügeln lassen.

Nicht wenige offizielle Kirchenmusiker meiden mich. Privat hab ich schon noch gute Kontakte, aber öffentlich werde ich geschnitten, ausgeblendet. Aber jetzt hab ich's insofern wiederum schön, weil sie mich ja nicht mehr so beachten, und dadurch kann ich jetzt ungenierter meine Schiene fahren.

Die publizierte Kritik zielte stark auf handwerkliche Aspekte ab, aber auch auf Grundsätzliches. Man diskutiert, ob Liturgie nicht ein starkes Alteritätspotenzial haben müsste. Damit ist man in dem Konflikt, ob Gottesdienst die popularkulturellen Ausdrucksformen dieser Welt überhaupt verwenden darf oder per se eine andere Welt darzustellen hat. Da geht es um eine Grundsatzentscheidung. Wenn ich dem Alteritätsgedanken zustimme, habe ich kein Problem mit Latein als Liturgiesprache. Dann helfen auch die fremd anmutende Orgelmusik, viel Weihrauch und große Gesten, in die man sich fallen lassen kann; die im Idealfall für sich selber sprechen, aber eben auch fremd erscheinen. Auch jene, die Liturgie aus folkloristischem Anlass zur Selbsterhebung einsetzen möchten, kommen damit gut zurecht und die liturgisch Trainierten im Lande sowieso. Der Einsatz popularkultureller Mittel, wie ihn das Ensemble Entzücklika pflegt, vertritt demgegenüber eine andere Linie. Wie schätzt du diese beiden unterschiedlichen Weisen, Gottesdienst zu verstehen, ein?

Da bin ich für mich selber noch nicht mit fertig. Du hast ja schon erwähnt, dass in unseren Nachtwandler-Programmen durchaus fremd anmutende Elemente eingebaut sind. Nicht in jedem Augenblick meinen wir unser Publikum. Auch unsere Arbeit mit Labyrinthen, etwa im Kloster Sießen, oder unsere Arbeit mit biblischen Figuren kennt solche Momente. Nicht jede Szene ist leicht zugänglich, nicht alles ist ad hoc verständlich, aber hat dennoch seinen Sinn, eine Ausstrahlung und Kraft. Insofern habe ich durchaus eine Antenne dafür, dass in der Liturgie etwas anderes und anders dargestellt wird als das, was ich sonst im Alltag habe.

Gottesdienst ist aber auch ein kommunikatives Geschehen zwischen Menschen. Und zwar von Menschen, die nicht nur vor Gott stehen und vor oder mit Gott etwas inszenieren. Vor allem beim Singen findet ja Sammlung und Vergemeinschaftung statt. Menschen aus unterschiedlichsten Kontexten versuchen sich einzustimmen, zuzustimmen. Und unsere nichteucharistische Praxis bei Entzücklika bei den Abendgesängen heißt: Wir machen das mit Augenkontakt und manchmal auch mit Augenzwinkern. Also nicht von der Empore von oben herunter oder über die Leute hinweg.

Das fiel übrigens auch gestern Abend auf. Ich kenne kein Ensemble, das so ein starkes Minenspiel in die Gemeinde hinein hat, wie das Ensemble Entzücklika. Die Kommunikation mit den Konzertbesuchern war durchgehend und wirkte echt.

Augenkontakt ist nicht bei allen Liedern angesagt. Maria Sailer, die die größten Augen im Quartett hat, achtet sehr darauf, dass man an ihren Augen unterscheiden kann, ob ein Lied mehr das Publikum meint oder Gott. Bei bestimmten Liedern wenden wir uns sogar vom Publikum ab. Dass wir die Augen bewusst einsetzen, ist auch eine natürliche Folge unserer Konzeption der Abendgesänge, in denen wir den Anwesenden 90 Minuten gegenüberstehen. Das wäre schon sehr langweilig, wenn diese uns nur beim Notenlesen beobachten dürften. Außerdem formen wir Töne und Stimmungen besonders über unsere Augen.

Ein Vorteil des Alteritätskonzepts ist natürlich, dass es nicht nach Beliebtheit fragt. Entzücklika lebt ja auch vom Spendenkörbchen. Inwieweit muss deine Kunst auf diese Spenden kalkulieren?

Dass das zum Kalkulieren verführt, will ich für mich nicht bestätigen. Das Spendenkörbchen zwingt mich aber dazu, meine Antennen auszufahren und zu schauen, was für die Leute wichtig ist. Das muss der gut bezahlte Akteur der Liturgie weniger. Ob er jetzt gut predigt oder nicht, ob er jetzt gut Orgel spielt oder nicht; ob seine Auswahl nicht geglückt ist, ob seine Vorbereitungsarbeit jetzt gut ist oder nicht. Er kann ja, wenn er schlau ist oder wenn er faul ist, gut und einfach seine Schiene fahren. Das kann ich mir nicht leisten. Das Spendenkörbchen am Ausgang signalisiert mir auch, ob ich genügend Respekt vor dem Publikum gehabt habe. Ich sage nicht: Ich muss vom Spendenkörbchen leben. Ich bin in der glücklichen Lage, sagen zu können: Ich *kann* davon leben.

Andererseits macht es vielleicht die eine oder andere Entwicklung unmöglich, weil du befürchtest, das macht das Publikum nicht mit?
Uns ist wichtig, dass wir authentisch sein können, und irgendwo findet man ja einen gemeinsamen Nenner mit dem Publikum und unserer Authentizität. Mir ist zwar schon bewusst, dass ich Lieder auch so schreiben könnte, dass sie beim Publikum schneller ankommen. Mit sentimentalen Melodien kann man mehr Geld sammeln. Mit Gospel kann man derzeit leichter „abräumen" und wenn es dann noch ein englischer Gospel ist, könnte man richtig Knete machen. Aber da sind wir dann nicht wir. Wir haben uns, trotz Spendenkörbchen, unser eigenes Gesicht bewahrt.

Wie wichtig sind die CDs?
Unsere jeweils sehr unterschiedlich produzierten Entzücklika-CDs müssen ihr Publikum jeweils finden. Die katholischen Religionspädagogen, Katecheten und christlichen Radiostationen verwenden am liebsten die aufwendigen Entzücklika-Studioproduktionen. Die Entzücklika-Fans, die die Abendgesänge live erlebt haben, „fremdeln" bei den Studioproduktionen und bevorzugen die Live-Aufnahmen, bei denen sie weder der nur semiprofessionelle Sound noch das Husten der Leute stört. Diese Live-Aufnahmen wiederum befremden die hör-schnuppernden Evangelischen, die Entzücklika kennen lernen wollen. Denen gefällt ein professionelles Setting aus Studioproduktionen besser. Aus den Reihen der Pastoralteams, seltener von Bands, wird dagegen der Wunsch herangetragen, Demos und Halbplaybacks von bekannten NGL und von Entzücklika-Liedern anzubieten, was aber unsere Kapazitäten und Finanzen überschritte.
Ich sehe das Ganze recht entspannt. Die CDs werfen für Entzücklika keinen Gewinn ab. Man muss sie einfach dabei haben, weil das Publikum sie wünscht. Wir hätten mehr Geld in der Tasche, wenn wir keine CDs machen würden.

Wie sieht die Beziehung zu evangelischen Künstlern aus?
Obwohl Entzücklika durchaus eine katholische Figur darstellt, fallen uns die Zusammenarbeit und die Freundschaft mit den Professionellen aus dem evan-

gelischen Lager erstaunlich leicht. Es gab inzwischen gemeinsame Konzerte mit den Stars der evangelischen Szene: Beate Ling, Michael Schlierf, mit dem Duo Sona Nova und mit Michael Schütz. Höhepunkt der ökumenisch-musikalischen Zusammenarbeit ist das Konzertprogramm „St.Airway to Heaven" – das machen wir seit 2008 –, in dem in ökumenischer Parität und Eintracht abwechselnd alte Choräle und Entzücklika-Gesänge mit vier begnadet virtuosen Flötenspielern in einem zehnköpfigen Musikteam musiziert werden.
Gleichzeitig können wir aber auch mit unserer Konzertharfenistin Angela Schlögl wiederum abwechselnd kammermusikalisch, irisch und voralpenländisch klingen.

Du bezeichnest dich als einen aus der Folgegeneration auf Peter Janssens, als zweite oder dritte Generation im NGL. Wie würdest du diesen Begriff „Neues Geistliches Lied" als Sparte der Kirchenmusik definieren?
Ich würde es nicht durch ein musikalisches Profil definieren, sondern von seiner Funktion her. NGL im engen oder im strengen Sinn, so wie ich es verstehe, ist NGL im Gottesdienst. Es ist Kommunikationsmedium in der Liturgie der Gemeinde und bringt sie voran. Es geht aber über die Haltung der Anbetung hinaus. Ein NGL ist nicht unbedingt ein Anbetungslied. Es ist noch dieser evangeliumsgemäße Impuls drin, dass wir handlungsfähig sind, handlungsfähig bleiben und dass wir, wenn Gott uns zuspricht, etwas verändern können; dass das Leben ein Fest sein möge und dass Jesu Geist in unserer Mitte sein möge. Es ruft uns auf.
Reine Anbetungslieder wären mir nicht genug. Sicher gibt es auch im Musizieren mit NGL Momente, wo Transzendentes erlebt werden kann, aber da muss man immer sehr aufpassen, ob man das nicht mit Sentimentalität verwechselt. Das ist ja meine leise Kritik an manchen „Performern", die solche Elemente bewusst ausspielen und letztlich mit den Menschen spielen. Mir ist der Bezug unserer Musik zur Gesellschaft wichtig. Mir ist der Bezug unserer Musik zur umgebenden Gesellschaft schon auch wichtig, aber ich agiere insgesamt viel zurückhaltender. Am meisten hatte ich mich in meinen Advents-Abendgesängen aus den Fenstern gelehnt, als ich dem um mich her wahrgenommenen Unwohlsein gegenüber dem wachsenden Islam die Bibelstelle Lukas 21 gegenübergestellt hatte. Auf Schwäbisch und mit Körpereinsatz inszenierte ich einerseits das feige Wegducken vor einer scheinbar drohenden Gefahr: „Weg! Duck dich, do kommt äbbes" und andererseits die Jesus-Worte: „Die Erlösung ist nahe: Richtet euch auf und erhebt euer Haupt!" Mein Adventspublikum sang von da an noch engagierter TOCHTER ZION. Ich war auch einigermaßen stolz darauf, dass es mir gelungen war, einerseits die Ängste zu

formulieren, die ja durchaus einen bedrohlichen Hintergrund haben, aber zugleich auch in Ketten zu schlagen durch den Zuspruch Jesu. Damit, glaube ich, konnte ich einen Beitrag leisten, dass Menschen nicht von ihrer Ohnmacht, sondern von ihrer Aufgabe und von der Verheißung her denken und agieren.
So verstehe ich dann auch die politische Dimension im NGL. Das war auch beim Peter Janssens so und ist etwa bei Gruppen wie Ruhama so. Die Kirche darf nicht Kuschelecke werden.

Du deutest da gerade so eine Kritik an. Wo gehst du nicht mit? Welche Performance lehnst du ab?
Diese Aufpeitschkonzerte, die mit der Jesusfalle arbeiten: „Alles war dunkel, dann kam Jesus und alles war hell." Ganz nett das alles. Aber im nächsten Moment sollen alle in den Irakkrieg ziehen (wie zum Beispiel bei Michael W. Smith). Auch in den apokalyptischen Tonfall von Xavier Naidoo kann ich nicht einsteigen. Das klingt so rechthaberisch. Diese Art von Performern stellt sich vor die Menschen und will, dass sie zu Ausführenden eines Programms werden, das gar nicht ihr eigenes ist.

Wo steht das NGL heute?
Ich kann nicht für alle sprechen. Ich glaube schon, dass das NGL in den 90er Jahren in gewisser Weise an Bedeutung verloren hat, weil ihm der Gegenwind fehlt.

Gegenwind könnte ja eine Glut anfachen. Das NGL hat keinen Gegner mehr?
Also beim Janssens kann ich es leichter beschreiben: Es war wirklich diese Zeit des Aufbruchs, die einfach notwendig war. Dieser Aufbruch aus einer Angst machenden Kirche, aus einer Straf-Kirche hin zu einer Kirche, in der die Menschen als Geschöpfe auch wirklich was tun können, nicht einfach nur Konsumenten des Heils sind, wo sie am Heil mitwirken können und sich dann auch solidarisieren und engagieren für die Dritte Welt. NGL war lange Zeit mit der Dritte-Welt-Thematik verbunden. Aber in den 90er Jahren wurden spiritualisierte Fragestellungen wichtig: Geborgenheit etwa. Ein positives Beispiel ist das Lied von Gregor Linßen EIN LICHT IN DIR GEBORGEN. Es drückt sehr gut aus, was so die Stimmungslage der Leute war. Andere haben dann versucht, vor allem liturgisch „angemessen" zu sein.
Momentan ist gerade wieder so eine spannende Situation. Ich bin mir selber noch nicht im Klaren, was derzeit passiert. Gesellschaftlich merke ich, dass wir in Schule und Kirche etwa eine Rückkehr zu den alten Tugenden haben. Zeitgleich diskutiert man auch wieder über Etikette. Der Ausdruck „Tugend"

steht sogar im Fernsehen wieder auf der Tagesordnung. „Man" fragt nach Werten – übrigens auch ohne die Kirche. Ich kann mir vorstellen, dass die Kirche in diesem Prozess der Besinnung aber auch wieder an Relevanz und auch an Autorität gewinnt. Aber es darf dann nicht sofort wieder um Verbote gehen.

Am Freitag kam ich nach den Abendgesängen mit jemand ins Gespräch, der dann nach wenigen Sätzen zum beliebten Zurechtweisen fand: „Ja, aber an der Bibel, da darf man nichts dazutun und nichts wegnehmen. Überhaupt die ganze Liberalität und diese falsche Toleranz und die Geschiedenen und die Wiederverheirateten …" Dieser Mann konnte problemlos ins Politisieren gehen. Mir ist dagegen wichtig, dass man sich auch vor zu viel Kirche schützen kann. Wir tun ja zum Beispiel so, also ob der Islam so furchtbar rückständig wäre. Würden wir hier, wenn sich der Staat nicht emanzipiert hätte, nicht noch genauso gotteskriegerisch herumspringen?

Welche Rolle spielt die „Überdiözesane Fachtagung Neues Geistliches Lied" für deine Arbeit?
Das ist die einzige Möglichkeit überhaupt, die anderen Kollegen kennen zu lernen. Wen ich aus der Szene kenne, kenne ich aus dieser Bundesfachtagung. Das ist das eine. Aber diese Tagung ist mehr. Sie ist auch ein Markt, wo ein Austausch stattfindet. Ich habe ja die Freiheit, bei unseren Abendgesängen nicht nur meine eigenen Sachen zu spielen, sondern vieles von anderen Komponisten zu integrieren, und das Material verdanke ich dem kollegialen und kreativen Austausch dieses jährlichen Treffens.

Euer Publikum ist weitgehend über vierzig.
Wir wollen die Leute nicht aufputschen, sondern Raum geben. Raum auch für die Arbeit an Leid-Erfahrungen. Besonders bei den Seminaren, die wir mit Maria Sailer anbieten, wird das spürbar.

Ihr habt auch noch spezielle Kinderprogramme.
Wir waren lange in Kirchengemeinden aktiv und durch Zufall, wie die Jungfrau halt zum Kind kommt, sind wir plötzlich bei der Erstkommunion-Katechese vor einem Kinderchor gestanden, der nicht geplant war, aber allen unheimlich Spaß machte. Bernhard Lämmle ist dabei und unsere Gastmusikerin Monika Schmitz, eine Fachfrau für musikalische Früherziehung, die noch dazu wunderbar Geige spielt. Religiöse Lieder sind im Programm, ebenso wie Spiel- und Spaßlieder. Ich genieße das. Mit Kindern hat man das Ohr am Puls der Zeit.

Mittlerweile sind die Kinder uns zum Teil neun Jahre treu geblieben, so dass wir jetzt außer Kinderchören auch noch einen Jugendchor haben. Dort versuche ich zurückzugeben, was ich in den 70er Jahren an Aufmerksamkeit, Freude, Wertschätzung und Sing-Lust empfangen habe. Dabei traf ich auch auf bislang unvertonte Texte von Rolf Krenzer. Ihn habe ich angeschrieben, und wir haben uns etwas näher kennen gelernt. Dabei lerne ich unwahrscheinlich viel. Dem Rolf Krenzer brauchte ich nur eine Stunde bei der Arbeit mit Kindern zuzugucken und ich hatte lauter Aha-Effekte. Ich bewundere, wie dieser Mann sich einfach hinsetzen konnte und nur mit dem Spiel seiner Hände eine Gruppe von 100 oder 150 Leuten jeden Alters aufs Beste und Schönste unterhielt und mitnahm. Andere brauchen dazu aufwendige Beschallung und feuern tontechnisch aus allen Rohren. Rolf Krenzer reichten zwei Hände aus!
Eine Entwicklung in Sachen Kinderlied aber stimmt mich nachdenklich: Peter Janssens' Lieder empfinde ich noch als eine trotzige Utopie gegen die Logik des Kalten Krieges, gegen das Erhabenheitsgedröhne in Politik und Kirche. Ich spüre in diesen Liedern gerade auch in ihrer volkstümlichen und fast naivverspielten Art einen Mut und einen Widerstand. Und daher empfinde ich diese Lieder als eine Musik erwachender und erwachsener Christen. Leider habe ich das Gefühl, dass Pit Janssens' Musik dann im modernen Pfarrbetrieb missverstanden wurde als eine pädagogische Gelegenheit an Kindern. Die weitere Entwicklung – ich glaub nicht, dass man sich dessen bewusst war – hat dazu geführt, dass die biblische Erwachsenenwelt in immer kindischeren Liedern immer kindischer dargestellt wurde, anstatt dass den Kindern Erwachsene aus der Bibel vorgestellt wurden, an denen sie sich reiben und sich zum Erwachsenwerden emporrecken und -strecken könnten. Wenn ich die alten Janssens-Aufnahmen höre, wo er „Lalalala" singt, höre ich ein trotziges, politisches, ein Nase-langziehendes, ein im besten Sinne des Wortes närrisches „Ich-halte-mir-bewusst-die-Ohren-zu-gegen-das-Gedröhn-der-politischen-und-scheinheiligen-Veranwortlichen", ein „Ich-folge-eurer-Logik-nicht-mehr-und-löffel-nicht-eure-Suppe-aus-Lalalala". Wenn ich die späteren Kinderlieder mit Lalala höre, höre ich eben nur noch Kindergarten. In diesem Punkt bin ich mit manchen Kollegen meiner Zunft auch nicht eins, wenn etwa gesagt wird, dass religiöse Kinderlieder auch für Erzieherinnen auf Gitarre und Blockflöte umsetzbar sein müssten. Dabei ginge mir nämlich verloren, dass eine Melodiegestaltung das Gewicht, das Pathos, die Psychologie eines Satzes nicht konterkarieren, sondern unterstützen soll.

Wenn man sich mit dem Ensemble Entzücklika beschäftigt, dann sieht man so eine gewisse terminologische Entwicklung in der Selbstbezeichnung. Erst war's

das von außen benannte „Tübinger Theologentrio", dann gab es den Namen „Entzücklika", weiter das „Ensemble Entzücklika" und schließlich „Ensemble Entzücklika: Spiritualität und Musik". Wie kommt es zu dieser jüngsten Bezeichnung?
Mit dem Begriff „Musik" schützen wir uns davor, dass wir mit Kirchenmusik verwechselt werden. Die Kirchenmusik mit ihren Strukturen und Programmen ist nicht unsere Baustelle. Wir siedeln uns eigentlich näher bei der Spiritualität an, aber wir thematisieren das eben mit Hilfe und dem Kontext von Musik. Ein Autor, mit dem sich das wunderbar realisieren lässt, ist Pierre Stutz. Als er uns zum ersten Mal gehört hat, sagte er: „Das ist genau die Musik, die ich brauche." Offensichtlich haben wir hier dieselbe Wellenlänge. Hinzu kommt, dass unsere Sängerin Maria Sailer auch aus ihrer Arbeit als Logotherapeutin schöpft. Sie hat die Schule nach Viktor Frankl gelernt, ist zusätzlich auch Konfliktmanagerin, Supervisorin und arbeitet in der Notfallseelsorge. Sie ist von uns im Ensemble am nahesten dran an Leidsituationen. Und sie lässt ihre Erfahrungen und Begegnungen, natürlich bei aller Wahrung des Privaten, einfließen. Solche Erfahrungen machen hellhörig und sensibel. Deswegen ist Entzücklika auch nicht einfach Musik für Jugendliche. Wir hauen nicht auf den Basedrums herum, und es gibt bei uns kaum etwas zum Mitklatschen. Uns ist anderes wichtig.

Wo siehst du dich in 15 Jahren?
Das ist mir zu weit weg. Ich mache mir keine Gedanken über das Morgen. Ich mache mir auch keine Sorgen, dass mir nichts Kreatives mehr einfallen würde. Ich muss gar nicht krampfhaft nach Inspiration und Kreativität suchen. Ich habe nicht das Gefühl: „Oh, ich brauche jetzt ein gutes Thema, damit die Leute mir was ins Spendenkörbchen schmeißen." Die Sachen kommen einfach, sind einfach da. Ich muss ja mit allem umgehen, mit persönlichen Dingen, mit dem Privaten und mit dem, was man in der Zeitung liest: „Wie sehe ich das? Wie gehe ich damit um?" Solcher Alltag löst schon kreative Prozesse aus. Das geht automatisch bei mir. Ich muss ein Lied nicht suchen. Das Lied sucht mich.

„Damit etwas von der Nähe Gottes zu spüren ist"

Norbert M. Becker im Gespräch[10]

Biografische Skizze
Pater Norbert M. Becker, geb. 1962 in Saarwellingen; Studium in Münster, Salzburg und Frankfurt/M.; Priester in der Gemeinschaft der Herz-Jesu-Missionare; Pastoralpsychologe. Seit 1997 Mitarbeit im Redaktionsteam des jährlichen Ökumenischen Kreuzwegs der Jugend; Vorstandsmitglied der AGJPO (Arbeitsgemeinschaft Jugendpastoral der Orden). Mitarbeiter in der Oase Steinerskirchen (Bildungs- und Besinnungshaus der Herz-Jesu-Missionare in Hohenwart).
Autor und Komponist zahlreicher neuer Lieder und Vertonung eines eucharistischen Hochgebets; CDs „Heute & morgen", „Von Herzen"; Liederbuch „Lieder von Herzen" (2007); Vertrieb über www.oase-steinerskirchen.de; Buchautor.

Lieber Norbert, wie bist du zum Seelsorger, Ordensmann, Texter und Komponisten geworden?
Das ist viel auf einmal; da muss ich ein bisschen ausholen. Geboren und aufgewachsen bin ich im Saarland, in Saarwellingen. Das ist eine Gemeinde, die mittlerweile viele Leute kennen dürften. Unsere Kirche war oft im Fernsehen, weil nach einem schweren Bergbau-Erdbeben Teile aus dem Turm herausgebrochen waren.
Ein gut katholisches Elternhaus war meine Heimat. Messdiener, Musikverein, Wanderverein ... Zu Hause war Abwechslung und Leben. Grundschule, Gymnasium ... Da kam bald die Frage auf, eventuell zu wechseln. Das hing unter anderem damit zusammen, dass ich mich da nicht wohlfühlte, mit einigen Lehrern nicht so zurechtkam und letztendlich auch einmal „hängen" blieb. Meine Eltern waren sehr großzügig: „Du kannst dir aussuchen, was du willst, wir wollen den Weg finden, der für dich okay ist", hieß es. Das war nach Klasse 9. Ich habe mich dann für ein Internat entschieden. Bin da also nicht

---

[10] Das Gespräch fand im September 2008 in Düsseldorf statt.

irgendwie gezwungen hin. Das war in Homburg, noch im Saarland, an der Grenze zu Rheinland-Pfalz: Gymnasium-Internat „Johanneum".
Und da kam ich dann auch zum ersten Mal verstärkt mit neuer, junger Liturgie in Kontakt. Es gab zwei sehr aktive Jugendgruppen: KSJ und DPSG. Ich hatte mich für die DPSG entschieden. Es dauerte nicht lange, da durfte ich in der Pfadfinderband mitspielen, und da fing es auch damit an, eigene Sachen auszuprobieren. Ich habe am Johanneum mein Abitur gebaut, und schon vorher kam die Frage: Was passiert danach? Und da aus meinem Jahrgang mehrere „Kollegen" die Frage immer wieder gestellt hatten: „Wie wäre das eigentlich so mit Orden?", haben wir uns das angeguckt in Hiltrup bei den „Hiltruper Missionaren", und irgendwann kam die Entscheidung: „Ja, so ein Noviziat kann nicht schaden und macht nichts kaputt. Das ist bestimmt kein weggeworfenes Jahr." Schließlich waren wir zu fünft. Es war kein weggeworfenes Jahr! Es hatte mich überzeugt. Nach dem Noviziat bin ich in der Gemeinschaft geblieben.

Warum kommt man denn aus dem Saarland nach Hiltrup, einem kleinen unscheinbaren Vorort von Münster in Westfalen?
Das hängt damit zusammen, dass der Orden Träger des Johanneums in Homburg ist. Ich kannte also einige – auch jetzt noch lebende – Mitbrüder als meine Lehrer oder auch Erzieher, und da waren einige Persönlichkeiten dabei, wo ich das Gefühl hatte: Die gehen einen Weg, der lebbar ist und den ich auch versuchen möchte. Homburg gehört als Niederlassung zur norddeutschen Ordensprovinz. Der Orden ist weltweit in Provinzen eingeteilt, und Hiltrup war das Stammhaus. Deswegen im Norden auch die Bezeichnung „Hiltruper Missionare". Die Ordensgemeinschaft heißt auf der ganzen Welt „Herz-Jesu-Missionare". Die Provinzleitung hatte damals entschieden, dass in Hiltrup das Noviziat sein sollte, und so kam ich nach Nordrhein-Westfalen. Ich wäre damals auch nach Bayern gegangen, wenn das hätte so sein müssen. Münster war Wohnort und Studienort zugleich. Die Fakultät damals in Münster war wirklich noch toll bestückt: Ich hörte bei Lehrern wie Vorgrimler, Metz, Angenendt, Zenger, Emeis ... Später kam Udo Schmälzle, von dem ich im Bereich der Praktischen Theologie viel gelernt und angenommen habe.
Nach dem Vordiplom ging's in die Freisemester. Es gab durch europäische Treffen mit unseren Studenten innerhalb der Ordensgemeinschaft schon freundschaftliche Kontakte nach Salzburg, und da wollte ich dann auch unbedingt hin. Ich konnte bei den Mitbrüdern wohnen, war aber mit all dem, wie ich mein Leben organisierte, ziemlich frei. Salzburg hatte mich einfach gelockt aufgrund des musikalischen Hintergrundes und durch den guten Kontakt

eines Mitbruders zu verantwortlichen Leuten am Mozarteum. Dort konnte ich ein gutes Jahr Kompositionslehre studieren – ohne Aufnahmeprüfung! Das war ein ganz großes Geschenk, diese Riesenhürde „Aufnahmeprüfung" auslassen zu können und einfach so in den Studiengang Kompositionslehre reinzurutschen. Dort habe ich mitstudiert, meine Scheine gemacht und viel gelernt. Das war sehr spannend und hat mich auch richtig erfüllt; Musik und die Theologie parallel. Das war was Wunderbares, und das hat mich dann auch nicht mehr losgelassen.

Als ich nach Münster zurückkam, war mein Entschluss gefasst und auch mit den Oberen abgesprochen: Ich hatte vor Semesterbeginn ein Programm für die Aufnahmeprüfung zusammengestellt, bestanden und dann neben der Theologie noch Schulmusik studiert. Durch Prüfungen und Scheine, die Musik und Theologie nebeneinander brauchten, war bei mir immer alles so ein bisschen verzögert. Andere Mitbrüder, die nur auf Theologie gesetzt hatten, kamen ein bisschen flotter voran. Dazu kam noch mein Engagement in der Jugendarbeit. Immerhin hatte ich einen „Nebenjob" als Leiter einer Pfadfindergruppe. Als sich dann die Frage stellte: „Schließe ich dieses Musikstudium jetzt ab, oder mache ich was ganz anderes?", bot sich eine ganz interessante Alternative. Es war die Zeit nach der Ewigen Profess, dem Diakonat in der Gemeinde, nach der Priesterweihe ... Am Kardinal-von-Galen-Gymnasium in Hiltrup, einer Schule in bischöflicher Trägerschaft, konnte ich einen Bereich „Schulseelsorge" aufbauen. Ich bekam dafür eine volle Stelle ohne Unterrichtsverpflichtung. Das war damals etwas Außergewöhnliches und hat mich dann so gereizt, dass ich auf meine Abschlussprüfungen in Musik verzichtet und auch kein Referendariat gemacht habe.

So bin ich Schulseelsorger geworden und habe das auch zehn Jahre mit ganz viel Liebe und Engagement gemacht. Ich hatte schon all die Jahre guten Kontakt zum Schulchor, konnte dort Akzente setzen mit Neuen Geistlichen Liedern. Diese Art zu singen und zu musizieren lag mir. Die Chorarbeit erfreute sich sehr großer Beliebtheit, gerade weil unsere Gottesdienste voller Schwung und Energie waren. Chorfahrten, Konzerte, das Rock-Historical „monasteria" über die Stadt- und Kirchengeschichte Münsters, zu dem Franz-Josef Ruwe den Text geschrieben hatte ... Es war eine arbeitsintensive und erlebnisreiche Zeit.

Im Bereich Beratung und Begleitung, beim Dasein für die Menschen reichen guter Wille oder das Gutgemeinte nicht aus. Das hatte ich in dem neuen Arbeitsfeld sehr schnell gemerkt. Ich brauchte einfach mehr. Auch für mich, um mich selber ein bisschen mehr zu stabilisieren. Da habe ich mich mit Mitbrüdern beraten, die sich in Psychologie auskannten, und so kam die Entscheidung, eine berufsbegleitende Ausbildung zu beginnen und Pastoralpsychologie zu studieren; mit sehr vielen Selbsterfahrungsanteilen. Das habe ich dann in Frankfurt gemacht. Ich konnte ein halbes Jahr frei kriegen, um Vorlesungen und Scheine abzuhaken. Der Rest ging berufsbegleitend.

War das in St. Georgen?
Ja, das war bei den Jesuiten in St. Georgen, bei Karl Frielingsdorf. „Dämonische Gottesbilder" und „Vom Überleben zum Leben" sind zwei seiner wichtigen Buchtitel. Es war eine sehr bereichernde Zeit, und ich merkte auch: „Ich kann noch lernen, ich kann noch studieren. Es reizt mich, noch theologisch-wissenschaftlich zu arbeiten."
Ich habe dann auch ein gutes halbes Jahr in der Krankenhausseelsorge gearbeitet und über ein Jahr in der Ehe-, Familien- und Lebensberatung; mit sehr viel Gruppenarbeit im Bereich Psychodrama. Und dann habe ich mein Lizenziat gemacht. Das war wieder so eine Hürde. Ich bin nämlich kein Prüfungstyp, auch kein Schreibtischmensch. Ich muss mich zu solchen Sachen immer zwingen. Aber ich bin dann mit dem Lizenziat in der Tasche nach Hause gegangen. Das war schön, ein gutes Gefühl.
Und jetzt lebe ich in Bayern. Vonseiten der süddeutschen Provinz unserer Gemeinschaft kam die dringende Anfrage, ob ich in unserem Bildungs- und Besinnungshaus „Oase" in Steinerskirchen mitarbeiten könnte. Ich hatte mir das gut überlegt; und so kam ich nach zehn Jahren als Schulseelsorger vom Münsterland nach Bayern. Das Haus war mir nicht fremd, auch die Mitbrüder und die anderen Leute dort nicht. Ich hatte in Steinerskirchen schon Kurse und Workshops geleitet. Von daher war es kein Sprung ins kalte Wasser. Jetzt leite ich dort Orientierungstage für Schülerinnen und Schüler, mache Angebote für Erwachsene innerhalb unseres Jahresprogramms, bin geistlicher Begleiter, arbeite mit Menschen in Lebens- und Krisensituationen, kümmere mich mit um die Gottesdienste in unserer Pfarr- und Wallfahrtskirche.
Und ich bringe mich auch in der Diözese, im Bistum Augsburg, ein. Wir haben momentan einen recht aktiven Arbeitskreis für das Neue Geistliche Lied, veröffentlichen Arbeitshilfen, laden ein zu Liedertankstellen. Immer wieder kommen Anfragen aus den Gemeinden: „Kannst du nicht mal vorbeikommen, uns ein bisschen fit machen mit Liedern?", und so bin ich auch ziemlich viel überregional unterwegs. Hinzu kommt noch jede Menge Gremienarbeit, vor allem im Bereich der Ordensgemeinschaften.

Wie groß ist die Kommunität in der „Oase"?
Wir sind zurzeit zu acht. Es ist eine kleine Gemeinschaft mit ganz unterschiedlichen Menschen, auch was das Alter betrifft und die Charaktere. Aber jeder ist

noch in seiner Arbeit und im Dienst, hat seine Aufgaben im Haus oder in umliegenden Gemeinden. So wie ich das Ganze erlebe, sind wir eine lebendige und muntere Gruppe. Es ist eine Gemeinschaft mit unterschiedlichen Schwerpunkten und doch ganz viel Gemeinsamkeit. Das machen die Arbeitsfelder: Pfarreien, Bildungshaus, Biolandhof mit Hühnern, Rindern, Getreideanbau ... Seit ich dort bin, esse ich ein Stück Brot mit einem anderen „Feeling".

Wie viele gehören im Ganzen noch zu diesem Kreis der Herz-Jesu-Missionare?
Weltweit sind wir etwas über 2000. In der norddeutschen Provinz – eigentlich bin ich ja nach Bayern ausgeliehen – werden wir aber immer weniger. Ich gehöre mit jetzt 46 Jahren zu den Jüngsten. Der Orden wird in Europa ein anderes Gesicht bekommen, in Deutschland sowieso. Das geht vielen Gemeinschaften so.

Hattest du noch Geschwister oder bist du Einzelkind?
Ich hatte keine Geschwister, leider, ... aber verwöhnt wurde ich auch nicht.

Deine Eltern?
Meine Mutter ist Hausfrau gewesen, sie lebt auch noch, zwar in einem Pflegeheim, aber – und dafür bin ich sehr dankbar – trotz Altersdemenz ist das so ein Stück Heimat in Person. Mein Vater war Krankenpfleger und hat dann später, aber da war ich wohl noch ganz klein, umgeschult auf „Medizinischer Bademeister und Masseur" und hat in einem Städtischen Krankenhaus die Bäderabteilung geleitet, ganz nach Sebastian Kneipp. Er war ein naturverbundener Mensch.

Ich möchte einmal bei der Zeit in Salzburg einhaken und deinem ausgiebigen Kontakt mit Kunst und Kultur. Salzburg war Ende der 80er Jahre eine der europäischen Kulturhochburgen. Hat sich da ein Faden in deiner Biografie gesponnen, dass Kunst, Kultur und Kirche durchaus zusammengehören? Welche Rolle spielt Ästhetik dann in deiner Spiritualität?
Ich fange mal bei dem Letzten an: Wenn es um meine Spiritualität geht, dann geht es um das, was mich im Letzten trägt und hält. Und in diesem Zusammenhang darf dann Ästhetik nichts Abgehobenes sein. Ich muss es verstehen, es muss stimmen, es muss sich eins aus dem anderen erschließen. Salzburg und Kultur – das ist auch immer die Fassade der Reichen und vermeintlich Schönen. Wenn es um das Stimmigsein geht, bin ich in Sachen Musik ganz schnell bei dem Thema NGL. Bei vielen Neuen Geistlichen Liedern ist das so, sie stimmen in Bezug auf das, was ich erlebe, worüber ich wie denke und was ich glaube, und so sind sie auch im musikästhetischen Sinn wahre Schätze.

Es gibt Kritiker, die das NGL der Gemeindebands am liebsten aus der Kirche heraus hätten, obwohl die Leute die Lieder gerne singen! Gleichzeitig sind sie aber bereit, zum Beispiel avantgardistische Musik von gut bezahlten Künstlern in der Kirche vortragen zu lassen, die so manchen Hörer an die Schmerzgrenze zwingt. Ich mag das Experimentelle und das Moderne, es reizt mich manchmal, so etwas mitzukriegen. Es ist dann auch so etwas wie der Reiz des Fremden. Aber wenn es um unseren Glauben und unsere Gottesdienste geht, wünsche ich mir Echtheit, Stimmigkeit und keine Zumutungen. Ich bin ein Fan von Fulbert Steffensky. Der spricht einmal von „Schwarzbrot-Spiritualität". Das hatte mich überzeugt: Durchkauen, Schmecken, Genießen, Nahrung fürs Leben. – Das sollte auch in unserer gottesdienstlichen Musik und den Liedern zu spüren sein. Die Menschen sollten fühlen, schmecken und leibhaftig erfahren, was sie sagen, singen und tun. Und da haben in dem Dreieck von Kirche, Kunst und Kultur auch unsere Lieder ihren Platz.

Wie bist du denn überhaupt ans NGL gekommen, dem Kritiker ja Betitelungen wie „Aftermusik" aufgeklebt haben? Aus dir hätte ja auch ein klassisch kirchenmusikalisch tätiger Ordensmann in der so genannten Hochkultur werden können.
Ja, hätte passieren können. Als kleiner Junge mit Klavierunterricht habe ich Preise von „Jugend musiziert" nach Hause getragen. Insofern saß das durchaus drin, hat mich aber nie so gefesselt. Das akribische Planen und zwanghafte Üben, nur um etwas Großes zu werden, hat mich nie gereizt. Ich habe lieber Dinge getan, die mich gelockt haben. Und wenn ich dann merkte, andere finden das auch schön oder machen das gerne mit, oder hören es gerne an, dann habe ich mich gefreut.
Zum NGL fand ich zunächst über die Jugendarbeit im Internat, also über die Pfadfinderband. Wir hatten das große Glück, dass vonseiten des Internats und seiner Leitung jede Menge Unterstützung da war: Es gab eine komplette Anlage! Ein großes Keyboard zu haben oder ordentliche Verstärker und Mikrofone, das waren Dinge, die hätte sich keiner von uns leisten können. Zu Hause war ich froh, mein Klavier zu haben, und ich weiß, dass meine Eltern kräftig dafür in die Tasche gegriffen hatten, als ich nach der Erstkommunion den Wunsch hatte, Klavier zu lernen. Wir spielten also Neue Geistliche Lieder nach, obwohl wir die damals so gar nicht nannten. Sacro-Pop kannten wir als Begriff. Im Bistum Speyer hieß eine kleine Sammlung „Neue Lieder der Gemeinde". Ganz alte Sachen waren da drin wie FREUNDE, WIR FANGEN AN und ICH MÖCHTE SINGEN VOR LAUTER FREUDE. Von „Gen Rosso" spielten wir einiges nach und die „Frankfurter Jugendmesse". Wir sangen Lieder von Peter Janssens (SINGT DEM HERRN ALLE VÖLKER UND RASSEN, MANCHMAL FEIERN

WIR MITTEN IM TAG), und für uns alle, auch für die Patres, die mit uns die Gottesdienste gefeiert hatten, wurde unsere Musik zu etwas ganz Wichtigem. Es entstand eine dichtere Liturgie, als wir sie von zu Hause her kannten.

Ich bin lange Ministrant gewesen und kannte die verschiedenen Liturgieformen. Aber die Gottesdienste im Internat und in der Jugendgruppe hatten was anderes. Ich glaube, diese Erfahrung teilen alle, die irgendwie mal in der Jugendarbeit aktiv waren. Die Mitwirkung in der Gestaltung, das Gefühl, dass da etwas rüberkommt, wir es gerne tun und uns wohlfühlen dabei ...

Ich erinnere mich, dass Peter Janssens mit seinem Gesangsorchester zu uns ins Internat kam mit einer Live-Aufführung von „Circus Mensch". Das Stück und diese Aufführung haben uns richtig mitgerissen. „Was ist da alles möglich!", dachten wir begeistert. Wir haben gemerkt: Da steckt was hinter. Es gab auch eine Aufführung von Gen Rosso, die bei uns zu Besuch waren. Mir wurde klar: Die spielen das nicht nur, sondern die leben das auch in ihrem Glauben. Sie hatten ihre kleinen Gebetszeiten eingehalten und sich vor dem großen Auftritt in der Hauskapelle versammelt! Das war aber echt, war ungekünstelt und wirkte absolut nicht abgehoben fromm. Wir konnten uns also bei Profis was abgucken. Haben als Pfadfinderband immer wieder versucht, das wirklich gut zu machen. 1982 durften wir beim Katholikentag in Düsseldorf spielen. Und neben den Gottesdiensten hatten wir auch Tanzmusik gemacht; einen Groschen nebenher verdient.

Als ich dann nach Hiltrup kam, lernte ich Franz Anstett kennen, der damals schon viel mit Fritz Baltruweit gemacht hatte. Und Telgte war nicht weit. Als ich an meinem ersten Singspiel arbeitete, habe ich mir bei Peter Janssens Rat geholt. Seit dieser Zeit hatten wir einen guten Kontakt. Ich erinnere mich an viele interessante Gespräche auf seinem Bauernhof.

Die Musik hat den Gottesdienst stärker gemacht. Das war indirekt auch ein Warnsignal, dass mit der herkömmlichen Feierform der Liturgie etwas nicht stimmt. Kannst du benennen, was das NGL in der liturgischen Feier vermochte und vermag? Was war es denn oder was ist es denn, was dem NGL so eine Stärke verlieh oder verleiht?

Zum einen ist es die heutige und ehrlichere Sprache. Bei den Liedern, die ich zum Beispiel heute für den Gottesdienst mache, lege ich Wert darauf, dass sie eine Sprache sprechen, die von den Leuten verstanden wird. Dass ich Bilder nutze, die von anderen auch nachvollzogen werden können.

Das NGL hat auch eine Dolmetscher-Funktion. Wenn ich zum Beispiel als Priester der Liturgie vorstehe, möchte ich die alten heiligen Texte oder Gesten nicht gleich über den Haufen schmeißen und sagen: „Norbert kommt und macht jetzt was ganz Neues." Das wäre fatal. Aber Liturgie muss auch für die Menschen begreiflich sein! Und bei der Übersetzung der Handlung ins Heute helfen uns die neuen Lieder. Sie machen Gesten und Inhalte verständlich. Wenn ich etwa sage: „Lamm Gottes, du nimmst hinweg alle Sünde der Welt" und das ziemlich schnell abgehandelt wird, die Liturgie darüber hinwegzugehen droht, hilft zum Beispiel ein Lied, in dem und mit dem deutlich gemacht wird, was hier eigentlich geschieht und was das heißt. So entstand dann zum Beispiel mein Lied DU NIMMST UNS AN WIE WIR SIND UND LEBEN. Dieses „Lamm Gottes" zeigt und erinnert die Glaubenshaltung, die hinter der liturgischen Handlung des Brotbrechens und den Gebeten steht.

Neue Geistliche Lieder sind anders gemacht wie die traditionellen. Wäre auch tragisch, wenn nicht! Sie klingen nach „heute", nicht nach Mittelalter. Wenn ich an meine eigene Arbeitsweise denke: Ich versuche auf jeden Fall auf die Hörgewohnheiten der Menschen heute zu achten. Dabei strebe ich keine Kopie gern gehörter Popmusik an, aber es soll einfach gut klingen, und heute gibt es nun mal gute Popmusik! Und es muss mir selber gefallen, ich muss das Gefühl haben, dass es mir gut tut. Ich schreibe ja Lieder zunächst nicht für andere. Ich freu mich natürlich, wenn Leute meine Lieder singen, aber am Anfang steht eine Idee, ein geistlicher Gedanke für mich selbst. Dann mache ich vielleicht was draus, und es entsteht ein Lied.

Dieses „Gut-tun" heißt aber nicht, dass es mich einlullen soll. „Gefallen" in diesem weiten Sinn kann auch etwas, was etwa meine Angst oder meine Trauer zum Ausdruck bringt. Du kennst vielleicht den TRAUERGESANG, den ich mal gemacht habe. Ausgangssituation war der plötzliche Krebstod einer Mutter von zwei Kindern an unserer Schule. Da fiel mir schmerzlich auf, wie arm wir an Texten und Liedern sind, die zum Ausdruck bringen, was die Familien, die Nachbarn, die Gemeinde und wir alle, die wir mittelbar oder unmittelbar betroffen sind, in diesem Moment empfinden. Ich habe mich dann später hingesetzt und versucht, ein Trauerlied zu schreiben. Mit ihm sagte ich Gott, was mir und uns durch den Kopf oder durchs Herz geht. Ich schickte das dann der Familie, den Freunden und den Kollegen an der Schule zu. Mittlerweile krieg ich immer wieder Post, wo jemand schreibt, dass die Worte gut taten. Auch bei der Trauerfeier nach dem schlimmen Halleneinsturz in Bad Reichenhall wurden die Zeilen genutzt.

Zu diesem „Gut-tun" gehört eben auch, dass es stimmig sein muss. Das betrifft für Lieder auch die Harmonien und die Melodie. Dass etwas stimmig ist, merke ich dann auch am Feedback, wenn Leute sich melden, die – wie etwa bei meiner Vertonung des Hochgebetes – sagen, dass sie die Worte Jesu dadurch noch mal ganz anders, intensiver gehört und tief erlebt haben.

Welche Funktion sollen deine Lieder in der Liturgie erfüllen?
Die Lieder erfüllen einen Dienst an der Liturgie. Sie deuten und vermitteln, sie helfen, den Glauben auszudrücken und zu übersetzen. Sie dienen der Gemeinschaft, die eine Liturgie feiert. Das ist nicht messbar und erst recht nicht kalkulierbar. Man muss aber doch aus der Liturgie herauskommen und sich in irgendeiner Weise beschenkt fühlen. Das wird bei jedem anders sein: Mal ist es die Predigt, mal die Atmosphäre, mal sind es die Lieder. Musiker und Priester erfüllen hier hoffentlich eine Dienstfunktion. Wenn ich die nicht ernst nehme, kann ich noch so viel davon sprechen, dass die Liturgie heilig in sich selbst sei, und dass das Sakrament in sich selbst wirke. Ich kenne alle diese dogmatischen Argumente, aber *nur* dabei würde ich mich als Priester in meinem Dienst nicht wohlfühlen. Die Dienstfunktion besteht darin, Zeit, Energie und Liebe aufzuwenden, damit etwas von der Nähe Gottes zu spüren ist. Meine Lieder sollen Freude machen!

Nun gibt es hierüber ja Diskussionen. Kann Liturgie nicht auch ein ästhetisches Gegenmodell zum Eigenen, zum Alltäglichen, zum Selbst-Fabrizierten sein; etwas, nach dem man sich ausstrecken muss, das geheimnisvoll ist? Könnte es sein, dass populär-kulturell geprägte Musik die Feier nach unten ins Banale drängt?
Ich würde zunächst einmal zurückfragen, ob der vermeintliche Kritiker überhaupt schon mal eine Liturgie, von der ich hier spreche, bewusst miterlebt hat. Ganz egal, welche Lieder gesungen werden, Liturgie ist zunächst immer ein „Gegenmodell"! Aber natürlich gibt es auch im Bereich des NGL Banales und Überflüssiges. Bei Kinderliedern fällt mir zum Beispiel oft auf, dass sie schon ein bisschen anspruchsvoller sein könnten. Die Kinder singen ja auch kompliziertere Songs aus dem Radio nach. Wenn es darum geht, einen Gottesdienst zu gestalten, plädiere ich immer für eine gut überlegte Auswahl der Lieder!
Meine zweite Erwiderung wäre dann ein Appell an alle, die NGL nutzen und gebrauchen, die Liturgie medial nicht auszuschlachten und auszustellen. Die Gefahr ist natürlich da, wenn man mal was Neues macht. Allen muss aber immer ihre dienende Funktion bewusst sein! Jungen Leuten gebe ich in Kursen immer mit: Nehmt das Heilige wahr und nehmt es ernst und zeigt auch mit eurer Körperhaltung und euren Gesten, dass ihr euch dessen, was hier geschieht, bewusst seid. Sorgt für Momente der Stille. Dienst hat immer einen Adressaten: Und in unserem Fall ist das eben nicht nur der liebe Gott, dem etwas „geopfert" wird, sondern es ist eine Gemeinschaft von Glaubenden, die die Erinnerung an Gott wach hält und in heiligen Zeichen feiert!

Im Übrigen möchte ich niemandem seine lieb gewordene Art, Gottesdienst zu feiern, wegnehmen. Aber das Alte als das „non plus ultra" stehen zu lassen, dazu bin ich auch nicht bereit. Ich gehe selber auch gerne in ein Choralamt. Dort kann ich mich einfach tragen lassen, bin noch mal ganz anders da.

Das NGL aber ist lebendiger – gesungener – Glaube vieler Gemeinden, längst nicht nur junger Leute übrigens, und erreicht auch viele Fernstehende, die sich durch einen tollen Klang einmal ansprechen lassen oder durch ein gewagtes Wort. In unsere Kirche in Steinerskirchen kommen zu den „Jugendgottesdiensten" immer auch ältere Leute, Paare mit kleinen Kindern, manchmal sogar Senioren. Ich habe mir angewöhnt, die Gemeinde mit „Jugendliche aller Generationen" zu begrüßen. Die Kirche ist brechend voll. Sie kommen, weil sie da abgeholt werden, wo sie stehen. Sie schätzen eine gute Moderation und eine Sprache, die sie verstehen. Und was ich immer wieder höre: Sie sind überaus dankbar für neue und gute Lieder.

Was ist ein gutes Lied?
Das hat mehrere Eigenschaften: Ein gutes Lied ist ein Lied, das alle möglichst schnell mitsingen können. Bei einem neuen Lied darf ich auf Pausen oder Synkopen durchaus noch hinweisen oder etwas erläutern. Aber dann muss es gesungen werden können. Es sollte also so eine Art Volkslied sein, schnell zu erlernen. Dann sollte sein Text in einer Sprache geschrieben sein, die nachvollziehbar und verständlich ist. Viele unserer Texte im Messbuch – Tagesgebete, Gabengebete oder Schlussgebete – setzen so viel Denkarbeit voraus, dass ich mich selber oft bei der Vorbereitung frage: Was bete ich hier eigentlich? Liedtexte sollten ohne Probleme zu verstehen sein! Da gibt es leider auch bei Neuschöpfungen Grenzwertiges, wo ich das Gefühl habe, dass sich ein Texter lyrisch überanstrengt hat! Zum Dritten sollte das Lied in die liturgische Situation und in die Gemeinde passen. Ein Loblied sollte zum Beispiel ein Loblied sein. Von mir aus braucht es nicht unbedingt den Ordinariumstext wiedergeben, aber der inhaltliche Ton sollte stimmen.

Gut finde ich Lieder auf jeden Fall dann, wenn auch nicht so versierte Musiker mit der Harmonisierung klar kommen. Das ist mir ganz wichtig! Über manchen Liedern finden sich Akkordsymbole, die mathematischen Formeln gleichen. Das ist für viele dann zu kompliziert und es schreckt ab. Auch Kirchenmusiker kommen da an ihre Grenzen!

Was ganz wichtig ist: *Neu* ist nicht unbedingt *gut*. Es gilt immer, Lieder bewusst für eine Gruppe oder Gemeinde auszuwählen. Und manchmal lohnt es sich, Lieder aus einem gemeindlichen Repertoire herauszunehmen, weil sie zu abgesungen oder zu alt sind.

Wie entsteht bei dir ein neues Lied?
Meist steht am Anfang eine Idee oder ein inneres Bedürfnis. Ich schreibe vielleicht einen ersten Gedanken auf, suche manchmal auch das Gespräch, zum Beispiel mit Franz-Josef Ruwe, der immer wieder Texte für mich schreibt. Häufig werde ich auch angesprochen oder angerufen. Da gibt's dieses oder jenes Projekt oder einen Anlass, zu dem ein Lied gebraucht wird. Das mach ich gerne, aber meistens geht der Liedimpuls von mir selbst aus.

Verstehst du dich mehr als Komponist denn als Texter?
Eigentlich ja. Aber das Texten nimmt in den letzten Jahren zu, nicht zuletzt, weil das Feedback der Leute mich ermutigt. Ich sehe in mir aber nicht den großen NGL-Komponisten. Ich versteh mich eigentlich mehr als Liedermacher oder Liederschreiber. Trotz der ganzen Kompositionslehre komme ich ja manchmal auch an Grenzen. Pfiffige Chorsätze und Arrangements lasse ich ganz gern von anderen schreiben.

Wie entstehen die ersten Textimpulse und wie geht es dann weiter?
Ich mache mir zum Beispiel Notizen, wenn ich unterwegs bin. Durch die vielen überregionalen Verpflichtungen und Veranstaltungen bin ich viel im Auto. Da liegt immer ein Notizblock griffbereit. Auch wenn ich bete oder meditiere, passiert es, dass ich überlege: Steckt da was drin? Ich notiere Gedanken, verändere Worte, schaue, ob sich melodische Wendungen dazu einstellen oder finden lassen, und vielleicht kommt dann irgendwann der Moment, wo ich mich abends ans Klavier setze und versuche, textliche und melodische Einfälle zu bündeln. Allmählich wächst dann vielleicht etwas oder es wandert – übrigens ganz viel – in den Papierkorb.

Das hört sich nach einem Vorgang an, der viel Zeit braucht.
Ist ganz unterschiedlich. Manchmal gibt es Vorgaben, die zur Ausarbeitung echt viel Zeit kosten, ein anderes Mal fließt es einfach so dahin. Wenn es aber schnell geht mit den Gedanken, muss ich acht geben, dass etwa Reime nicht simpel geraten. Ich muss mich dann selbst ausbremsen. Dann suche ich bewusst nach Worten, die nicht platt klingen.

Gibt es irgendetwas, womit du diese kreative Situation unterstützen oder sogar anbahnen kannst?
Nee, die gibt's für mich nicht! Klassisch ist die Situation, dass ich abends spät am Klavier sitze, jede Menge Zettel bei mir habe, einen nicht aufgeräumten Schreibtisch daneben und versuche, die Fülle zu einem sinnvollen Ganzen zu-

sammenzufassen. Das passiert bei mir spätabends. Ich bin kein guter Frühaufsteher. Jede Frühmesse ist für mich ein echter Dienst an der Gemeinde. Das gehört dazu, aber abends bin ich wacher.

Wer hört das fertige Lied als erster?
Manchmal sind es Mitbrüder oder Mitarbeiter in der „Oase", manchmal sind es Franz-Josef Ruwe oder auch Franz-Thomas Sonka aus Münster, mit denen ich öfter was zusammen gemacht habe. Das läuft dann übrigens über Telefon.

Die Zeiten haben sich geändert. Mit dem ursprünglichen Bedingungsfeld von Kirchen- und Liturgiereform der 70er Jahre, in dem das NGL das musikalische Ausdrucksmedium war, hat sich manches erledigt. Wo steht das NGL heute deiner Meinung nach?
Ich glaube, das klassische NGL gibt es genau deswegen gar nicht mehr. Ich weiß, dass manche das anders sehen, und wir reden ja auch jetzt darüber. Damals war das wirklich etwas Neues. Es war einfach ein Stück neue Kultur in der Kirche; ein neuer Sound, ein neues Singen und Musizieren. Es war Aufbruch, frischer Wind, die Zeit nach dem Konzil ... Viele Erwartungen wurden enttäuscht, manche Stimme gibt es nur noch außerhalb der Kirche. Anderes ist außerhalb der Kirche leichter geworden auszusprechen. Es gibt da ganz viele Botschaften, denken wir nur mal an jemanden wie Herbert Grönemeyer. Sein Song MENSCH trifft das Herz vieler Menschen sozusagen neben der Kirchentür. Und das sind längst nicht billige Schlagerparolen, sondern Texte, die tief gehen. Aber es passiert nicht in der Kirche.
Weil das aber gut ist, müssen wir aufpassen, dass wir das nicht für uns kopieren, denn das können und müssen wir gar nicht erreichen. Es gibt ein großes Interesse an geistlichen Liedern. Meine Veranstaltungen beim Katholikentag in Osnabrück waren alle überfüllt. Die Leute sind dankbar für Lieder des Glaubens. Mir wird der liturgische Bezug daher immer wichtiger. Was haben wir den Menschen an Hoffnung, an Perspektive, als Christen zu bieten? Da nehme ich andere gerne an der Hand und sage, hör mal, das hier ist für mich so tief, und das kann dir vielleicht auch was geben. Ich glaube, da gibt es für uns immer noch ganz viel zu tun.

Die liturgische Orientierung als das Proprium des NGL?
Ja, wenn wir den Begriff Liturgie weit fassen. Erstkommunion, Firmung, Hochzeiten, Beerdigungen, das weite Feld der Kindergottesdienste. Da sind dann ja immer auch zunehmend Leute zu Gast, die eigentlich nichts oder wenig mit der Kirche zu tun haben! Oder wenn ich an Weihnachten denke:

Ich möchte doch, dass alle sich wohlfühlen und eine Portion „Schwarzbrot" mit nach Hause nehmen! Immer wenn Menschen an Knotenpunkten des Lebens stehen, helfen gute Lieder! Und wir haben eine Bandbreite an Begabungen sowohl für Kinder wie für intellektuell anspruchsvolle Titel. Wir müssen und können dem Schni-Schna-Schnappi was entgegensetzen.

Wie schätzt du die Situation des kreativen Nachwuchses ein?
Fällt mir schwer, eine Auswahl zu treffen oder Namen zu nennen, weil ich im Einzelfall auch oft gar nicht weiß, wie jung oder alt die Leute sind. Aber immer wieder höre oder sehe ich Lieder, die toll gemacht sind. Daniel Schmidt aus Fürth schreibt zum Beispiel gute Lieder, die mitreißen und ins Ohr gehen; einige Lieder von Dietmar Fischenich finde ich sehr gelungen; mein Kollege Robert Haas hat es raus, gute Kinderlieder zu schreiben – aber wir gehören jetzt ja schon mehr zu den Alten!? Gott sei Dank gibt es in vielen Bistümern Engagierte und Verantwortliche, die sich um den Nachwuchs kümmern, nicht nur was die Reproduktion, sondern auch das Schreiben betrifft.
Kreativität heißt manchmal auch für Gruppen: Wir machen eine CD! Grundsätzlich ist das eine tolle Sache. Kann mich gut erinnern, wie froh und stolz ich war, als unsere erste Kassette fertig war: „Runter vom Baum, Zachäus!"; hatten wir damals noch auf 16-Spur mit Jörg Baltruweit in der Technik aufgenommen. Ich finde es aber ein bisschen schade, dass viele der Leute, die da was produzieren, nicht so gut beraten sind. Manchmal bekomme ich CDs in die Finger – etwa aus dem Bereich von kirchlichen Aufbruchsbewegungen – da habe ich leider den Eindruck, es wird da was als NGL verkauft, was seiner Tradition total zuwiderläuft. Das ist mir dann in textlicher Hinsicht manchmal zu hallelujafreudig und musikalisch ein Oldie, nichts Neues. Und manchmal bekomme ich auch Lieder aus meiner Werkstatt zu Gehör, die ich kaum wiedererkenne.
In vielen Gemeinden wird gesungen und musiziert, werden Gruppen gegründet, die eine Bereicherung für die Gottesdienste dort sind. Bei Workshops erzählen viele, was sie daheim so alles auf die Beine stellen. – Das ist schon beeindruckend. Und manchmal werde ich zum Hinhören eingeladen: „Hör'n Sie mal, hab ich selbst gemacht, wie finden Sie das?" Und oft finde ich das richtig gut.

Kannst du dir ein Leben ohne Musik vorstellen?
Absolut nicht. Ich höre gern Musik, ich mache gerne Musik, ich musiziere gerne mit anderen. Ein Leben ohne Musik kann ich mir nicht vorstellen. Selbst wenn ich irgendwo alleine bin: Etwas musiziert und klingt in mir immer weiter, etwas, das man nicht hört.

„Christentum ist menschgewordene Hoffnung"

Peter Janssens im Gespräch[11]

Biografische Skizze
Peter Janssens, geb. 1934 in Telgte; niederländischer Staatsbürger; Examen in „Jugendmusik" (Musikhochschule Köln); Studium der Fächer Musikwissenschaft, Soziologie und Geschichte in Köln und Münster; Tätigkeit als Opernrepetitor am Opernstudio der Musikschule in Münster und Theatermusiker an den Städtischen Bühnen Münster; seit 1962/63 erste neue Lieder für den gottesdienstlichen Einsatz; Reisen nach Lateinamerika; dort erste Kontakte zu Vertretern der später als „Befreiungstheologie" benannten politischen Theologien; Freundschaft mit dem nicaraguanischen Priester Ernesto Cardenal, dessen „Psalmen" er in deutscher Übersetzung vertonte.
Schauspielmusiken u. a. für das Deutsche Theater Göttingen, das Schauspielhaus Düsseldorf und das Staatstheater Stuttgart; 1970 Komposition der „Innsbrucker Universitätsmesse" (Text: Hans-Bernhard Meyer); 1972 Lieder für das Bundesdelegiertentreffen der Katholischen Jungen Gemeinde in Fulda (Texte u. a. von Alois Albrecht und Josef Metternich). Seitdem beständige Produktion zahlreicher Lieder für Aktionswochen und Katholiken- wie Kirchentage; in Zusammenarbeit unter anderem mit Wilhelm Willms, Friedrich Karl Barth und Peter Horst Schöpfer erfolgreicher Musiktheater, z. B. „Ave Eva" (1974), „Franz von Assisi" (1977), „Uns allen blüht der Tod" (1979), „Dietrich Bonhoeffer" (1995), „Hildegard von Bingen" (1997).
Zahlreiche Veröffentlichungen (Tonträger, Singstimmen, Partituren) im Peter-Janssens-Musikverlag, Telgte (www.pjmv.de).
Nach kurzer schwerer Krankheit starb Peter Janssens am 24. Dezember 1998 in Münster.

---

[11] Das Gespräch fand im Januar und März 1996 in Telgte statt.

Herr Janssens, lassen Sie uns beginnen mit einem Blick auf Ihre Biografie. In Telgte sind Sie kein Zugereister, nicht wahr?
Ich wurde hier in diesem Haus am 17. Juni 1934 geboren, an einem Sonntagmorgen, während meine acht Geschwister in Telgte in der Kirche waren. Mein Vater stammte aus Tilburg in der niederländischen Provinz Brabant. Dort war er eigentlich Miterbe eines großen Textilunternehmens, hatte sich aber mit einer Art Leibrente auszahlen lassen. Meine Mutter stammt aus einer Arztfamilie, die sich im nahen Wolbeck niedergelassen hatte.

Die religiös-konfessionelle Prägung Ihrer Kindheit war katholisch?
Ja, und zwar kein bisschen bigott. Hier wurde am großen Tisch sehr liberal und heiß diskutiert. Was auch früh eine Rolle spielte, war die so genannte „Liturgische Bewegung". Meine älteren Schwestern waren im „Heliand", die Brüder im „Bund Neudeutschland". Die fuhren gelegentlich zur Burg Rothenfels, zu Romano Guardini und seinen Mitstreitern um ein erneuertes Gottesdienstverhältnis. Ich erinnere mich, dass meine Geschwister unsere Mutter einmal kritisierten, weil sie im Gottesdienst Rosenkranz betete, statt an der Feier richtig teilzunehmen. Einerseits war die Kritik natürlich berechtigt, aber unsere Mutter, diese weise Frau, antwortete: „Leute, ich ziehe euch auf, alle neun; da will ich einmal in der Woche eine Stunde meine Ruhe haben!" Die Fragen rund um die rechte Feier des Gottesdienstes haben uns schon früh hier in diesen Räumen bewegt.

Seit Ihrer Kindheit leben Sie – mit einigen Unterbrechungen – in diesem Haus. Auch den Krieg haben Sie hier erlebt?
Der Krieg war eine schreckliche Zeit für uns. Ich habe im Keller des nahen Rochus-Hospitals als Messdiener Bombenangriffe erlebt. Über unserem Haus haben alliierte Soldaten einmal ein deutsches Flugzeug abgeschossen. Als sie sahen, dass der Pilot sich mit dem Fallschirm retten wollte, kehrten sie um und beschossen den Mann in der Luft. Dessen Leichenteile flogen dann hier auf das Gelände. Ich denke, dass hierher eine Begründung für meine pazifistische Gesinnung rührt. Mehrere Söhne aus der Nachbarschaft kehrten nicht aus dem Krieg heim. Zwei meiner Brüder konnten sich nur mit Mühe dem Zugriff der niederländischen Waffen-SS entziehen. Am Kriegsende war ich elf Jahre alt. Wir hatten Kirche bis dahin als einen beruhigten Hort der Freiheit erlebt. Nach dem Krieg waren wir dann zwölf Leute am Tisch, die unsere Mutter satt zu kriegen versuchte. Unser Garten bot wenigstens eine Mindestversorgung. Meine Eltern haben mich dann in die Sexta des Gymnasiums Paulinum in Münster geschickt. Dort bin ich in musikalischer Hinsicht sehr gefördert worden. In Münster bekam ich Klavierunterricht bei dem Musikwissenschaftler

und Orgelkenner Rudolf Reuter. Der ließ mich Mozart und Bach, die ganze Literatur, rauf und runter spielen. Sein Honorar bezahlten wir bis 1948 in Äpfeln. Die fehlten ihm als Stadtmenschen sehr.

Mir war früh klar, dass ich beruflich etwas mit Musik machen wollte. Dass das *geistliche* Musik werden würde, war aber noch nicht abgemacht. Opern- und Theatermusik war mehr die Richtung, in die meine Neigungen gingen. Es hatte aber in den 50er Jahren eine Begegnung mit neuer Kirchenmusik gegeben, als wir niederländische Verwandtschaft in Brabant besuchten. Die Holländer waren da ja zum Teil ihrer Zeit und sogar dem Konzil weit voraus. Die hatten die „Missa Luba" aus Zaire für sich entdeckt. Ich habe mir damals die Schallplatte gekauft, ohne zu wissen, dass mich das beruflich beschäftigen würde. Mir gefiel halt die Musik. Ich habe dann an der Musikhochschule in Köln eine Ausbildung gemacht, die mit einem Examen in so genannter „Jugendmusik" endete. Damit hätte man damals in Grund- und Realschulen Musikunterricht geben können. Und nebenbei habe ich Jazz[12] gemacht. Mein Vater war gestorben, und ich wollte und konnte mit diesen Auftritten im belgischen Offiziersklub gut leben. Nach dem Examen wurde mein damaliger Professor – Joachim Vetter – Rektor der Musikschule in Münster und bot mir eine Stelle als Repetitor am neu gegründeten Opernstudio an. Das war übrigens der Vater von dem mittlerweile recht bekannten Oberton-Sänger Michael Vetter. Am Opernstudio habe ich also Sängern ihre Arien eingetrichtert. Die konnten manchmal bis zum Examen nicht vom Blatt singen, und an darstellerische Leistungen war schon gar nicht zu denken. So habe ich mir mein Rüstzeug erarbeitet. Schließlich haben sie mich zum Theater in Münster rübergelockt. Und gleichzeitig gab es 1962/63 die ersten Anfragen für geistliche Lieder.

Aus dem Jahre 1963 gibt es eine eigene Vertonung des lateinischen Ordinariums in Ihrem Archiv; die „Messe auf 2 in D". Könnten Sie dazu etwas sagen?
Die haben wir einige Male verwendet, und sie wurde auch von einer Reihe aufgeschlossener Kapläne eingesetzt. Das war ein Projekt aus der Zeit, als sich rund um die Katholisch-Soziale Akademie Franz-Hitze-Haus in Münster herum Interessierte fanden, die einem „Aggiornamento" des Katholizismus aufhelfen wollten.

Wie erklärt sich der kuriose Titel?
Die klassische Musik zählt ja im Wesentlichen „auf 1" – so wie später wieder die Disco-Musik und andere Popmusik. Ich zählte also dagegen „auf 2". Ich

---
[12] Sprich „Jatz".

hatte über den Pressechef des Bischofs das Ehepaar Brockhoff kennen gelernt, denen dieser Verlag gehörte und der Schallplattenladen „Discotheca" in Münster. Die forderten mich auf, etwas zu komponieren, das der anstehenden Liturgiereform entsprach.

Könnte man das Ihr kirchenmusikalisches Erstlingswerk nennen?
Ich denke ja! Das war noch vor der Liturgiekonstitution, die die Verwendung der Muttersprache für die Liturgie ermöglichte. Es gab in der Folge erste Wochenenden zur Einführung in die Gottesdienstreform. Dabei wurde diese Messe auch eingesetzt und diskutiert.
Es zeigte sich bald, dass wir noch weiter gehen mussten, wollten wir das Konzil ernst nehmen. Prompt stellte sich das Textproblem. Ich konnte nur komponieren, wenn es brauchbare Texte gab. In Alois Albrecht fand sich ein erster, ganz begnadeter Texter. Mit ihm und einem Team um den Kölner Geistlichen Josef Metternich entstanden zu Beginn der 70er Jahre die Lieder für das KJG-Bundestreffen in Fulda. Davon haben wir unter dem Titel „Wir haben einen Traum / Unser Leben sei ein Fest" eine Platte produziert, die bis heute nachgefragt wird.

Mit den Versuchen, populäre Schlagermusik zu verfertigen, wie die Akademie Tutzing das mit ihren Preisausschreiben in den 60er Jahren anforderte, hatten Sie nie Kontakt?
Man konnte an der weithin eingeschlafenen Kirchenmusik schier verzweifeln. Daher rührte die Initiative der Akademie, der es hauptsächlich darum ging, die Abkoppelung von der Welt aufzuheben. Das ist aber – weil man den Markt der U-Musik ansprach – eine sehr kommerzielle Angelegenheit gewesen. Ich war auch als Katholik davon zu weit entfernt. Ich ahnte aber schon damals, dass man die U-Musik in Deutschland nicht evangelisieren konnte. Ich habe nichts gegen die Schlager, aber ich will nicht auf die sperrigen Inhalte des Christlichen, der Bibel usw. verzichten.

Sie standen mit Ihrer Kompositionsarbeit in einer Bewegung, die das Konzil und die Liturgiereform als dringend notwendig erwartete.
Im Franz-Hitze-Haus entstand bei dem damaligen Akademiedirektor Dr. Beckel ein Zentrum der Konzilsarbeit. Erste Informationen sickerten durch über die anstehende Liturgiereform. Erst gab es eine ungeheure Sucherei. Allen war klar, dass auch die Kirchenmusik erneuerungsbedürftig war. Manche versuchten, neue Texte auf alte Melodien zu schreiben, andere versuchten es genau umgekehrt. Es gab den Leo Schuhen, den kannte ich vom Studium in Köln

her. Der rief mich an und wollte mit engagierten Priestern eingedeutschte Spirituals mit einer Jazzband in einer Kirche spielen. Da bin ich also hingefahren – und siehe da: Das ging los wie Hölle!
Das waren die Anfänge. Aber das machte ich wirklich nur so nebenbei. In der Münsteraner Petrikirche machten wir einen Abend auf Psalmentexte von Romano Guardini MIT LAUTER STIMME RUFE ICH, HERR, ZU DIR. Unsere Besetzung war Orgel, Schlagzeug und Posaune. Die Reaktionen waren sehr interessant. Sofort war die Spaltung da: Die jungen Studenten vom Konvikt Collegium Borromaeum und vom Priesterseminar waren teilweise begeistert. Kirchenmusiker mit klassischer Ausbildung waren empört. Wir standen sofort in der gleichen Auseinandersetzung wie die Konzilsbischöfe, die dem Cäcilianismus Schranken setzen mussten. Cäcilianismus will ja Kunstmusik zum Gottesdienst „hinzutun". Kirchenmusik muss aber sinnvoller Teil der Liturgie selbst sein, sie muss mitvollziehbar sein. Das Kyrie beispielsweise muss ein Kyrie der Gemeinde sein, nicht unbedingt eins von Mozart. Sie verstehen das Prinzip? Die Musik kommt nicht von außen an den Gottesdienst heran, sondern ist gesungener Teil der Liturgie selbst. Auch der Streit um Textinhalte war sofort da. Dürfen Themen wie Menschenrechte und Gerechtigkeit vorkommen im Gottesdienst oder nicht? Mein lateinamerikanisches Engagement spielte eine große Rolle dabei.

Wie ist es zu diesem Engagement gekommen?
Mitte der 60er Jahre hatte ich als Musiker auf Vermittlung des Autors, Schauspielers und Regisseurs Hans Dieter Schwarze eine Theatertournee durch Lateinamerika begleitet und dabei erste Texte von Ernesto Cardenal gefunden. Acht Monate tourte ich damals an einem Stück durch Lateinamerika. Eigentlich war das ein Kulturprogramm für Kriegsflüchtlinge, Juden im Exil und natürlich auch geflüchtete Deutschnationale. Ich war hier aus allen bindenden Verträgen herausgekommen, und auch meine Frau war einverstanden. Sonst hätte ich das ja gar nicht machen können. In einer kleinen Buchhandlung, die gehörte einem belgischen Theologen, der vor den Nazis nach Buenos Aires geflüchtet war, stieß ich auf ein kleines Bändchen mit Texten von Ernesto Cardenal.
Ende 1964 kam ich zurück nach Deutschland und hatte mich sehr verändert. Ich hatte den Mut zur Freiberuflichkeit gefunden, und es hatte Kontakt gegeben zu Franz Hinkelammert, der damals in Chile an der katholischen Universität war. Später habe ich dann noch unter Vermittlung des Goethe-Instituts eine in Chile lebende österreichische Kabarettistin mit ihrem Chansonprogramm begleitet.

So war dann eine lateinamerikanische Fährte gelegt. Wie ging denn die Entwicklung in Deutschland für Sie weiter?

Gut zwei Jahre nach der „Messe auf 2 in D" häuften sich Anfragen von BDKJ und CAJ für Musik zu großen Treffen, und so ging das los und weiter. Ich war nicht fest in einer Ortsgemeinde verwurzelt. Das kirchliche Leben spielte sich für mich „auf der Wanderschaft" ab. Wir wohnten aber eine Zeitlang in Münster auf der Sentruper Höhe und gehörten zur Gemeinde St. Theresia. Das war spannend, denn dort gab es eine Priesterkommunität, zu der Franz Kamphaus, der mittlerweile Bischof von Limburg ist, gehörte und Adolf Exeler, der viel zu früh verstorbene Pastoraltheologe, an dessen Institut Sie jetzt arbeiten. Und wenige Schritte entfernt von unserer damaligen Wohnung stand das schon erwähnte Franz-Hitze-Haus, so dass von hierher auch räumlich Nähe zu neuen Entwicklungen bestand.

Ich habe mich noch mal an der Universität in Münster eingeschrieben und nebenbei Soziologie, Musikwissenschaft und Geschichte studiert. Dort traf ich auf die ganz „linke" Soziologencrew: Krismanski und Dankwerth. Das waren die „Jungtürken" von Schelsky. Die Begegnung mit denen war immer sehr interessant. Die sagten natürlich: „Kirche kannste vergessen!" Ich hielt meine Erfahrung dagegen, dass Kirche auch anders sein konnte. Um diese Zeit herum publizierte der Peter Hammer/Jugenddienst-Verlag die erste Psalmenübersetzung von Ernesto Cardenal in deutscher Sprache: „Zerschneide den Stacheldraht". Mit dem Verlagschef verband mich eine Freundschaft, und auch Johannes Rau, damals noch Sonntagsprediger in Wuppertal, hatte damit zu tun. Diese Texte rannten bei mir offene Türen ein. Es kamen Anfragen, etwas damit zu machen, und ich vertonte das „Gebet für Marilyn Monroe". Dann kam der WDR in Gestalt des Filmemachers Lukas-Maria Böhmer, der in Kolumbien und über Ernesto Cardenal einen Film drehen wollte. Die stießen auf mich, weil sie gehört hatten, dass ich mich aufgrund meiner Tourneen dort etwas auskannte. Der deutsche Botschafter in Nicaragua hielt uns für bekloppt. Der bot uns ein Konzert im Haus des Diktators Somoza an. Ich weiß noch, wie der uns mit den Worten ziehen ließ: „Ich kann aber nicht für Ihre Sicherheit garantieren!" Der kritische Sandinismus fing da erst allmählich an. In der Rückschau fällt mir auf, dass meine Musik immer Anlässe hatte. „L'art pour l'art" kenne ich nicht. Entweder ist der Anlass politisch oder liturgisch.

Das lässt sich auch an Ihren Tonträgern ablesen. Die Lieder- und Kantatenproduktionen standen immer in engem Zusammenhang mit Delegiertentreffen oder Aktionen wie Misereor oder mit Katholiken- und Kirchentagskonzepten. Da sind ja zum Teil regelrechte Zyklen komponiert und eingespielt worden:

Ich denke etwa an UNSER LEBEN SEI EIN FEST. *Ein Lied, das sich anders singt – und auch besser – wenn man zuvor das dazugehörige* DER TOD IST EIN CHAMÄLEON *gesungen hat.*
Das ist im Grunde eine zusammenhängende Pfingstkantate. Aber was wollen Sie machen, wenn sich ein Lied verselbständigt. Man kann die Leute ja nicht dazu verpflichten, das Werk komplett zu gebrauchen.

Sie sprachen von Ihren Aktivitäten rund um Lateinamerika und Ihre Entwicklung hier in Münster. Wie ging der berufliche Weg weiter?
Ich war an einen weiteren Scheidepunkt gekommen und entschied mich statt für die Theatermusik, einen Schwerpunkt auf die geistliche Musik zu legen. Bei den Vorbereitungen für das Delegiertentreffen der KJG in Fulda lernte ich 1972 Alois Albrecht kennen, der ganz wunderbare Texte schreiben konnte. Und dann kam alles zusammen. Ich traf Wilhelm Willms, und der Evangelische Kirchentag trat – nachdem man meine Mitwirkung beim Ökumenischen Pfingsttreffen 1971 in Augsburg erlebt hatte – an mich heran wegen der Liturgischen Nacht für Düsseldorf. So war ich voll drin auch in dem evangelischen Bereich.

Düsseldorf war eine Wegmarke auch für den Kirchentag selbst.
Der Kirchentag war dabei zu veröden. Hochgescheite theologische Vorträge dünnten die Teilnehmerzahl aus und verkopften die Treffen zusehends. Und als wir mit unserer Liturgischen Nacht kamen, flog die Hallendecke förmlich in die Luft. Der Heinz Zahrnt gehörte damals zum Präsidium des Kirchentags und hat sich das Treiben bei der Liturgischen Nacht vom Rande her angeschaut. Im Anschluss soll er damals gedroht haben, einzugreifen, wenn jemals wieder zum Evangelium „mit dem Arsch gewackelt" wird, wie er sich ausdrückte. Eine Journalistin hat daraus gemacht, Dr. Zahrnt sei der Meinung, „man könne das Evangelium nicht nur ertanzen". Wir beide verstehen uns im Übrigen prächtig, und er hat uns jetzt auch eingeladen zu einer gemeinsamen Veranstaltung. Er ist schon ein toller Mann.

Ein Großteil der Projekte zum Kirchentag oder zu bundesweiten Treffen katholischer Verbände war von langer Hand vorbereitet und dadurch inhaltlich und gestalterisch sehr sorgfältig ausgearbeitet. Das hatte zur Folge, dass diese Projekte wirklich taugliche – weil durchdachte und schließlich erprobte – Prototypen liturgischen Feierns lieferten. Ein Kirchentag oder Delegiertentreffen ist ja auch immer ein Treffpunkt potenzieller Multiplikatoren.
Mittlerweile ist es gar nicht mehr so, dass andere sich angestiftet fühlen, in ihren Heimatgemeinden Kopien vom Kirchentag zu praktizieren. Das Kopieren muss

natürlich scheitern. Inzwischen ist es umgekehrt: Durchdachte Liturgie aus den Gemeinden selbst tritt an den Kirchentag heran und findet Eingang in Forumsveranstaltungen. Das vermengt sich jetzt. Die Transposition zwischen Kirchentag und Gemeinde ist natürlich immer eine wichtige und heikle Angelegenheit, aber diesen Impulsen verdankt sich die Gründung vieler neuer Musikgruppen.

Ich erkläre mir das Aufkommen dieser Gruppen auch noch anders: Wenn das Neue Geistliche Lied eine „Theologie des Subjekts" transportiert, ist es ja nur allzu verständlich, dass die Rezipienten irgendwann selber anfangen, solche Musik nicht nur zu reproduzieren, sondern auch neu zu schreiben und zu komponieren.
Ich finde das auch gut. Das habe ich immer gewollt. Es gibt wunderschöne Lieder, von denen ich wünschte, ich hätte sie gemacht. Ich bin ja Mitglied in dem AGOFF[13] des Deutschen Evangelischen Kirchentages, wo wir versuchen müssen, die Anfragen zu bündeln und auszuwählen. Es sind zahllose Gruppen entstanden und einige davon haben sich auch profilieren können. Natürlich können wir nicht über 800 Gruppen im DEKT unterbringen. Manche bewahrt man auch besser vor der Öffentlichkeit.

Bitte?
Na ja, wenn die bei einem Stück zum Thema Abtreibung schon in der ersten Liedstrophe mit der Exkommunikation drohen, sagen wir natürlich „Freundlichen Dank" und lehnen ab.

Warum kommt der kirchenmusikalische Strang der Orgelmusik auf den Kirchentagen so verhältnismäßig wenig zum Zuge?
Weil man in Messehallen keine großen Orgeln aufbauen kann. Die Posaunenchöre haben es da einfacher und sind entsprechend zahlreich dabei. Die bringen – ähnlich wie die Bands – ihr Instrument mit.

Bleiben wir noch ein bisschen bei den populärkulturellen Musikrichtungen. Sie sprachen gerade von diesen Ausrutschern zum Thema Paragraf 218. Aus dem Bereich der Erweckungsmusik hört man ja mitunter auch Höllendrohungen im Big-Band-Sound.
Die wollten sogar schon Geld zahlen, um Messehallen während des DEKT zu mieten.

---

[13] Die Abkürzung AGOFF steht für „Ständiger Ausschuss für Abendmahl, Gottesdienst, Fest und Feier" des Deutschen Evangelischen Kirchentags.

Hat es diese evangelikale oder fundamentalistische Variante immer schon gegeben?
Schon früh. Die ist entstanden aus den Predigergottesdiensten und ihren Liedlein. Aus diesem Umfeld stammt auch Siegfried Fietz ...

Das ist der Komponist des Lieds VON GUTEN MÄCHTEN WUNDERBAR GEBORGEN. *Mich erinnert die Melodie immer an eine Passage aus Webbers Rock-Oper „Jesus Christ Superstar".*
Sie kennen den Witz noch nicht? Zwei Musiker stehen im Tonstudio und hören sich eine gute Melodie an. Fragt der eine den andern: „Das ist schön. Ist das von dir?" Antwortet der andere: „Noch nicht!"

Die Einspielungen der Erweckungsmusik unterscheiden sich auch vom Sound her sehr von Ihren Einspielungen. Diese Aufnahmen werden zum Teil aufwendigst abgemischt und manchmal auch mit Profimusikern in den USA eingespielt.
Ich habe meine Produktionen in eher schlichten Arrangements eingespielt. Das hat seinen Grund darin, dass ich die Lieder auf Reproduzierbarkeit anlege. Ich spiele weder für die Charts noch für den Kopfhörer, sondern für den Gebrauch. Das hat zur Folge, dass mit den Tonträgern Notenmaterial angeboten wird, vom Klavierauszug bis zur einfachen Singstimme mit Harmonien – und das zu niedrigen Preisen. Es kann sein, dass das auch die Verbreitung gerade meiner Lieder gefördert hat. Man kam an Material heran und – man traute sich an dieses Vorbild heran. Dafür habe ich manchmal ein Arrangement bewusst heruntergezogen. Ich ziehe da „Schwarz-Weiß" dem „Vierfarbdruck" vor. Die Erweckungsmusik im Big-Band-Sound und -Stil wird hingegen nicht reproduziert. Die steht sich da selbst im Wege. Man behält ja auch kaum etwas von diesen Melodien. Melodien dürfen – wie auch Liedtexte – Reibungsfläche haben. Kommt es zur Begegnung mit dem Lied, kann so am ehesten etwas davon „hängen bleiben".

Bei der Produktion „Wir fassen uns ein Herz" wurde 1985 das Prinzip der Reproduzierbarkeit in ganz eigener Weise aufgegriffen: Da wurde ein Arrangement für Posaunenchor mit eingespielt. Womit man diese Tradition aus der evangelischen Kirche bewusst bediente ...
Die Idee kam vom protestantischen Pfarrer Friedrich Karl Barth, der den Musiker Karl-Heinz Sarezki aus Bochum mit seinen wirklich hervorragenden Leuten dafür begeistern konnte. Und tatsächlich: Diese Lieder werden prompt landauf, landab von den Posaunenchören nachgespielt.

Wie war es denn zur Gründung des eigenen Musikverlages gekommen?
Den haben wir schon 1968 gegründet. Das resultierte auch aus einer Enttäuschung über den Verlag Schwann, der von sechs eingereichten Liedern immer nur ein oder zwei auswählte und publizierte. Die waren nett, aber halfen uns nicht wirklich auf. So ein Verlag ist ja schnell beim Ordnungsamt angemeldet. Ich habe den Verlag schon früh meiner Frau überschrieben, die all diese organisatorischen Aufgaben übernommen hat und auch Einfluss auf die Textauswahl nehmen kann. Sie hat sich ja sehr für den Themenkomplex „Schöpfung" engagiert. Die Produktionen hierzu verdanken sich wesentlich ihrem Engagement. Ich bin sozusagen der Hauskomponist.

Welche Bedeutung kommt dem Verlag im ökonomischen Betrieb „Neues Geistliches Lied" und dem Gesangsorchester zu?
Der Musikverlag war für das Gesangsorchester immer eine sichere Basis. Die nennbarsten Einnahmen laufen zurzeit über die Lizenzen der Abdruckgenehmigungen. Die Auflagen dieser Abdrucke gehen europaweit in die Millionen. Wir haben ca. 250 bis 300 Anfragen pro Jahr. Wenn der Stuttgarter Quell-Verlag jetzt ein neues Liederbuch herausgibt, startet der mit einer im Vorlauf schon ausverkauften Startauflage von 60.000 Exemplaren. Oft ist natürlich auch die Postüberweisung teurer als die 3 DM für die 60 kopierten Liederzettel irgendeiner Gemeinde.

Steckt eigentlich eine grundsätzliche Entscheidung dahinter, das Verlagsprogramm fotokopiert und grafisch verhältnismäßig unattraktiv zu belassen? Erst in den letzten zehn Jahren gibt es ein schwarz-weiß gedrucktes Heft und selbst das ist noch spärlich gemacht. Das hat natürlich eine Aussage. Die Betriebswirtschaftler würden sagen, das gehört zur Corporate Identity Ihres Verlages.
Wir gehen diesen Weg aus Sparsamkeit und aus ökologischen Gründen. Meine Frau sagt immer: „Wenn die Lieder gut sind, werden sie auch ohne Werbung in einem Vierfarbprospekt gesungen." Die Lieder verbreiten sich übers Gehör, über Singen und Nachsingen. Dieses Image ist, da haben Sie Recht, auch Teil unserer Botschaft. Ja, das kann man so sagen.

Kommen wir noch mal zu der nachkonziliaren Zeit zurück: 1970 war eines der ersten großen Projekte die so genannte „Innsbrucker Universitätsmesse", die unter dem Titel „Gute Nachricht für alle Völker" publiziert wurde. Die Texte stammen von dem Innsbrucker Liturgiewissenschaftler Hans-Bernhard Meyer. Wie kam es zu diesem Projekt, aus dem sich viele Lieder bis heute im Liedgut gehalten haben?

Die Geschichte ist einfach erzählt. Sie hat einen familiären Hintergrund. Der älteste Sohn meiner Tante Illa aus Gießen war Professor für Ökonomie an der Innsbrucker Universität. Und dieser Cousin hatte mit dem Jubiläum der Universität zu tun und erinnerte sich, bei einem Besuch in Münster Kompositionen von mir gehört zu haben. Der bahnte dann die Zusammenarbeit mit seinem Kollegen Meyer von der theologischen Fakultät an. Die Texte Meyers waren enorm. Er ging in der Textarbeit stark von den Psalmen und vom liturgischen Einsatz aus.

Diese Messe ist in der Tat sehr liturgisch orientiert. Das Kyrie ist wirklich ein Kyrie und nicht ein Lied „anlässlich" des Kyries.
Ja, das hat natürlich an seiner Profession als Liturgiewissenschaftler gelegen. Meyer war ein echter Konzilsfan. Ich halte das nach wie vor für ein Schlüsselwerk, da stimme ich zu.

Warum fehlen in diesem Zyklus das Heilig-Lied und das Schlusslied?
Wir haben irgendetwas aus dem Repertoire gesungen. Ob er nicht dazu kam, Texte zu schreiben, oder ich nicht zeitig ans Komponieren kam – woran es lag, ich weiß es nicht mehr.

Sie sind damals nicht bei den Tagungen gewesen, die die „Arbeitsgemeinschaft Musik der evangelischen Jugend" und die „Werkgemeinschaft Lied und Musik" interkonfessionell ausrichteten und bei denen Wilhelm Willms als Texter quasi „groß geworden" ist.
Das sind Werkstatt-Treffen der Leute um Professor Aengenvoort und Arnim Juhre gewesen. Ich habe das aus zeitlichen Gründen nicht geschafft. Wenn es Termine des Gesangsorchesters gab, gingen die grundsätzlich immer vor. So reduzierten sich viele Kontakte.

Zur Terminologie: Auf dem Cover von „Wir haben einen Traum" ist die Musik nicht spezifiziert. Auf dem Cover des kurz zuvor entstandenen Musicals „Menschensohn" taucht erstmals der Begriff „Sacro-Pop" auf. Wie kam es dazu?
Als wir 1971 mit dem WDR in Lateinamerika waren, hatte ein Mitarbeiter des Goethe-Instituts in Kolumbien die Idee, einen interkulturellen Abend mit Ernesto Cardenal und mir zu machen …

… Stimmt es, dass Ernesto Cardenal gar nicht so musikbegeistert ist?
Ja, er hat einmal gesagt, dass er Musik nicht sehr schätzt, wohl aber die Musik von Peter Janssens. – Aber zurück zu der Frage nach dem Begriff „Sacro-

Pop". Das Kind musste für die Werbung des Goethe-Instituts einen Namen bekommen, und der Vertreter des Goethe-Instituts verfiel auf „Sacro-Pop". Sacro – so meinte er – steht für „heilig" und Pop steht für „musica popular". Pop in diesem Sinne war damals schon bei den Latinos ein Begriff. Ich denke, dieser Mitarbeiter war der Urheber dieses Begriffs, den mir dann viele um die Ohren gehauen haben. Es war halt ein Name, der aus der etwas wurschtigen Art des lateinamerikanischen Musikbetriebs gewachsen war. Eine „heilige" oder „geheiligte" Musik „fürs Volk" zu machen, ist ja nichts Schlechtes.

Das steht heute nicht mehr auf den Plattenhüllen …
Es gibt ja seit Längerem den Begriff „Neues Geistliches Lied". Aber man kann fragen, ob ein Lied wie SINGT DEM HERRN ALLE VÖLKER UND RASSEN aus der Innsbrucker Universitätsmesse nach 25 Jahren noch ein „neues" Lied ist. Ich würde es vorziehen, schlicht von „Geistlichen Liedern" zu sprechen und damit auch den Ruch des Alternativen von unserer Art von Kirchenmusik zu nehmen. Wir machen gleichberechtigt mit klassisch ausgebildeten Organisten und Chorleitern Kirchenmusik, Kirchenlieder, geistliche Musik. Unsere Lieder sind Geistliche Lieder. Die Lieder haben sich etabliert. Das hat auch Vorteile. Ich nenne ein Beispiel: Der evangelische Kirchenmusiker ist per Dienstvertrag verpflichtet, die Lieder des Evangelischen Kirchengesangbuches zu musizieren. Die Weigerung, unsere Lieder zu spielen, konnte eine Zeitlang damit legitimiert werden, dass unsere Werke dort nicht abgedruckt waren. Ein Umstand, der sich mittlerweile mit der jüngsten Überarbeitung geändert hat, worauf wir auch ein bisschen stolz sind. Jetzt stehen unsere Lieder da drin, jetzt muss er sie spielen, sonst riskiert er seinen Job. Ich würde vorschlagen, die Einteilung in alt und neu wegzulassen. Es gibt schlicht solche Lieder, die brauchbar sind und solche, die unbrauchbar sind. Die brauchbaren Lieder zu spielen, darauf kommt es an.

Was macht denn ein Lied unbrauchbar?
Beliebigkeit! Man kann im Geistlichen Lied eine Vielfarbigkeit nur begrüßen, aber die Bibel ist nicht beliebig auszulegen! Sie nimmt Stellung, und zu dieser Stellungnahme der Bibel muss ich selber Stellung beziehen. Lieder, die mit seichtem Trallala den Sonnenschein und die Güte Gottes besingen, die da überall zu finden sein soll, muss ich und will ich nicht schreiben.

Die Bibel hat Interessen, und das muss man den Liedern anmerken?
Unsere Lieder versuchen, Lieder der engagierten Zukunft zu sein. Sie versuchen, die Zukunft der Kirche zu beschreiben und zu begleiten. Die Kirche

wird sich auf ihre Funktionen besinnen müssen: Liturgie zu feiern, möglichst richtig und gut, Diakonie/Caritas zu machen, Seelsorge im Einzelfall und Kultur zu fördern durch Konzerte usw. Das halte ich für die vier Funktionen von Kirche, auch einer zukünftigen Kirche. Die Texte von Willms, Albrecht und Hort/Barth beschreiben eine Kirche, die sich neu einrichten muss. Eine Kirche, die ihre Vormachtstellung einbüßt und sich vom Evangelium her engagiert.

Die Lieder sind ja auch Teil einer ökumenischen Praxis. Man muss doch sagen, dass diese Lieder sich interkonfessionell verbreiteten. So mancher Komponist und Texter kann ja sozusagen als interkonfessionelle Brücke bezeichnet werden ...
Allerdings gar nicht einmal aus strategischen Gründen, sondern aus biografischen Entwicklungen heraus. Wir haben voneinander gelernt. Ich konnte beispielsweise die Logistik des Katholikentages aufgrund meiner Erfahrungen mit dem DEKT kritisieren. Das ZdK verausgabt sich jedes Mal mit dem Schaffen einer neuen Originalität, statt sich organisatorisch einer kontinuierlichen Gruppe anzuvertrauen, wie der Kirchentag das mit seinem Trägerverein tut. Ich habe von den evangelischen Freunden auch gelernt, mich stärker direkt an der Bibel zu orientieren, und die ihrerseits haben sich von mir das ein oder andere an katholischem Selbstbewusstsein vermitteln lassen.

Wie unterscheidet sich das Arbeiten in diesen beiden „Settings"?
Durch die evangelischen Freunde stieß ich auf eine größere Wertschätzung der Bibel, die ja auf Kirchentagen mit den Bibelarbeiten – in gut protestantischer Tradition – eine große Rolle spielt.

Die die ältesten Urkunden darüber enthält, was das Leben ist und was es sein könnte.
... In der Bibel steht im Grunde alles drin, was wir brauchen! Und gerade durch den Kontakt mit den evangelischen Mitarbeitern kam es bei mir zu einem intensiven Umgang mit Altem wie Neuem Testament. Den evangelischen Christen fehlt ein bisschen das weltumspannende Bewusstsein, das der Katholizismus hat. Das Landeskirchliche verleitet schnell zum „Backen kleiner Brötchen". Der DEKT bricht das mittlerweile auf. Man merkt aber doch, dass sie die Sehnsucht nach dem größeren Zusammenhalt haben. Wenn ich etwa an die Präsentation des Dalai Lama in München 1993 und Hamburg 1995 denke. Da kann man schon den Eindruck haben, hier werde der evangelische Papst gefeiert.

Worin liegt denn das Spezifische der katholischen Mitteilung?
Das Katholische bringt mehr Originalität, mehr Stallgeruch mit sich. Es bedient mit Düften, Farbigkeit und Gesten mehr die Sinnlichkeit des Feierns. Ich will nun keine Re-Katholisierung der evangelischen Kirche. Ich strebe mehr eine gegenseitige Inspiration dieser beiden unterschiedlichen Traditionen an. Ich ehre den katholischen Stallgeruch, er übertüncht aber ein immer noch bestehendes biblisches Defizit und die Missstände im Vatikan. Der Vatikan könnte doch ein geistliches Weltzentrum sein. Und dass die Kirche immer noch viel zu viel Dreck am Stecken hat, ist dort noch nicht kritisch von innen her betrachtet worden. Da erlebe ich die evangelischen Freunde als weitgehend ehrlicher und auch demokratischer. Die Ver-Kirchung ist bei denen geringer.

Könnte sich von daher eine Unterscheidung der Texter plausibel machen lassen? Ich formuliere mal eine grobe Skizze: Alois Albrecht, der Katholik, machte notwendig aktuelle, teils fast schon agitprop-artige Liedtexte, die das Weltganze in den Blick nahmen („Jetzt muss mehr geschehen") ...
... Das singt sich fast schon mit hochgereckter Faust. Der hatte einen ungeheuren Dampf.

Wilhelm Willms wäre der aufs Poetische kaprizierte Einzelgänger, der sich an hoher Kunstfertigkeit beweisen kann – ein typischer künstlerisch begabter und bisweilen an den Rand der Communio gerückter Katholik. Und die protestantischen Pfarrer Friedrich Karl Barth und Peter Horst wären die Anhänger biblischer und deutscher Sprache, die die „großen Lebenswünsche" der Bibel mit der Sprache des Grimm'schen Wörterbuches revitalisieren. Darin könnten sich konfessionelle Eigenarten bemerkbar machen.
Willms lebt und schreibt wie ein Vogel im Nest, er schwitzt die Texte für sich und aus sich aus. Friedrich Karl Barth und Peter Horst sind wirklich am ehesten als die Bibel-Künstler zu bezeichnen ...

Richte Dich auf das Wort ...
... und sag es in Deutsch! Jawohl. Sie sind auch die am ehesten „deutsch denkenden" Autoren. Willms ist der genialste von diesen Autoren, ohne Zweifel.

Der Katholikentag hat Sie etwas unfreundlich behandelt ...
Auf dem Berliner Katholikentag 1980 nahm man uns das Singen von Texten Ernesto Cardenals übel. Wir hatten uns im Gesangsorchester vorher verstän-

digt, dass wir auf die Cardenal-Lieder nicht verzichten wollten und haben dann diese Konsequenzen getragen. Wenn man der Zensur im Katholizismus auch nur den kleinen Finger reicht, ist man bald armamputiert. Da folgt eins aufs andere, und dann ist man wieder bei Palestrina. Da hat man uns also kurzfristig den Saal einer weiteren Veranstaltung gestrichen, weil dort angeblich Essen ausgegeben werden sollte. Nachher stellte sich heraus, da fand gar nichts statt!

Ich will einmal sagen, wie ich das erlebt habe: In der Folge repräsentierte Reinhard Horn mit seiner Band „Kontakte" Ihre Tonsprache mit ungleich weniger kontroversen Texten.
In der Hauptsache standen da Leute vom Kolpingverband dahinter, die das nicht aushalten konnten, was wir machten. Schon in Essen gab es 1968 Veranstaltungen von Gruppen, die beim offiziellen Katholikentag ausgeschlossen waren. Der Katholikentag war immer sehr stark ein Schaufenster der Verbände aus dem ZdK. Der Katholikentag hat so etwas von einem Parteitag an sich. Das Reibungslose interessiert aber immer weniger Menschen. Das Inquisitorische hat den Katholizismus ja bei vielen Nachdenklichen im Lande blamiert.

Telgte und das Münsterland waren des ungeachtet zu einem Kristallisationspunkt dieser neuen Art von Kirchenmusik geworden.
Na ja, der Ludger Edelkötter, damals noch Musiklehrer, hatte mich angesprochen und der Detlev Jöcker gehörte dann zu dem Chor, den der Ludger gründen konnte. Ich wusste gleich, dass das nicht lange beieinander zu halten war. Der Ludger Edelkötter wollte etwas Eigenes machen. Wir sind dann also voneinander geschieden, und ich meine auch, dass Konkurrenz das Geschäft belebt, wie die Ökonomen sagen. Ich war ja in einem regelrechten Schaffensrausch: Die Lieder waren nur das eine. Die Musikspiele kamen hinzu ...

... die Arbeit mit den Kindermusicals an den Städtischen Bühnen in Münster...
... wir machten eine Heinrich-Heine-Revue, viel Theatermusik. All dies zog Leute an, und man traf sich hier in Telgte und saß beieinander und plante Neues. Die ganze Arbeit weckte ungeheuer viel Interesse. 1972/73 war für die Kirchen das, was '68 für die Politik bedeutet hatte.

Wie kam es denn 1980 zum Einstieg in die Kinderproduktionen? Lag das auch an einer Ermüdung im Bereich der geistlichen Lieder?
Sicher auch. Rolf Krenzer hat mich als Sonderschulpädagoge überzeugt. Seine Arbeit mit geistig und körperlich Behinderten hat mich sehr berührt.

Wie kam es zum Ende der Zusammenarbeit mit Wilhelm Willms und dem Gespann Friedrich Karl Barth / Peter Horst?
Wilhelm Willms hatte ja einen Schlaganfall, nachdem ich nochmals Texte anfragte, aber nichts bekam – und man kann einen Menschen ja nicht zwingen. Friedrich Karl Barth ging von der wichtigen Stelle in Frankfurt weg in die Kurseelsorge nach Bad Wildungen und sagte dann auch, dass er Zeit und Ruhe brauchte, sich neu zu orientieren.

Vielleicht ist es auch so, dass man sich an einem bestimmten Punkt schlicht „ausgesprochen" hat?
Ja, „aus-gesprochen" und auch „aus-gesungen". Manche sagen auch: „Ich habe das jetzt ein paar Jahre lang gemacht, und jetzt muss es reichen." Es gibt auch Leute, die schlicht verstummen. Die sagen: „Ich kann nicht mehr und ich will auch nicht mehr."

Bei dem Stamm an Texten, mit denen Sie arbeiteten, hat es also Veränderungen gegeben.
Das geht in Schüben vor sich, und es gibt so etwas wie Schülerverhältnisse. Die Sybille Fritsch zum Beispiel, von der ich mittlerweile einiges vertont habe, war mehrere Jahre Assistentin beim Friedrich Karl Barth in der für viele unserer Projekte wichtigen „Beratungsstelle für Gestaltung" in Frankfurt. Als Barth ausstieg, hat sie noch eine Zeitlang als Sängerin bei dem sehr bekannten Fritz Baltruweit gearbeitet. Über dessen Arbeit war sie überhaupt zur Theologie gekommen. Jetzt ist sie Studienleiterin in der Evangelischen Akademie in Loccum. Eine sehr aufmerksame Theologin und Autorin herrlicher Texte, wenn ich etwa an das Lied WER NICHT UMKEHRT, WIRD NICHT FREI denke.

Der Gitarrist Gerd Geerken ist so etwas wie die „menschliche Konstante" in Ihren variierenden Besetzungen im Gesangsorchester...
Den Gerd habe ich während meiner Schulzeit kennen gelernt, als wir im Musikzimmer des Gymnasiums in der Mittagspause Jazz spielen durften. Das Paulinum war damals in Münsters Kreuzviertel in den Räumen des Schillergymnasiums in der Gertrudenstraße untergebracht. Um die Ecke herum wohnte der Gerd, der uns nun jazzen hörte. Er kam eines Tages einfach zu uns und fragte, ob er mitmachen dürfe, und so begann eine herrliche Freundschaft, die jetzt schon lange besteht. Ohne ihn könnte ich mir die Arbeit im Gesangsorchester gar nicht vorstellen.

Nicht nur in den Textergenerationen, sondern auch im musikalischen Stil lassen sich Phasen in Ihrem Werk feststellen.
Zu Beginn bis etwa 1972 war da viel traditionell Kirchenmusikalisches in der Gestalt meiner Lieder und Musiken zu finden. Der ein oder andere Kirchenton klingt an, wie etwa das Spiel mit dorischen Melodieformen.

Aber der Jazz war ja sehr stark herauszuhören. Wenn man das Vorspiel zu „Menschensohn" oder das Intro zu W<small>IR</small> <small>HABEN</small> <small>EINEN</small> T<small>RAUM</small> hört, fällt das doch sofort auf.
Ja, ich war sehr durch die Arbeit des „Modern Jazz Quartett" beeinflusst. Das ist das, was man dann „Mod-Jazz" nannte. Die ganze Rhythmik der ersten Jahre war vom Jazz geprägt. Durch die Beatles kam dann ein Einfluss von Pop/Rock dazu. Der Jazz arbeitet viel mit Triolen und Sextolen, während der Rock bewusst 2 – 4 – 6 – 8 betont. Dieser so genannte Zweier-Takt ist für die deutsche Sprache passender als die Rhythmik des Jazz. Von daher kam es zu meiner Hinwendung zu den Elementen der Pop-/Rockmusik. Emotionell war ich durch meine Biografie aber viel mehr durch lateinamerikanische Formen geprägt, die man auch immer wieder heraushören kann. Und durch die Theaterarbeit, unter anderem als ich von 1967–76 bei den Festspielen in Bad Hersfeld tätig war, lernte ich einen textorientierten Sprechgesang kennen, der mir bei den späteren Musikspielen von großer Hilfe war. Da markiert die „Bauernoper" 1979 einen Einschnitt.

Der theatralische Sprechgesang spielte von „Die Zeit ist reif" an eine große Rolle in Ihren Werken.
Das liegt auch daran, dass diese musikdramatischen Werke mehr Abwechslung als ein einzelnes Lied brauchen. Ich greife deshalb für umfangreichere Kompositionen auf Chanson und Kabarettmusik zurück. Dafür habe ich in meiner Zeit am Opernstudio und in den Theatern viel gelernt. Es hilft sehr, dieses Handwerk zu beherrschen und dann in der Planungsphase entscheiden zu können, wo man im Stückverlauf welches Stilmittel einsetzen kann. Wie jedes Musikspiel lebt auch das geistliche Musikspiel von der Vielgestaltigkeit der musikalischen Mittel.

Auch Rap haben Sie einmal verwendet.
Ich hatte in Lateinamerika schon früh erste Grundformen des Raps kennen gelernt, und das interessierte mich sehr. Als dann Rolf Krenzer vor wenigen Jahren den Text für „Bye bye Jona" ablieferte und da wieder eine ganze Reihe Sprechpassagen drin zu finden waren, habe ich die Chance genutzt und das

probehalber einmal in Rap gesetzt. Aber das blieb ein einmaliges Experiment. Vielleicht wende ich mich demnächst einmal versuchsweise dem Techno zu.

Woher kommt es, dass man eine Janssens-Platte nach wenigen Takten erkennt? Es liegt ja offensichtlich ein eigener Stil vor, eine eigene unverkennbare Tonsprache.
Ich weiß es auch nicht. Man sagt das so. Ich erwidere scherzhaft darauf: Mozart erkennt man auch nach wenigen Augenblicken. Was das ist, kann ich nicht genau erklären. Im weitesten Sinne ist das Popularmusik, Musik *fürs* Volk und Musik *des* Volkes. Ich speise mich natürlich durch das Spiel mit den Kirchentonarten. Eine kirchliche Kennzeichnung ist unterschwellig da, ohne dass man es viel merkt. DER HIMMEL GEHT ÜBER ALLEN AUF ist im Grunde dorisch gesetzt. Das ist nicht d-Moll und nicht F-Dur, sondern dorisch. Außerdem benutzt es eine Reihe von Tönen und lässt andere, erwartete Töne aus. Die Kirchenmusiker, die mir das Lied einmal analysiert haben, sprachen von dem „begnadeten Defizit", das das Lied reizvoll zu singen und zu hören macht. Das findet sich ähnlich in BRICH MIT DEN HUNGRIGEN DEIN BROT. Das Lied steht scheinbar in F-Dur, umgeht aber die eigentlich selbstverständliche und erwartete Verwendung des Leittons „F". Der unausgesprochene Ton kann reizvoll sein, wie der unausgesprochene Satz, wie das verschwiegene Wort.

Vielleicht rührt daher die Nähe zu Wilhelm Willms' Texten?! Seine Texte leben als Lyrik in besonderer Weise nicht nur vom sinnvollen Kondensieren, sondern auch vom kunstvollen „Auslassen" des Zuviels an Sprache.
Das ist ein interessanter Gedanke. Es kommt noch hinzu – da wir von DER HIMMEL GEHT ÜBER ALLEN AUF sprachen –, dass Willms das zustande gebracht hat, was die Germanisten ein Paländrom nennen, einen Aufeinanderklang von Zeilenende mit dem folgenden Zeilenbeginn: „geht über allen *auf – auf* alle über". Als Kanon pendelt das Lied dann noch mit- und gegeneinander um den verborgenen Inhalt herum. Dass der Himmel blau ist, wäre zwar auch richtig gewesen zu sagen, aber das hätte niemanden zum Weiterdenken gereizt. Ein gutes Lied entsteht ja nicht aus einer bloßen Addition von Text und Musik. Ein gelungenes Lied ist Text „hoch Musik". Diese von mir erstrebte „Potenzierung des Textes" ist etwas anderes als ein Nebeneinanderstellen von den zwei Komponenten Text und Musik. Ich merke das Gelingen daran, dass eine Melodie mir nicht mehr aus dem Kopf geht; wenn ich sie also nicht sofort aufschreiben muss, nachdem sie mir einfällt, sondern sie so selbstverständlich zu dem Text hinzutritt, dass ich sie gar nicht mehr vergessen kann. Sobald ich

an den Text denke, muss mir diese eine Melodie in den Sinn kommen. Dann weiß ich, dass hier ein gutes Lied im Entstehen ist.

Sprechen wir noch weiter über die Werkstatt des Kirchenmusik-Komponisten Janssens. Die Arbeiten sind nahezu ausschließlich projektbezogen entstanden ...
... aber es sind nur Lustarbeiten, weil ich in der Regel schon früh in der Planungsphase beteiligt war. Ich habe so am besten auf Texterstellung drängen können. Die sind ja die Basis guter Lieder.

Wie geht dieses Komponieren vor sich?
Ich weiß schon früh, schon ehe es Texte gibt, wofür ich komponieren soll. „Es" komponiert dann schon in mir. Wenn der Text schließlich kommt, habe ich häufig ein musikalisches Ideenmaterial angesammelt. So wie das Wasser, das den Brunnen speist, vorher als Regen auf die Erde gekommen sein muss. Das Lied DIE SACHE JESU BRAUCHT BEGEISTERTE ist beispielsweise so entstanden: Ich hatte intuitiv eine Vorstellung von einem orientalisch-jüdisch klingenden Tanzlied. Die Grundidee war damit schon vorgegeben. Auch eine Melodieskizze hatte ich mir gemacht. Als der Text von Alois Albrecht auf den Tisch gelegt wurde, trafen diese beiden aufeinander und veränderten sich, verschmolzen zu einem Lied. Andere Lieder entstehen durch rhythmisches Vorsagen des Textes.

Text und Musik gehen zusammen die Form eines Liedes ein, sie treten nicht einfach nebeneinander ...
Wenn Text und Musik gut vorbereitet sind, geht das. Ich illustriere es noch einmal an dem Lied DIE SACHE JESU. Durch Gespräche mit Münsteraner Freunden war mir vorab klar, dass das Grundthema die Befreiung durch das Evangelium sein musste. Von dieser Überzeugung zu der Idee des Liedcharakters von DIE SACHE JESU ist dann ein kleiner, wenn auch nicht unbedingt herbeizwingbarer Schritt. Die Musik zu diesem Lied, das war mir klar, muss eine befreiende Musik sein, sie muss meinetwegen auch Spaß machen. Natürlich müssen auch Versmaß und Struktur stimmig sein. Die handwerkliche Seite muss einwandfrei sein, wenn man ein singbares Lied schaffen will.

Welchen Text würden Sie nicht komponieren?
Texte mit rassistischem Inhalt oder Aussagen gegen die Gewissensfreiheit. Das ist ja ein prägendes Element unserer Kultur, die Gewissensfreiheit des Einzelnen wahrzunehmen, aber auch die Verantwortung zu übernehmen, die damit für das Ganze verbunden ist. Ich bin ja ein Laie auf theologischem Ge-

biet, aber ich meine doch, dass schon früh christliche Theologen wie Augustinus und später Thomas von Aquin und Luther zu sagen wussten, dass der Glaube an Jesus Christus frei sein muss, dass er nicht erzwungen werden darf. Die Gewissensfreiheit hat mir auch immer gesagt, ob ich etwas vertonen wollte oder nicht. Ich muss mich bis auf den heutigen Tag keines Textes schämen, der hier durch meine Werkstatt ging. Bei manchem Text kann ich es in der Rückschau nur aufgrund des konkreten Anlasses verantworten, aber für den Anlass war es denn auch gut. Da muss ich auch meiner lieben Frau danken, die sorgsam mit darauf achtet, dass die Texte gut ausgewählt sind.

Diese ausgeprägte Textorientierung ist durchaus typisch für die Axiome der kirchlich sanktionierten Gottesdienstmusik. In den Texten findet sich mitunter ein handfestes theologisches Interesse. Ist Peter Janssens der Intellektuelle unter den Komponisten des Neuen Geistlichen Lieds?
Das hängt auch mit meinem Elternhaus zusammen, in dem intelligent und offen diskutiert wurde. Im Garten trafen sich hier die Freunde meiner Brüder aus dem „Bund Neudeutschland", um heimlich ihre Besinnungsstunden zu halten. Für die Nazis war das als Sportstunde getarnt. Was das Absichtsvolle an der Textauswahl betrifft, bin ich durch meine Lebensgeschichte geprägt. Ich erlebte ja früh in Lateinamerika, wohin Ungerechtigkeit und Unterdrückung führen. Ich weiß natürlich, dass kein einziges Lied das Elend in Slums von Mexiko, Brasilien oder Honduras mindert, aber es kann aufmerksam machen auf unsere Verantwortung und ermutigen, diese Verantwortung anzugehen. Das ist, was man mir damals bei meinen Reisen gesagt hat: Setz dich ein, dass es in den reichen Ländern Verständnis gibt für unsere Lage. Heute ist das vielen selbstverständlich geworden, aber gerade in den 1960er und 1970er Jahren war das notwendig zu sagen.

Gibt es beim Komponieren eine Rezipientenvorstellung?
Es gibt keine konkrete Vorstellung über die Hörer, Sänger und Benutzer. Wenn die Vorbedingungen klar sind, wenn die Richtung und der Rahmen feststehen, ist das Komponieren ein urtümlicher Akt der Suche nach rechter Melodie. Der „Kunde" ist dann nicht beteiligt. Wir erleben ja heute, dass die Lieder durch alle Generationen hindurch gesungen werden. Da ist gar kein konkreter Hörertyp vorstellbar. Das Neue Geistliche Lied ist längst keine Jugendkultur mehr, es betrifft alle.

Wäre es ein neuer Anreiz, die Lieder daraufhin zu befragen, ob sie geeignet sind, christliche Identität zu fördern? Die Musikwissenschaften sagen schon seit

einiger Zeit, dass Pop-/Rockmusik Menschen hilft, sich eine Gestalt zu geben, sich abzugrenzen, aber auch, sich mit anderen zusammenzuschließen und Position zu beziehen. Menschen möblieren ihre Frömmigkeit mittels dieser Lieder.
Musik ist religiös im Sinne des lateinischen Wortes „religio" – ich kann mich hier „anbinden", einklinken in einen Zusammenhang. Musiken schaffen Räume, in denen Menschen sich orientieren können. Lieder können Lebenshilfe sein, besonders wenn sie als Gesamtkunstwerk erlebt werden.

Das klassische Involvement der Musik. Man gibt sich auch im Erinnern an solche Erlebnisse wie den Kirchentag beziehungsweise seine Lieder eine aktuell wirkkräftige Gestalt.
Die Musikwissenschaftler sprechen vom „scheinbaren Bekanntheitsgrad" der gern gehörten Musik. Das würde das „Möblieren" bestätigen, von dem Sie sprachen.

Zum Star-Kult langte es im Neuen Geistlichen Lied nicht sonderlich?
Ich habe mich immer dagegen gewehrt, als beispielhafte Figur gehandelt zu werden. Ich verstehe mich auch nicht als Bote des Evangeliums. Ich möchte hinter meine Werke zurücktreten. Dem Anspruch des außerordentlichen Repräsentanten der christlichen Botschaft halte ich nicht stand. Ich möchte hinter dem Anliegen zurücktreten, das da heißt „Befreiung und Dienen auf der Basis des Evangeliums". Nicht ich bin der Befreier! Der Peter Janssens ist unwichtig. Der hat – begnadet von welchem Engel auch immer oder von meinen Eltern – die Gabe bekommen, gute Melodien zu vernünftigen Texten zu machen und zugleich den Griff bekommen, die richtigen Texte auszuwählen. Es gibt andere, die komponieren schamlos alles, Hauptsache es verkauft sich.

Dann wäre die Künstlerpersönlichkeit zu trennen vom Kunstwerk. Eine Wirkerwirklichkeit gäbe es nicht, die über die Tauglichkeit der Musik als Kirchenmusik mitbestimmen könnte?!
Wer's anders möchte, täuscht sich. Eine Täuschung, die die Musikgeschichte durchzieht. Das Mozart-Bild wurde stilisiert, weg vom Zocker, der er war, hin zu einem engelgleichen Wesen. Nachts im Suff hat er Geld verspielt, morgens beim Baron Swieten Geld besorgt, damit ihm nicht im Morgengrauen auf dem Naschmarkt die Nase abgeschnitten wurde. Mit dem Bach-Bild machte man Ähnliches. Der Mann war froh, wenn er etwas Geld hatte, seine Familie und seinen behinderten Sohn Georg durchzukriegen. Dumm war er auch noch: Er hätte auf die reiche Kantorenstelle in Hamburg St. Jakobi kommen können und fragte das Presbyterium als erstes, wie viel sie ihm zahlen würden.

Die Pflege des Bildes eines Komponisten ist ein Teil des Umgangs mit der Musik! Man soll nicht erst das Kunstwerk vom Künstler trennen, wie Sie es sagen, sondern den Schnitt noch früher ansetzen: Der Künstler selbst muss schon hinter sein Werk zurücktreten. Ich bin gegen den Personenkult, der auf dem Kirchentag manche Messehallen beherrscht. Ich komponiere nicht, weil ich berühmt werden wollte, sondern aus natürlichem Drang heraus. Ich muss einfach! Es komponiert in mir.

Was macht Ihre Musik zur Kirchenmusik?
Es gibt keine Trennung zwischen geistlicher und weltlicher Musik.

Sie meinen, es gibt keine solche Scheidung dem Wesen der Musik nach?
Die Trennung, die jahrzehntelang aufgebaut worden war, ist nur aufgezwungen. Sie ist von Päpsten und Cäcilianern aufgezogen. Jeder ernst zu nehmende Musikwissenschaftler wird sagen, dass es solch eine Trennung nicht gibt. Es hat sie auch nie gegeben. Musik wird, sage ich immer etwas konziliant, durch die Verwendung im Gottesdienst geheiligt. Aber von der Sache her ist es überhaupt nicht drin. Auch die berühmten Kirchentonarten waren gar keine Kirchentonarten, sondern waren Volksmusik aus dem Balkan und aus Griechenland, die dann in die Kirche gehoben wurden. Karl der Große soll ja mit der Orgel, die man ihm in Byzanz schenkte, nichts anzufangen gewusst haben. Bis zum 13./14. Jahrhundert wurde mit der Orgel allenfalls intoniert. Ich verwende die einen oder anderen Topoi aus der geläufigen Kirchenmusik und ich will die herkömmliche Kirchenmusik überhaupt nicht abschaffen, aber ich bin dagegen, Güteklassen aufzurichten. Musik wird nicht zum Gottesdienst hinzugefügt, sie ist Teil des Gottesdienstes. Wenn diese Teilnahme nicht möglich ist, ist das nicht Liturgie. Wo das aber andererseits mittels der Musik möglich wird, ist diese Musik liturgietauglich. Ob das nun Bach, Techno oder Neues Geistliches Lied ist.

Der Streit um die gottesdienstliche Erlaubtheit dieser Sorte Lieder hält aber immer noch an.
Manche halten mich für den Leibhaftigen!

Gesungene Liturgie ist ja etwas anderes als Gesang „zur Liturgie". Die Gefahr ist ja doch gegeben, dass man übers Liedersingen die Liturgie aus dem Auge verliert. In der Anfangsphase, ich denke an die „Messe auf 2 in D" und die „Innsbrucker Universitätsmesse", war der liturgische Bezug sehr eng. Mittlerweile erscheinen manche Gottesdienste etwas „liederlich".

Ich sehe das Problem, das Sie ansprechen, aber ich wende ein, dass oftmals streng geformte Liturgie mit Weltfremdheit einhergeht. Ich sehe nicht ein, weswegen wir Themen wie Arbeitslosigkeit nicht in den Gottesdienst hineinnehmen sollen. Die Menschen müssen Thema des Gottesdienstes sein, und das Thema Gerechtigkeit hat doch schon im Alten Testament eine besondere Rolle gespielt. Gott ist uns ein gerechter Gott. Daran kann der Gottesdienst nicht vorbeigehen. Liturgie streichelt sonst nur die Seele.

Heißt das, dass sich hinter der Form der Liturgie eben doch ein Menschen-, Welt- und Kirchenbild verbirgt?
Der Gott der Slumbewohner, der „kleinen Leute", derer, die sich mit der Krippenfamilie, mit der Armseligkeit, der ungeklärten Familiensituation identifizieren können, ist in Mexiko Alltag. Die Situation Gottes ist die Situation der täglichen Realität. Das ist der Gott, den ich kennen gelernt habe, den ich verehre und an den ich glaube. Nicht der Gott des Papstes oder der Bischofskonferenz. Wenn man dieses Bild einmal hat, stellen sich Konsequenzen für die Liturgiegestaltung von selber ein.

Würden Sie heute nochmals eine Vertonung des lateinischen Ordinariums vorlegen?
Das würde ich tun, wenn ich wüsste, dass die Menschen, die mich darum bitten, wissen, was sie mit dem Werk verantworten können. Sie und die übrigen Nutzer der Musik müssten den Text verstehen können und ihn nicht zur Zementierung von Dummheit oder Abhängigkeit missbrauchen dürfen. Unsere Musik ist immer geschichtlich eingebundene Musik. Die sie machen und die sie anwenden, sollten sich darüber im Klaren sein, was sie da einsetzen.

Trifft Sie der Vorwurf, die Neuen Geistlichen Lieder würden das Christentum zur bloßen Innergeschichtlichkeit dezimieren?
Was ist das Christentum anderes als eine menschgewordene Hoffnung? Durch die Menschwerdung Gottes ist Gott endgültig in die Geschichte gekommen. Es gibt keine andere Geschichte Gottes als die, die er sich mit den Menschen wählte. Das Gegenteil ist Esoterik oder Gnosis. Das ist aber kein Glaube.

Wie geht es weiter mit dem Neuen Geistlichen Lied?
Das weiß ich überhaupt nicht. Im Moment ist offensichtlich – neben den Anlass-Liedern zum jeweiligen Kirchentagsmotto etwa – kein großer Bedarf nach neuen Liedern.

„Lieder haben eine Wirkung"
Thomas Laubach im Gespräch[14]

Biografische Skizze

Thomas Laubach, geb. 1964 in Köln; verheiratet, vier Kinder.
Studium in Bonn und Tübingen; Promotion und Habilitation in Theologischer Ethik; Privatdozent, Lehrtätigkeit u. a. in Saarbrücken, Tübingen, Würzburg und Bamberg. Seit Mitte 2006 Senderbeauftragter der katholischen Kirche in Rheinland-Pfalz beim SWR Mainz.
Textautor zahlreicher Neuer Geistlicher Lieder (MIT DIR ÜBERSPRING ICH MAUERN, DA BERÜHREN SICH HIMMEL UND ERDE, DER HOFFNUNG GESICHT, BROT, DAS DIE WELT IN DEN HÄNDEN HÄLT uvm.) und Librettist von Musikspielen („Bartholomé de Las Casas", „Exodus" u. a.); Ensemblemitglied bei Ruhama (www.ruhama.de).
Mitarbeit bei zahlreichen Evangelischen Kirchentagen und Katholikentagen sowie beim Ökumenischen Kirchentag 2003 in Berlin.

Thomas, ein paar biografische Angaben. Wo kommst du her, wo bist du aufgewachsen?
Ich komme aus einem Stadtteil von Köln, Köln-Brück, im Osten von Köln gelegen, hier geht's zum Bergischen Land rauf. Vor fast 40 Jahren hatte das eher einen dörflichen Charakter, mit der Kölner Innenstadt hatte das wenig zu tun. Meine Großmutter sagte: Ich geh ins Dorf, wenn sie zum Einkaufen ging. Dort ist auch mein Vater aufgewachsen. Brück, das war eine „gut" katholische Gegend, CDU-Hochburg – ein schwarzes Dorf halt. Ich war eines von fünf Kindern. Großfamilie und katholisches Milieu, das spielt für mein Leben schon eine wichtige Rolle. Sich mit anderen auseinanderzusetzen, und seien es die eigenen Geschwister, das hat mich geprägt, aber auch die Selbstverständlichkeit von Kirche, von Leben mit Kirche, von Kirchgang.

Sonntags ging man in die Kirche, und irgendwann kamen Knabenschola oder Messdiener?

---
[14] Das Gespräch fand im Juli 2004 und im Oktober 2008 statt.

Klar, natürlich die Messdiener und dann viel Jugendarbeit. Es gab bei uns die miteinander konkurrierenden KJG und DPSG. Ich war bei den Pfadfindern. Wir waren sehr viele Jugendliche, Kinder, und ich habe das als eine gute Zeit in Erinnerung: Zeltlager, Winterlager, Gruppenstunden und alles, was dazugehörte. Und im Kinderchor hab ich auch gesungen.

Welchen Beruf hatte dein Vater?
Der war Lehrer für Mathe und Physik. Später hat er noch Informatik gemacht. Seine Schule hat als eine der ersten an einem Computer-Projekt teilgenommen, das kann man sich heute gar nicht mehr vorstellen: Rechner so groß wie Schränke. Mit Lochkarten haben die damals angefangen, ihre Kursplanung zu machen. Das war die Urzeit der Computer. So etwas fand ich interessant. Meine Mutter war Kindergärtnerin in einem katholischen Kindergarten in Köln. Und eine katholische Kindergärtnerin, die heiratet, musste damals aufhören. In den 60er Jahren war das selbstverständlich. Ist ja klar, die soll ja Kinder kriegen und 'ne gute katholische Familie großziehen. Auch eine Erfahrung mit Kirche ...

Dann bist du in der Jugendarbeit groß geworden? Wann gab es denn für dich eine erste Begegnung mit Sacro-Pop oder Beat in der Kirche?
Das weiß ich so ganz genau nicht mehr. Wichtig waren Jugendgottesdienste in „Maria im Kapitol" in der Kölner Innenstadt. Hier war das Katholische Jugendamt angesiedelt, und sonntagnachmittags gab's da regelmäßig eine Jugendliturgie. Irgendwie bin ich da hingekommen. Und hab natürlich auch die neuen Lieder gehört. Und dann gab es die Erfahrungen, die ich in Kloster Knechtsteden, das liegt in der Nähe von Dormagen bei Köln, gemacht habe. Ich bin relativ früh in dieses Jugend- und Erwachsenenbildungshaus gekommen. Und da gab es einige der Patres, die sehr engagiert waren, die viel Jugendarbeit machten und auch mit neuen Liedern zu tun hatten. Und dann natürlich die normalen Jugendgottesdienste, die aufkamen. Da gab es auch mal Ansätze mit Songs wie DIE SACHE JESU BRAUCHT BEGEISTERTE. Und ich habe selber angefangen, solche Gottesdienste mit vorzubereiten, zu gestalten.

Wie kamst du denn dann zum Theologiestudium? Irgendwas muss da so gewesen sein, dass Thomas Laubach aus dem kleinen Dorfstadtteil von Köln gesagt hat: „Ich studiere das jetzt!"
Das war sicherlich die Erfahrung rund um Kloster Knechtsteden. Also, intensive Erfahrungen mit Wochenenden, dem „Fest der Völker" an Pfingsten mit 300 Jugendlichen. Da habe ich mit dem Glauben viele gute Erfahrungen ge-

macht, habe aber auch gemerkt: Ich hab noch mehr Fragen. Musikalisch war hier Hans Florenz tonangebend. Ich hab viele neue Lieder aus dem NGL-Bereich kennen gelernt. Und dann hab ich früh schon angefangen auch im Chor zu singen. Ich habe bei „Quo Vadis" in Köln, einem Jugendchor, mitgesungen. Bei dem damals unter anderem Michael Lätsch Musik gemacht hat, der dann später bei Ruhama Mitglied wurde. Dann habe ich bei Hans Florenz gesungen, in „Ezekiel". Das waren wichtige Erfahrungen, dass Religion, das Fragen nach Religion, nach dem Glauben einen hohen Stellenwert bekamen. Ein bisschen war der Gedanke auch da, vielleicht Priester zu werden.

Du warst aber nicht im Seminar gleich vom ersten Semester an?
Nee, ich habe ein Semester studiert und dann meinen Zivildienst angefangen. Den habe ich auch in Knechtsteden gemacht; damals noch eineinhalb Jahre. Dann habe ich für zwei Semester bei den Spiritanern, einem Missionsorden, in Hangelar gewohnt, die ihre Patres auch in Knechtsteden hatten. Das war zumindest eine Option für mich. Aber ich habe nicht gesagt: „Ich will das auf jeden Fall werden!", vielmehr: „Das gucke ich mir mal genau an!" Geblieben bin ich nicht. Die Gründe? Der Zölibat war ein wichtiger Punkt – ein schwieriger Punkt. Ich hab gemerkt, ich konnte mich noch nicht so festlegen und sagen: „Ich kann das auf jeden Fall machen." So bin ich zum Auswärtsstudium nach Tübingen gegangen. Dort hat sich dann alles anders entwickelt. Ich habe meine Frau kennen gelernt. Und dann habe ich beruflich in Tübingen eine Stelle gefunden und bin dort geblieben.

Ist deine Frau auch Theologin?
Nein, die ist Lehrerin für Sport und Biologie. Was ganz anderes – und das tut ganz gut. Vor allem im Blick auf die Sprache. Sie hat einen genauen Blick für eine Sprache, die nur im binnenkirchlichen Kontext verwendet wird und ist kritisch gegenüber vielen theologischen Leerformeln, die aber für sich nur wenig aussagen. Und ich glaube auch: für viele Menschen wenig sagen.

Wie kam denn dann der Theologe dazu, selber Liedtexte zu machen?
Eine wichtige Anregung hat mit Klaus Lüchtefeld zu tun.

Er war ein Texter in Köln, Librettist unter anderem der Kölner Domfestmesse.
Genau. Er war eben auch in Knechtsteden engagiert und hat mit Hans Florenz viele Sachen gemacht; Lieder geschrieben für bestimmte Anlässe, etwa das „Fest der Völker". Er hat Schreibwerkstätten angeboten.

Waren diese Schreibwerkstätten intendiert, um Texter zu schulen?
Nein. Es ging zunächst und eigentlich um Lyrik. Dass man lernt, seine Weltsicht und den Umgang mit sich und der Welt auch sprachlich in kleinen und großen Texten, Gedichten festhalten. Das war ein erster Schritt. Damals merkte ich, mit Sprache umgehen, das fasziniert mich. Das hat mir einfach gelegen. Ich hab unheimlich viel gelesen, Deutsch als Schulfach konnte ich leiden, und dann habe ich mit den Workshops erfahren und gelernt: Das geht auch in verdichteten Formen. Der echte Anstoß kam dann dadurch, dass wir Ruhama gegründet haben. Ich merkte: Ich kann auch Liedtexte schreiben, und damit können wir – Thomas Quast, der die Musik machte, und ich – was machen. Und das hat sich dann einfach so verselbstständigt.

Zu Beginn war da die Veranlagung, die viele junge Menschen in sich spüren und ein lyrisches oder poetisches Tagebuch verfassen. Dazu kam das Angebot von Leuten in einer Bildungsstätte, die sagten, wir können da mal qualifizierend zusammen draufgucken.
Ja, das war ein wichtiger Raum, wo ich mit dem Schreiben begonnen habe, auch im religiösen Kontext. Andere Dinge kamen hinzu: die Möglichkeit, Jugendmessen vorzubereiten, Fürbitten zu schreiben oder dann auch eben passende Lieder auszusuchen; kleine Geschichten zu erfinden, Rollenspiele usw. – alles, was damals für uns auch Platz in einem Jugendgottesdienst hatte.

Was konntest du bei Klaus Lüchtefeld, einem Autor, von dem wir leider heute viel zu wenig hören, lernen? Was war wichtig an der Arbeit bei ihm?
Ich hab, nicht nur von ihm, sondern mehr noch von Konrad Breidenbach, einem der Spiritaner-Patres in Knechtsteden, gelernt, dass Glaube Sprache braucht, dass Sprache wichtig ist. Und hab schon früh gespürt, dass in der Kirche viel zu viele große Wörter produziert werden, die alle wichtig sind, aber dann häufig als Leerhülsen Glauben reproduzieren – und vielen Menschen und auch mir nur wenig sagen, wenn sie in liturgischen Texten stehen. Gerade auch in vielen Liedern im Gotteslob ist das ja zu spüren. Lieder, die nach literaturwissenschaftlicher Perspektive oder im Blick auf Tradition und Geschichte wichtig sind, die aber mit dem Glauben der Menschen heute nur noch wenig zu tun haben. Weil sie zum einen teilweise theologisch fragwürdig geworden sind und zum anderen eben die Sprache anderer Zeiten tradieren.
Ich hab, wie viele andere, gespürt, dass Glaube menschennah und neu zu sprechen ist. Viele von uns merkten einfach: Wir haben ja etwas zu sagen. Das Sagen ist wichtig, aber es braucht eine Form! Und an dieser Form zu arbeiten, nach ihr zu suchen, das war dann so etwas wie „meine Frage".

Was wären dann geeignete Formhilfen gewesen? Gab es hierzu Hinweise?
Ich erinnere mich, dass ich in Auseinandersetzung mit der Liturgie gelernt habe. Ihr Ablauf gibt ja schon bestimmte Formen vor. Bei den Fürbitten etwa: Wie kann man sich und die Gemeinde auf einen Gedanken konzentrieren? Wie kann man ein Glaubensbekenntnis gegen den Strich bürsten und dann noch mal in seiner Sprache etwas einbringen? Wie kann man das Kyrie oder Gloria verständlicher machen, erklären, vertiefen? Und ich habe auch immer viele unterschiedliche Sachen gelesen, Lyrik und Romane und später dann theologische Literatur. Daher kommen viele Ideen.

Wie kam es dann eigentlich zu der Gründung von Ruhama? Denn das war ja wohl das Klima, dass aus dir ein Liedtexter werden konnte?
Das ist eine relativ einfache Geschichte: Die meisten von der Gründerformation von Ruhama waren bei „Ezekiel". Hier haben wir vor allem Gottesdienste gestaltet. Und Hanspeter Hommelsheim hatte mit seiner damaligen Freundin und jetzigen Frau Andrea die Idee, zu sagen: „Können wir nicht mal was projektorientiert machen?" Und die wollten das Musical „Ave Eva" von Wilhelm Willms und Peter Janssens aufführen. Damals, immerhin schon 1983, immer noch ein packendes Stück. Und sie haben ein paar Leute angesprochen, und dann kannte der eine die andere, und dann hatten wir eine erste Ruhama-Besetzung zusammen. Wir haben tatsächlich „Ave Eva" einstudiert – aber danach hat sich das dann mehr oder minder auch wieder aufgelöst. Wir vier Sängerinnen und Sänger waren übrig geblieben und haben dann Leute gesucht, um weiterzumachen. Von Knechtsteden kannten wir Gregor Linßen als Querflötist; und der wiederum hat Klaus Theißen als Schlagzeuger mitgebracht. Ich glaube, Maria Manderscheid kannte dann wiederum Thomas Quast etwas näher, der spielte damals bei „Ezekiel" Piano. Und von Knechtsteden kannten wir auch Tom Nesgen, der Gitarre spielte, und das war's im Grunde genommen schon.

Damals wart ihr alle Abiturienten?
Ja, genau.

Und nach dem Abitur kommt klassischerweise der Zivildienst und dann hast du angefangen, Theologie zu studieren.
Ein Semester nur.

In Bonn. Es waren doch eigentlich alle auseinander, oder habt ihr am Wochenende geprobt?
Freitagabends oder am Wochenende.

Wie blieb man zusammen? Was kann es gewesen sein, was dafür gesorgt hat, dass man sich wiedergetroffen hat?
Ein paar Mitglieder haben nach „Ave Eva" gesagt: „Das war's, und wir machen jetzt was anderes." Aber für einige von uns war klar: Das war gut. Wir gucken mal, wie wir weitermachen und was wir sonst noch machen können.

Gab es Krach um eure Produktion von „Ave Eva"? Ich frage, weil in einigen deutschen Diözesen seinerzeit verboten worden war, das Stück in kirchlichen Gebäuden aufzuführen; und jetzt in Österreich vor ein paar Monaten ist es bei einem großen Jugendtreffen aufgeführt worden, und da hat es prompt wieder Krach gegeben. Das geht los mit „Ruckediku, ruckediku, schön bist du, Ave Maria" – und schon knallen die Türen, und die ersten Leute gehen raus.
So etwas habe ich nie erlebt. Und ehrlich gesagt auch nie ganz verstanden. Das ist doch das Selbstverständlichste, dass jede Zeit ihre Sprache sucht, um Glauben neu zu sagen. Und rausgehen und Türen knallen? Diskutieren, ja, ringen darum, ja, aber sich dadurch beleidigt, gekränkt in seinem eigenen Glauben zu fühlen? Ich hab das immer für ein enges, ängstliches Verständnis vom Glauben gehalten.

Wie ging es dann weiter?
Mit Ruhama ging es so weiter, dass wir uns neu formiert haben und einen Kölner Liedsänger- und Liedermacher-Wettbewerb gewannen. Der war von der IG LIMA, der „Interessengemeinschaft Liedermacher", ausgeschrieben worden, einer vorwiegend evangelischen Initiative. Das war eine schöne Überraschung, denn es hatten relativ viele Chöre und Bands mitgemacht.

Mit welchem Song?
Wir haben unter anderem diesen Samba von Oskar Gottlieb Blarr ALL EURE SORGEN, HEUTE UND MORGEN, WERFT AUF IHN, WERFT AUF DAS KREUZ gesungen. Und da haben wir Uwe Seidel kennen gelernt, der in der Jury saß ...

... evangelischer Pfarrer in Köln ...
... an der Johanneskirche in Köln-Klettenberg, der damals von Düsseldorf gekommen und in Köln relativ neu war. Im Rückblick scheint es mir so, als hätte er damals eine junge Gruppe gesucht, mit der er Dinge weiterführen konnte, die er vorher ähnlich mit Hans-Jürgen Netz, Oskar Gottlieb Blarr und Christoph Lehmann in Düsseldorf gemacht hatte.

Oskar Gottlieb Blarr hat sich allmählich davon zurückgezogen, war in Jerusalem, kam dann wieder und machte musikalisch ganz andere Sachen; anspruchsvolle zeitgenössische Musik.
Das habe ich erst viel später wahrgenommen. Und ich weiß auch nicht, welche Rolle das für Uwe Seidel gespielt hat. Mit ihm haben wir seitdem intensiv zusammengearbeitet. Mit ihm und im Umfeld der Johanneskirche hat sich viel entwickelt. Uwe zum Beispiel wollte immer wieder neue Lieder. Er hat uns gefordert, aber eben auch gefördert. Er wollte Anstöße geben für neue Texte und Lieder. Das war einfach eine wichtige Inspirationsquelle. Auch dass jemand sagt: „Ich finde das toll mit euch!" und genauso sagt: „Wir brauchen neue Lieder"; zum Beispiel Mottolieder für Veranstaltungen, thematische Lieder.

Uwe Seidel machte etwa auf dem Evangelischen Kirchentag immer den „Lateinamerikatag", und dabei wart ihr die Hausband, und das war wiederum das Ticket für Großveranstaltungen.
So kann man das in aller Kürze sagen. Aus der Erinnerung betrachtet, war es ein ziemlich mutiger Schritt von Uwe Seidel, der damals auf dem Kirchentag immerhin schon einen Namen hatte, dass er bei einer recht großen Veranstaltung mit einer Band aufkreuzte, die überhaupt keine Erfahrung mit so etwas hatte.

Habt ihr eine Konkurrenz zu anderen Musikern, zu den Größen der Szene – Ludger Edelkötter mit „Impulse", Peter Janssens mit seinem Gesangsorchester – wahrgenommen? Was hat das für euer Selbstbewusstsein als Ensemble bedeutet?
Konkurrenz? Ich kann mich erinnern, dass ich 1980 beim Katholikentag in Berlin einfach als Zuhörer beim Konzert von Ludger Edelkötter gewesen war. Ein ganz und gar eindrückliches Konzert. Open Air und bis in die Dunkelheit hinein. Für mich waren er und andere die „Großmeister", wir haben anfangs einfach nur deren Sachen nachgespielt. Dass wir später selbst auftreten durften, mit vielen Leuten Musik machen durften, das war toll. Aber ich hätte nie gedacht, dass unsere Sachen mal neben denen von Janssens und anderen stehen werden.

Kontakte zwischen den Kreativen, dass man sich zusammensetzte und Produktionen oder Projekte verglich, gab es nicht?
An einen intensiven Austausch, wie ihn heute die „Überdiözesane Fachtagung NGL" der afj ermöglicht, kann ich mich nicht erinnern.

Ich stelle mir eure Situation und Entwicklung vor: Nebenher läuft immer noch Theologiestudium, Ruhama aber wird immer bekannter. Ein Quantensprung war euer Musiktheaterstück über Bartholomé de Las Casas.
Ich habe nicht erfahren, dass die Gruppe so dermaßen bekannt geworden ist, wie das bei Janssens und Edelkötter der Fall war. Sicher auch, weil wir nie vorhatten, das ausschließlich und hauptberuflich zu machen. Ich erinnere mich nicht daran, dass das wirklich irgendwann einmal zur Diskussion gestanden hätte. Für die Bekanntheit waren vor allem die Lieder entscheidend, nicht die größeren Projekte wie „Las Casas". Denn die Lieder haben die Runde gemacht. Ein wichtiger Punkt war, dass wir viele Lieder für den „Ökumenischen Jugendkreuzweg" gemacht haben. Das hat einfach für die Verbreitung vieler Lieder gesorgt.

Uwe Seidel gehörte lange Jahre zur Redaktionsgruppe.
Genau, Winfried Pilz auch. Das waren zwei wichtige Leute, die gesagt haben: „Wir brauchen jetzt für den Jugendkreuzweg das und das. Habt ihr nicht Ideen?" Meinem Erleben nach hat sich das aber nicht kontinuierlich entwickelt. Bald nach „Ave Eva" haben wir angefangen, ein großes Musikspiel auf die Beine zu stellen, zum Thema „Gelobtes Land", zur Exodusgeschichte. Da hatten wir vorher nur ein, zwei Lieder geschrieben. Und dann direkt das. Zwei Stunden Musik an einem Stück, mit vielen Liedern für alle.

Das war aber noch vor dem Stück über Bartholomé de Las Casas?
Ja, schon 1987/88. Die Revue zu Bartholomé kam erst 1992. Anlass: 500 Jahre Eroberung Amerikas. Das hat mich ziemlich beschäftigt. Was für Zerstörung im Namen des Glaubens möglich ist. Ich denke aber, die Songs, die die Runde machen konnten, die waren entscheidend für unsere weitere Entwicklung und dass dann der Name unserer Formation mit größeren Veranstaltungen wie etwa bei Katholikentagen verknüpft werden konnte; etwa 1992 der Abschlussgottesdienst in Karlsruhe. Durch solche Punkte wurde die Gruppe bekannter.

Wie kam das ZdK dazu, eine vergleichsweise unbekannte Gruppe zum Abschlussgottesdienst einzuladen?
Ich glaube, es kam eine Kombination von unterschiedlichen Sachen zusammen. Nämlich, dass für den bislang ziemlich traditionell gehaltenen Abschlussgottesdienst ein „neuer Geist" gewünscht wurde. Matthias Kreuels aus Freiburg war dafür sehr wichtig, Kirchenmusiker durch und durch und doch interessiert an anderen musikalischen und textlichen Stimmen. Und überzeugt davon, dass die geistliche Popmusik oder wie man dazu sagen will, dass diese Musik auch ihre

Stimme hat und kriegen muss. Und wir konnten schon einige Erfahrungen mit Großveranstaltungen vorweisen, und 1992 hatte unser bekanntestes Lied DA BERÜHREN SICH HIMMEL UND ERDE schon die Runde gemacht.

Woher stammt eigentlich der Name „Ruhama"? Das ist ein Eigenname aus dem Alten Testament. Ein Kind wird so genannt.
Genau. Wir haben, schon als wir diese Geschichte mit „Ave Eva" machten, gesagt, wir brauchen ja irgendeinen Namen und jetzt suchen wir mal.

Also das Kind brauchte einen Namen und dann guckt ihr ins Alte Testament und kommt ausgerechnet auf „Ruhama"? So einfach war das doch nicht wirklich?
Doch, genau. So ist es gewesen.

Wer hat das gemacht?
Im Wesentlichen haben unsere Sängerinnen Andrea Hommelsheim und Maria Manderscheid dafür gesorgt. Die haben die Bibel durchgeblättert, nach Namen für die Gruppe gesucht und sich gefragt: „Okay, was kann es denn sein?" Ich finde, dass sie einen tollen Namen gefunden haben. Weil es mehr als ein Name ist, sondern eine Geschichte mit diesem Namen erzählt wird. Das Kind des Propheten Hosea heißt ja eigentlich nicht Ruhama, was hebräisch ist für „Erbarmen Gottes". Das Mädchen heißt Lo-Ruhama und das heißt *„Kein Erbarmen"*. Hosea benennt seine Tochter als „Erbarmen Gottes" erst in einer Zeichenhandlung um, als Israel bekehrt ist. Er hat erst dann die Verneinungsform, die Vorsilbe „Lo", gestrichen und Ruhama bleibt übrig.
Ich finde die Bedeutung des Namens, das Erbarmen Gottes, noch dazu in einer weiblichen Form, faszinierend. Erbarmen heißt hier: Gott wird gesehen als eine Mutter, die sich einem Kind zuwendet; also nicht als Triumphator, der sich vom Thron herab seines Sklaven erbarmt, sondern als das zuwendende Erbarmen, als Nähe. Das finde ich einen tollen Namen. Nicht nur für unsere Gruppe. Ein Name mit Programm auch für mein Gottesbild.

Willst du dieses Bild des erbarmenden Gottes, des dem Menschen nahenden Gottes, mit deinen Songs bedenken und erlebbar machen?
Ich hoffe erstmal, dass meine Lieder den Menschen nahe kommen. Und dass sie dann in ihnen eine Sprache finden, um mit ihrem Gott ins Gespräch zu kommen. Ich habe immer gedacht, dass den Menschen nahe zu sein heißt, auch Gott nahe zu kommen. Das steckt, glaube ich, sehr stark auch in meinen Liedtexten. Ich weiß, dass es viele andere Spiritualitäten gibt. Aber für mich

war hier der biografische Ausgangspunkt der Jesus-Geschichte entscheidend: Weihnachten. Mit der einen, zentralen Botschaft: Gott kommt den Menschen nahe. Macht sich selbst menschlich. Und ich glaube, dieses Den-Menschen-nahe-Kommen, das steckt in meinen Liedern stärker drin als zu sagen: „Ich will Gott nahe kommen." Gottes Antlitz kann ich im menschlichen Antlitz entdecken. Durch den Menschen komme ich Gott nahe.

Und deswegen kommen auch die Themen Option für die Armen, Gerechtigkeit, Frieden, Bewahrung der Schöpfung mit ins Spiel und nehmen so einen wichtigen Stellenwert ein. Den Menschen nahe sein, das ist nicht nur Teil einer Wohlfühl-Religion. Das hat auch mit Entscheidung, mit Konflikt, hat im Grunde auch mit dem zu tun, worauf die Jesus-Geschichte ja eben auch hinausläuft, auf Passion und Ostern. Dass den Menschen nahe sein heißen kann, sich aufzureiben, am Pranger zu stehen, unbequem zu sein. In letzter Konsequenz auch den Tod in Kauf zu nehmen. Deswegen habe ich diese „moralischen Themen" neben den ohnehin starken liturgischen Themen besonders akzentuiert. Mit der Idee: Wir dürfen vor lauter Beachtung und Pflege der liturgischen Ordnung und der persönlichen Gottesbeziehung die Menschen nicht vergessen! Und nur nebenbei: Dafür gibt es im traditionellen Liedgut fast keine Entsprechung. Das sind Themen, die haben erst die Neuen Geistlichen Lieder ins Liedgut eingebracht.

Euer Problem war anders als das der Vorgängergeneration, die Alternativen zu den Liedern des „Gotteslob" brauchte. Denn eigentlich gab es nun ja schon ein Repertoire an neuen Liedern. Die „Altmeister" begannen sich zu wiederholen oder verabschiedeten sich allmählich. Alois Albrecht etwa schrieb immer weniger Liedtexte, weil er nüchtern sagte: „Ich habe mich „ausgeschrieben." Könntest du benennen, was denn der Beweggrund für euch war, Lieder zu machen?

Ein wichtiger Punkt war einfach die Lust an der eigenen Sprache. Also zu fragen: „Wie kann ich das, was mir religiös etwas bedeutet, in Sprache fassen?" Und das Erleben: Da war vieles von dem, was wir als scheinbar neues Lied vorgefunden haben, einfach schon wieder weit weg. Weil die scheinbar neuen Lieder immer noch sehr stark eine traditionelle Kirchensprache sprachen. Etwa die ersten Gospel mit deutschem Text. Mich hat vor allem Wilhelm Willms sehr beeindruckt und angeregt, über meine Sprache nachzudenken, meine Sprache weiterzuentwickeln. Ich wollte gegenwärtige Sprache, aktuelle Metaphern und Sprachspiele verwenden, und Sprache ist ja lebendig, wandelt sich, schafft Neues. Und dann waren das noch die Themen, die in der ersten Generation wenig Platz fanden.

Ich würde jetzt deine Liedtexte nicht unbedingt als prosaisch bezeichnen.
Aber ich versuche oft, keine Sprache von oben zu finden, sondern zum Beispiel Redewendungen aufzugreifen, Sprachbilder, die geläufig sind. Und so wie ich die verarbeite, kriegen die natürlich einen Zug, der dann auch lyrische Momente beinhaltet. Aber es sind eben alltagssprachliche Dinge, also etwas, das in der religiösen Lesart einfach unter die Haut geht, das man zwischen den Zeilen liest.

Ich denke an deine Liedzeile „Ein Tod, der mit dem Leben Anfang macht" ...
Einen Anfang machen, unter die Haut gehen, im Regen stehen. – Ja, solche Redewendungen sind das. Und Redewendungen sind ja auch im Biblischen ein wichtiger Punkt. Wir erkennen viele biblische Redewendungen heute gar nicht mehr als biblische Idiome, sondern benutzen die selbstverständlich und ohne ihren Entstehungskontext. Man könnte sagten, ich arbeite mit beidem: Mit der Bibel und dem idiomatischen Wörterbuch der deutschen Sprache. Aber lyrische Bearbeitungen haben eine zweite Ebene, die tiefer schauen und hören lässt.

Liege ich richtig: Die Textpaten, die es für Thomas Laubach gibt, heißen Paul Celan, Günther Eich ...
Das ist natürlich eine andere Liga, aber es stimmt. Rose Ausländer zum Beispiel habe ich viel gelesen, Reiner Kunze nicht zu vergessen. Aber auch gegenwärtige Lyrik hat mich inspiriert, gerade weil die häufig den Spagat schafft zwischen Alltäglichem und Vertieftem.

Suchst du direkten Kontakt zu solchen Lyrikern wie etwa Reiner Kunze?
Ich habe eigentlich immer den Eindruck gehabt, dass ich mich mit bekannten Lyrikern nun wirklich nicht messen kann. Dass die noch mal über sprachliche Fähigkeiten verfügen, von denen ich nur lernen kann. Also, ich würde jetzt nicht zu denen hingehen und sagen: „Ich bin auch ein Lyriker und möchte mal gerne mit Ihnen über Texte reden." Nee.

Aber du bist zweifelsohne einer aus der Prominentenszene des NGL.
Wenn du das sagst ...

Wie lebt es sich denn so als Prominenter der Szene?
Ich erlebe das eigentlich nicht so. Mein Name ist ja ernsthaft nur einigen Insidern bekannt, die auf den Namen gucken. Für die meisten, vor allem ganz normale Gottesdienstbesucher, ist doch völlig unerheblich, wer die Musik und

wer die Texte geschrieben hat. Viel bekannter als mein Name sind die Lieder. Da erlebe ich eher, dass Leute sagen: „Ach, du hast das geschrieben." Was mich persönlich richtig freut, sind Reaktionen auf meine Texte. Wenn also Leute erzählen oder schreiben, was eine Liedzeile, ein Lied ihnen bedeutet, wo sie das schon mal eingesetzt haben und wo sie eine Zeile besonders angesprochen oder auch getröstet hat.

Ist das vielleicht auch deshalb nicht so stark, weil ihr nicht unter eurem eigenen Namen, also mit euren privaten Namen auftretet – ihr heißt nicht: „Thomas-Laubach-Gesangsorchester" – ihr heißt: Ruhama.
Ja, kommt sicher dazu.

Könnte man eigentlich davon leben, was das so an Tantiemen abwirft?
Das ist überhaupt nicht so viel.

Irgendwann hieß das, was ihr macht, „Neues Geistliches Lied". Wir kriegen nicht raus, woher der Terminus kommt und wer ihn geprägt hat, aber irgendwann hieß das so. Wie würdest du „Neues Geistliches Lied" definieren?
Ich halte immer gerne fest, dass schon das Alte Testament neue Lieder fordert. Gerade in den Psalmen kommt das mehrfach vor: „Singt ihm ein neues Lied". Und jedes Lied, auch jedes aus dem Gotteslob etwa, war einmal ein neues geistliches Lied. Das klingt banal, aber manche scheinen zu vergessen, dass auch die traditionellen Kirchenlieder aus einer bestimmten Zeit stammen, genau wie die neuen Lieder heute. „Neues Geistliches Lied" ist aber für mich der Oberbegriff für eine bestimmte Art von Musik – mit religiösen Texten –, die, grob gesprochen, in den 60er bis 70er Jahren einfach die Musiksprache ihrer Zeit aufgegriffen hat. Und ich würde all das, was diesen Ansatz fortzuführen versucht, als Neues Geistliches Lied definieren. Also: Wie kann ich eine Musiksprache finden, die Menschen erreicht, und wie finde ich eben auch eine Sprache, eine Textsprache, in der sich die Menschen wiederfinden? Was können wir heute singen und sagen? Und insofern ist das bis heute Neue Geistliche Musik, neues geistliches Liedgut.

Nun sagen mir manche Kollegen, oft sind es evangelische: „Wir wissen gar nicht, was das ist: NGL." Wir lassen mal beiseite, dass das in den 1970er Jahren eine wichtige ökumenische Komponente hatte, weil Peter Janssens beim Evangelischen Kirchentag gute Arbeitsbedingungen vorfand und etwa die „Liturgische Nacht" kreieren konnte. Und ich stelle fest, dass es im evangelischen Raum derzeit eher einen starken Hang gibt, allgemein jeden Song aus der Popularmusik zu taufen. Und dann haben wir noch die ganze christliche Liedermacherszene mit Bands im Umfeld des Verlages Schulte & Gerth oder Hänssler, die ziemlich ausgebuffte Produktionen machen. Clemens Bittlinger gehört zu den Protagonisten. Ich käme aber niemals auf den Gedanken, Clemens Bittlinger dem Neuen Geistlichen Lied zuzuzählen.

Ja, als ein Charakteristikum für das NGL würde ich insbesondere die liturgische Orientierung benennen. Eigentlich ist das NGL kein Sammelbecken solistischer Lieder, Lieder, in denen eine Band, eine Sängerin, ein Sänger und ihr Song im Vordergrund stehen. Also der Bereich, der in der evangelischen Kirche sehr ausgeprägt ist.

Und das gilt auch für Text und Musik, die ich vertrete. Für mich – und für einen breiten Strom des NGL insgesamt – war sehr häufig die Frage: „Welche Möglichkeiten haben wir, Lieder für Liturgien und in Liturgien zu schaffen bzw. zu gestalten; Lieder, die gemeinsam gesungen werden können und etwas über den Glauben im Rahmen von Liturgie erzählen?" Der liturgische Kontext spielt eine wichtige Rolle. Auch wenn es viele Lieder gibt, die ich auch geschrieben habe, wo man nicht sagen könnte, die gehören jetzt zum Kyrie oder zur Gabenbereitung oder zum Credo. Es gibt ja auch Orte in der Liturgie, die nicht so bestimmt sind wie das Ordinarium, also das so genannte „Proprium": Lieder zur Eröffnung, nach der Predigt, zum Zwischengesang, zur Meditation nach der Kommunion beispielsweise.

Außerdem meine ich, dass es das NGL kennzeichnet, dass man es relativ schnell lernen kann, dass es nicht so kompliziert ist, sowohl im Blick auf die Texte wie die Komposition. Etwas salopp: dass man das Lied also einfach benutzen kann. Dass es gemeindetauglich ist, was immer das im Einzelfall heißt; aber dass Lieder von Menschen gemeinsam gesungen werden können. Ganz knapp: Ich habe versucht, Lieder zu schreiben, die fürs Gesangbuch taugen. Und da sehe ich das NGL ganz klar in der Tradition Martin Luthers und vieler anderer Gesangbuchautoren. Aber das unterscheidet diese Lieder doch mehr oder minder stark von dem, was die Liedermacher schreiben, was in der Lobpreis- oder Gospelszene entsteht.

Das wäre eine Abgrenzung vom Entstehungskontext und vom Anwender her. Ich würde gerne noch über eine theologische Unterscheidung nachdenken: Ich finde bei den meisten marktgängigen Liedermacher-Songs die Texte ziemlich verblüffungsfest. Die Sprache ist nicht durchs Feuer der Bestreitung gegangen, sie ist unversehrt. Oft kommt mir das wie ein gesungener Katechismus vor.

Schön gesagt, ja. Aber daran hatte ich immer wenig Interesse. Mich hat es mehr zu den Fragen gezogen, mir waren und sind diese Lieder zu sehr einer

Spiritualität verhaftet, die zwischen Alltag und Leben und dem Glauben trennt und beides letztlich nicht zusammenbringt. Ich bin einer anderen Spur gefolgt.

Diese Liedtexte wiederholen eins zu eins und redundant die überkommene Glaubensüberzeugung. Sehr stark ausgeprägt finde ich das in den so genannten „Lobpreisliedern". So vorbehaltlos könnte ich nicht jubeln. Wo kommt das her?
Ich kann da nur spekulieren. Ich denke, so etwas kommt aus der Sozialisation, aus der Art und Weise, wie die unterschiedlichen Text- und Musikautoren ihre Religiosität erleben und erfahren und was sie dann „von sich aus" thematisieren. Ich selber habe ein eher gebrochenes Verhältnis zu dogmatischer Stromlinienform, zu unerschütterlichem Gottvertrauen und zu Texten, die sich darin erschöpfen, Gott zu loben und zu preisen, die Schöpfung für gelungen zu halten, die Menschen für fromm und die Erde für schön. Ich könnte das nicht texten oder singen. Weil ich täglich erlebe: So einfach ist das nicht.

Was textest und singst du?
Ich kann und will nicht einfach locker sagen: „He, es geht mir gut, Gott, und du bist spitze und alles ist toll mit dir." Solche schönen Erfahrungen habe ich zum Glück auch gehabt in meinem Leben: Erfahrungen von Getragensein und Geborgensein. Ich glaube, diese Erfahrung ist auch eine, mit der ich insgesamt Texte schreiben kann. Aber ich erlebe auch anderes: Zweifel und Frage, Trauer, Enttäuschung über mich, andere und Gott. Ich weiß, dass „Fürchte dich nicht" eine wichtige biblische Grundaussage ist, aber ich erlebe mich oft genug auch als jemand, der Angst hat, der sich fürchtet, der nicht weiß, wie's weitergeht. Ich erlebe, so schwierig das zu formulieren ist, manchmal ziemlich viel Entfernung zu Gott, zur Religion, zur Kirche. Das muss gar nicht mal bis zur großen Theodizee-Frage gehen, sondern man fragt sich einfach: „Wie kann ich denn heute noch in der Welt mit ihren vielen unterschiedlichen Geräuschen und Werbungen und Meinungen, Stimmen so etwas wie Gott überhaupt spüren, erleben, erfahren?"
Meine Antwort ist natürlich auch, dass ich glaube, dass sich in der Musik und in Liedern ein Stück Gottes erfahren lässt. Das treibt mich, glaube ich, auch beim Schreiben an: religiöse Erfahrung in gemeinsamem Tun und Erleben zu ermöglichen. Und da feiern Christen, so verstehe ich das, nicht nur ein Grundvertrauen, sondern klammern eben die Gebrochenheit und Fragwürdigkeit nicht aus. Meine Lieder sind nicht nur für Sonn(en)tage, sondern auch für alle Tage.

Und hangelst dich so mit den Liedern der Hoffnung entgegen?
Ja, und manchmal kommt das mehr raus und manchmal weniger und manchmal sagt man: „Du Gott, geh mir doch endlich unter die Haut." Dass ich was spüren kann von dir, Gott, dass ich buchstäblich erfahren kann: Im Leben muss es mehr geben. Im Leben kommt es auf andere Dinge an. Und manchmal heißt es für mich aber auch: „Lass mich nicht im Dunklen hocken" oder mit einem Zitat von Johannes vom Kreuz „ ... wenn es auch Nacht ist".

Du bist von Beruf Theologe, Moraltheologe. Ich sehe einen kleinen Hörsaal mit wenigen Studenten einerseits und ich sehe das Gottesdienstgelände vor dem Reichstag in Berlin beim Ökumenischen Kirchentag 2003 mit ein paar zehntausend Menschen andererseits. Meine Frage: Gibt es Thomas Laubach zweimal – den Wissenschaftler und den Texter? Wie gehen die zusammen?
Das, was ich glaube und anfrage, bringe ich ein, in mein Texte-Schreiben, in die Wissenschaft und natürlich auch in meine Arbeit für den Rundfunk. Für mich hatte ich nie den Eindruck, dass ich in zwei Welten leben muss, als Texter und als Wissenschaftler oder heute als Radiomacher und als Texter. Ich habe aber erlebt, dass es in der Wissenschaft einen starken elitären Dünkel gibt; einen starken Intellektualismus, dem zum Beispiel, das habe ich früher bei Kollegen erlebt, liturgisch die traditionelle Form völlig reicht – einen sehr aufgeklärten Glauben. Und der stört sich an Kindergottesdiensten, an Bands und Lautsprechern, an neuen Texten und Musiken. Und was mich immer wieder irritiert: Das erlebe ich gerade in letzter Zeit immer häufiger. Von Theologen, die jünger sind als ich, und denen vor allem der Kult, die richtige Ordnung der Liturgie wesentlich ist.
Ich dagegen hab immer gedacht, dass die Liturgie für den Menschen da ist und nicht der Mensch für die Liturgie. Und dass Gott nicht darauf angewiesen ist, wie exakt unsere Liturgie abläuft. Ich weiß – und erlebe das auch – dass eine bekannte Ordnung im Gottesdienst gut tut – Ritus entlastet. Aber wenn kein Platz mehr ist für den Menschen, dann mache ich doch ein großes Fragezeichen hinter diese Liturgie. Ich erlebe, dass eben viele Menschen aber einen Glauben und eine Kirche suchen, in der nicht der Kult im Mittelpunkt steht, sondern in dem sie einen Ort für ihren Glauben und ihre Fragen haben. Und in dem ihr Glauben und ihr Fragen offen auf Gott hin werden können. Insgesamt sind die Theologie und das Texten zwei Welten, die ich versuche zusammenzubringen, indem ich sage: Spiritualität braucht nicht nur das Denken über den Glauben, sondern auch eine praktische, kreative Seite. Unsere Musik und Lieder sind für mich eine Form von Spiritualität.

Die universitäre Theologie macht intellektuelle Röntgenaufnahmen und die Künstler backen das Brot.
Da wäre ich ein Bäcker mit Lizenz zum Röntgen. Als Fachvertreter der Theologischen Ethik (oder Moraltheologie) bearbeitete ich beruflich viele Themen, die ich erst mal gar nicht ins Lied bringen könnte: Bioethik, Patientenautonomie, Stammzellendiskussion usw. Da kann ich einen Radiotext zu machen, aber ich habe nie gewusst, wie ich ein Lied darüber machen könnte. Aber ein Song wie zum Beispiel LEBEN IST EIN GESCHENK hat genau mit diesen Problemen zu tun, ohne dass er ganz konkret bioethische Themen anspricht. Mich als Theologe mit der Frage zu befassen, wie verfügbar Leben ist und sein darf, welche Macht Menschen darüber haben, wie Urteile des Europäischen Gerichtshofs etwa zur Menschenrechtskonvention einzuschätzen sind, ob Embryonen und Föten Personenstatus besitzen, wie gelingendes Leben, analytisch betrachtet, aussehen könnte – und dann zu texten und zu musizieren, nach Mut und Hoffnung zu suchen in einer komplexen und komplizierten Welt, das erlebe ich einfach als Spannung in meinem Leben. Diese Spannung verbindet sich, verdichtet sich manchmal in Songs. Und jetzt, als Senderbeauftragter der Katholischen Kirche beim SWR, als jemand, der viele Texte fürs Radio schreibt, kriegt das noch mal einen zusätzlichen Impuls.
Aber ganz grundsätzlich stell ich fest: Ich will mein Leben nicht in viele verschiedene Leben trennen. Und ich glaube auch, das ist ein wichtiger Punkt, den ich aus der Befreiungstheologie gelernt habe. Die prägenden Befreiungstheologen wie Gutierrez und Boff waren ja zugleich Gemeindepriester, Seelsorger. Sie haben also ganz konkrete Arbeit gemacht. Die haben nicht nur Bücher geschrieben und sind auf Vortragsreisen gegangen, sondern haben mit Menschen gebetet, sich um Menschen gekümmert, mit ihnen gelebt. Mein Texten von Liedern und Musizieren im Gottesdienst ist für mich wichtig, um überhaupt Theologe sein zu können.

Das Lied-Erleben ist ein Geschenk, wird aber nie die juristische Wirklichkeit verändern.
Gut, da wären wir jetzt dabei zu fragen: „Welche Wirkung haben Lieder?" Ich denke schon, dass Lieder eine Wirkung haben, wenn sie nicht nur gepeinigte Seelen betäuben wollen, wenn sie nicht nur berieseln wollen, wenn sie nicht einfach bestätigen, was sowieso da ist. Lieder haben eine Wirkung für Wertsetzung und Überzeugungen. Sie können zum Beispiel dazu führen, dass Menschen sagen: „Uns ist das Thema, das unsere Songs besingen, wichtig."
Juristische Wirklichkeit verändert sich ja dann eben dadurch, dass Menschen sagen, was moralisch wichtig ist. Wenn in der Gesellschaft gesagt wird: „Uns

ist das Leben etwas wert und zwar auch am Ende des Lebens" – dann wird zur aktiven Sterbehilfe eine andere Position eingenommen, als wenn man sagt: „Bei uns zählt ein effizientes, ein leistungsfähiges Leben, und alles andere ist in unserer Gesellschaft eher egal." Oder: „Das brauchen wir nicht oder kostet zu viel!" Lieder tragen ihren kleinen Teil dazu bei, dass Menschen sagen: „Ich singe das nicht nur, sondern ich halte es auch für richtig."

Wir sprechen hier 2004 und 2008 miteinander. Wie geht es mit dem Neuen Geistlichen Lied weiter?
Ich denke, mit dem Neuen Geistlichen Lied wird es immer weitergehen, in dem Verständnis, wie ich es entworfen habe. Nämlich zu sagen, da sind immer wieder Lieder, die versuchen, in der Musik- und Textsprache ihrer Zeit den Glauben auszudrücken – in dem Sinne, dass jedes neue Lied ein Neues Geistliches Lied ist, wenn es den Glauben neu sagen und in der Sprache der Zeit ausdrücken möchte, wenn es den Glauben neu bedenken möchte. Und das heißt dann auch: So wie der Glaube – und vor allen Dingen im institutionellen Rahmen der Kirchen – sich in unserer Zeit in schwierigen Gewässern bewegt, verändert sich auch für diese Musik einiges. Wer singt denn überhaupt noch? Gibt es überhaupt im näheren oder weiteren Umkreis einen Jugendchor oder eine Band, die so Sachen machen kann?
Umgekehrt erlebe ich auch nach Zeiten der Abgrenzung, dass viele Kirchenmusiker für sich sagen: Das neue, gemeindetaugliche Lied ist wichtig für unsere Gemeinden. Und ich meine, dass dann das NGL in all seinen Schattierungen natürlich in die Ausbildung der Kirchenmusiker gehört und als Gestaltungselement selbstverständlich sein muss. Und insofern bin ich recht gespannt, was da möglich ist und sich entwickelt. Und ich hoffe trotz allem, dass das neue Gotteslob dies auch widerspiegelt.

Im offiziellen Liederbuch für das Welttreffen „Pueri Cantores", das Anfang Juli 2004 stattfand, kam NGL nicht vor.
Ja, weil „Pueri Cantores" eine Organisation ist, in der solche Lieder keinen Stellenwert haben und die diese Art von Musik nicht kennen lernen und pflegen wollen. Aber damit erleben wir in der kirchlichen Musik doch genau das Gleiche, was wir in der Musik überhaupt erleben, nämlich, dass es unheimlich viele Szenen gibt, unheimlich viele Nischen, disparate Entwicklungen. Wobei für mich diese Chöre vor allem für konzertante Musik stehen. Musik, die ich auch gerne höre. Aber Musik, von der ich nicht glaube, dass hier allein die Zukunft der Kirchenmusik liegen wird. Die Zukunft der Kirchenmusik liegt meines Erachtens im Ernstfall des Gemeindelebens, in gemein-

samen Gottesdiensten, gemeinsamer Liturgie. Und hier wird die brennende Frage bleiben: Was können wir als Gemeinde überhaupt noch gemeinsam singen, was entspricht unserem Glauben, unserer Sprache, von mir aus auch unserer Tradition? Konzerte mit Werken alter und neuer Musik geben da letztlich keine Antwort drauf, so ansprechend sie sein mögen. Und was ist das für eine Gemeinde, die entmündigt wird, die das Kyrie, das Gloria, den Antwortpsalm vorgesetzt bekommt und sie nur konsumieren darf? Meinen Texten und meiner Musik geht es doch vor allem darum, dass Menschen mit ihrem Glauben zu Wort kommen, nicht, dass alles stellvertretend gesagt und gesungen wird.

Habt ihr bei Ruhama eigentlich selber mal darüber nachgedacht, mit Rap oder Techno zu arbeiten? Was ja eigentlich jugendkulturell eher angesagt ist als die Musiksprache, die ihr hauptsächlich wählt?
Unser Können ist diesbezüglich beschränkt. Wir sind musikalisch und spirituell anders aufgewachsen und sozialisiert. Aber ich frage immer wieder: Was kann man mit Elementen ergänzen, die man aus anderen Bereichen kennen lernt? Gerade im Kabarettistischen haben wir mit der Gruppe da auch einiges ausprobiert und gemacht. Aber ich denke, Techno und Rap ist keine Musik mehr, in der es um das gemeinschaftliche Singen in der Form geht. Und so, wie ich das eben beschrieben habe, ist das schon ein wichtiger Punkt für unsere Musik. Allerdings gibt es auch hier das gemeinschaftliche Erleben von Musik. Auch ein wichtiger Punkt. Diejenigen, die sich da auskennen und andere Schwerpunkte setzen, können das gerne machen. Da bin ich relativ locker. Einen Rap-Text habe ich auch schon mal für unsere Kabarettprogramme gemacht. Aber in einem normalen Gottesdienst würde ich das nicht singen. Da bin ich halt anders geprägt.

Werden die Singenden zur Minderheit in unserer Gesellschaft?
Das sagt man landläufig so. Aber ich glaube vor allem, dass wir uns selber dazu machen. Denn ich erlebe auch, dass es viele Angebote gibt, Musik zu machen, Lieder zu singen – und dass viele daran Spaß haben, wenn sie es mal ausprobieren. Aber umgekehrt gibt es halt auch die Entwicklung, dass sich alles an den Maßstäben hochwertig ausproduzierter Popmusik misst. Und da kommt man mit einer Gitarre kaum gegen an.

Macht ihr bei Konzerten oder in Gottesdiensten, die ihr musikalisch mitgestaltet, die Erfahrung, dass die Gemeinden schwerer zum Singen zu bewegen sind als vor 15 Jahren?

Nein, gar nicht. Die Menschen kommen, weil sie interessiert sind. Die Frage ist ja immer: „Wie erreicht man die, die sonst nicht da sind?" Das ist halt die schwierige Frage der Kirche insgesamt. Und ich bin fest überzeugt davon: Man darf sich nicht auf den heiligen Rest beschränken, der sowieso immer da ist.

Könnte gut sein, dass die Kirchen ein Biotop der Singkultur sind.
Das glaube ich schon, aber denken wir auch an die Auftritte zum Beispiel von Popgrößen wie etwa Grönemeyer, wo zwar „nur" mitgegrölt, aber letztlich doch gesungen wird. Auch hier werden Text und Musik transportiert. Ich bin mir sicher: Es gibt ein Bedürfnis zu singen. Bei manchem ging es halt nur nach dem Lagerfeuer nicht mehr weiter.

Gibt es für den Texter Laubach ein Pensionsalter?
Das finde ich eine wirklich schwierige Frage.

Tatsächlich?
Schwierig deshalb, weil das heißt, ich würde irgendwann mal sagen: „So, jetzt bin ich ausgeschrieben." Du hast von Alois Albrecht eben erzählt, der sich ab einem bestimmten Zeitpunkt nüchtern und selbstkritisch zurückgenommen hat. Ich sehe für mich einen solchen Rückzug erst mal nicht. Das Texten und Singen sind nicht mein Hauptberuf. Und wenn ich durch familiäre Bedürfnisse oder durch berufliche Beanspruchung weniger zeitliche Ressourcen habe, in Ruhe Dinge zu entwickeln und offen zu sein für neue Textsprengsel oder Bilder, die zu einem Lied werden können, schreibe ich weniger. Aber dann gibt's wieder die Luft, dann drängen sich wieder Texte in den Vordergrund, die einfach geschrieben werden wollen. Und ich denke: Wenn ich keine Texte mehr schreibe, ist dann der Grund, dass ich selbst stehen geblieben bin, dass sich mein Glaube nicht mehr entwickelt, dass ich mir selbst nichts Neues, Anderes sagen kann? Ich hoffe, der Zeitpunkt kommt nicht.

„Ich bin ein optimistisch zweifelnder Sucher"

Gregor Linßen im Gespräch[15]

Biografische Skizze
Gregor Linßen, geb. 1966 in Neuss; nach Abitur und Wehrdienst Studium in Köln und Düsseldorf (Musikwissenschaft/Toningenieur); verheiratet, Vater zweier Kinder. Lebt und arbeitet als Toningenieur, Texter und Komponist in Neuss; Inhaber von „EditionGL, Studio und Verlag für Geistliche Musik". Leiter der „Gruppe AMI".
Mitwirkung bei zahlreichen Großveranstaltungen (Abschlussgottesdienst der Jugend beim Katholikentag 2000/Eröffnungsgottesdienst des WJT 2005). Musikalischer Leiter von internationalen Wallfahrten (Rom 1994/1998/2003/2007). Schöpfer der NGL-Oratorien-Trilogie „Die Spur von morgen", „Adam" und „Petrus" als Auftragskompositionen für die Musikwallfahrten der Musikwerkstatt Freiburg (Jerusalem, Assisi, Rom). Komponist des „offiziellen Mottoliedes" zum Weltjugendtag 2005.
Diverse Kompositionspreise, u. a. der Kirchen- und Katholikentage. Verleger (www.edition-gl.de).

Beginnen möchte ich gerne biografisch: Geboren bist du 1966. Wir treffen uns hier in eurem Neusser Haus. Bist du gebürtiger Neusser?
Ja. Unsere Familie lebt hier in der dritten, meine Kinder in der vierten Generation.

Kannst du die Familie, in die du hineingeboren worden bist, beschreiben?
Mein Vater arbeitete als Ingenieur für Schweißtechnik und meine Mutter war in der katholischen Lebensberatung tätig. Wenn du jetzt schon darauf abzielen wolltest, warum ich Musiker geworden bin, dann muss ich sagen: Ich weiß es nicht. Mein Vater hat mir erzählt, dass ich, als er gerade selber mit dem Cello-Lernen anfangen wollte, das Cello umgeschmissen habe. Prompt brach der Instrumentenhals ab, und damit war seine musikalische Karriere vorzeitig

---

[15] Das Gespräch fand im Oktober 2004 in Neuss statt.

beendet. Meine Mutter hat auch nie ein Instrument gespielt, aber sie haben mir eben die Möglichkeit gegeben, ein Instrument zu lernen.

Welches?
Wie man halt so anfängt. Erst Blockflöte, dann Querflöte. Querflöte habe ich durchgezogen bis ins Studium, und als mein Bruder während seiner Schulzeit klassische Gitarre zu lernen begann, habe ich ihm die Gitarre quasi weggenommen und habe mir das selbst beigebracht. Da das Instrument mehr und mehr bei mir war, war damit die Übezeit meines Bruders früh reduziert.

Gibt es noch mehr Geschwister?
Einen Bruder.

Wie ging dein Ausbildungsweg? Du hast nach dem Abitur deinen Wehrdienst beim Bund geleistet.
Ich wollte zur Musik. Musiker bekamen eine Ausbildung zum Sanitäter. Das passte in mein Weltbild. Ich habe deshalb nicht verweigert, habe vorgespielt und wurde auch für geeignet gehalten. „Ist in Ordnung, Sie bekommen Nachricht von uns", hieß es. Und dann bin ich ordentlich verjückt worden. Ich fand mich bei der Luftwaffe wieder, weil ich kein Zeitsoldat werden wollte. Nach der ersten Schießübung auf Pappkameraden lag ich mit einem Knalltrauma im Krankenhaus. Später habe ich meine Zeit auf einer Schreibstube abgesessen. Es war im Grunde sehr bitter. Aber immerhin habe ich dort zwischen dem Listenausfüllen auch Noten schreiben können.
Dann habe ich mich in Düsseldorf an der Musikhochschule, der Robert-Schumann-Hochschule (RSH), für den Studiengang Tontechnik beworben und bin gleich am Anfang abgelehnt worden. Auf Nachfrage erklärte man mir, dass es nicht an der Theorieprüfung, sondern an meinem Vorspiel gelegen habe. Ich hatte nämlich ein Stück von Johann Sebastian Bach verjazzt. Professor Möhring, der Querflötenprofessor an der Robert-Schumann-Hochschule, sagte mir damals auf den Kopf zu: „Jazz ist keine Musik." Da ging ich dann zunächst einmal nach Köln und studierte dort Musikwissenschaft. Im Jahr drauf habe ich mich in Düsseldorf einfach noch mal beworben. Ich habe dann das mit dem Jazz weggelassen und kam prompt durch. Später habe ich dann mit meiner Querflötenlehrerin wieder gejazzt. Manchmal hilft ein wenig Honig.

„Mit einer Hand im Maul des Löwen schlägt man ihm mit der anderen nicht auf den Kopf", lautet ein afrikanisches Sprichwort. – Hast du im Fach Querflöte auch einen regulären Abschluss gemacht?

Ich hatte mich im Studiengang „Ton und Bild" immatrikuliert. Toningenieur ist ein technischer Beruf, der Musik sehr stark voraussetzt. Daher auch die musikalische Aufnahmeprüfung, die mindestens so hart wie die eines normalen Musikstudiums ist, weil die Plätze rar sind. Ich habe zunächst zwei Semester richtig Musik studiert, dann wurde ich umgeschrieben in die Fachhochschule mit Zweithörerstatus an der RSH. Man bekommt im Toningenieur-Studium weiter alle musikalischen Fächer, die auch zu einem Konzertstudium gehören, aber ein Konzertexamen erwirbt man nicht. Ich hatte weiterhin Unterricht in allen musikalischen Fächern, musste aber zum Teil keine Abschlussprüfung ablegen. Sein Hauptfach macht man fertig, dass man quasi eine künstlerische Reife hat, die aber nirgendwo anerkannt wird. Klavierunterricht ist obligatorisch. Allerdings habe ich den Studienplatz nach einem halben Jahr wieder abgegeben, erstens, um meinen Platz freizugeben für einen Klavierstudenten und zweitens, weil man als Toningenieur eher Mathe zu üben hat als Klavier.

Wie war denn dein religiöser Weg? Ich unterhalte mich hier ja mit einem Mann, der von sich sagt, er wäre freier Kirchenmusiker. War das Kirchliche in Kindheit und Jugend schon prägend für dich?
Ja, das war's. Zum einen bin ich aufgewachsen mit meinen Eltern, die sehr stark kirchlich engagiert waren, sowohl in der Vorbereitung von Gottesdiensten als auch im Atmosphärischen. Wir waren sehr häufig bei großen kirchlichen Treffen, feierten etwa die Kar- und Osterliturgie in Bendorf bei Koblenz, im Hedwig-Dransfeld-Haus. In der Mitte der 70er war das. Dort gab es auch Kinderbetreuung von den Jüngsten bis zu den Ältesten. Das waren 120, 150 Leute, die zusammen Osternacht und Ostern feierten. Dort erlebte ich auch Neue Geistliche Lieder. Wir sangen damals noch aus handschriftlich notierten Heftchen. Die Lieder hatten aus heutiger Sicht furchtbare Formulierungen, aber die starke Ausstrahlung war prägend für mich wie auch das starke Gefühl von Gemeinschaft.
Ich habe auch in einem Spielkreis in meiner Heimatgemeinde mitgemacht, in „Heilige Drei Könige" hier in Neuss. Sobald ich durfte, mit 15, war ich dann im Jugendchor und habe überhaupt alles, was mir einfiel und gefiel, mitgemacht. Erst wurde irgendwo noch jemand mit Gitarre gebraucht, dann einer mit Querflöte, und ich bin jeweils eingesprungen. Unser Kirchenmusiker war ein hochkarätiger Musikstudent: Markus Mostert. Er hatte durchaus auch ein Faible für Popmusik und arrangierte uns Stücke in einem Crossover-Stil zwischen Pop und Klassik. Wir spielten NGL nicht mit der üblichen Combo, sondern mit Oboe und Cello, hatten Posaune und fast ein richtiges kleines

Orchester. Und es gab einen fitten Chor, ein sehr bunter Haufen, aber gut. Dadurch hatten wir jede Menge Möglichkeiten. Das war meine Jugendchorzeit. Die ganze Gemeinschaft, die wir auch über das Musikalische hinaus erlebt und durchlebt haben und die auch nicht permanent theologisch oder kirchlich dominiert war, war einfach gut. Manchmal hatten wir auch einfach nur sprichwörtlich den „Heiden-Spaß". Dass ich theologisch ans Denken gekommen bin, wurzelt wahrscheinlich sehr viel stärker in meiner früheren Kindheit als in meiner späteren Gemeindeerfahrung. Das verdanke ich meinen Eltern, die mit mir in Gottesdienste nach Neuss-Reuschenberg gefahren sind. Dort gehörte meine Mutter zum Gottesdienst-Vorbereitungskreis. Zwei holländische Patres waren dort tätig, und der damalige Fachleiter an der pädagogischen Hochschule in Neuss, Willi Pfeil, engagierte sich dort. Auf den komme ich später noch mal zurück, denn von dem sage ich, dass er mein Künstlervater ist. In Reuschenberg wurden jede Woche unter Mitwirkung dieses Lehrerausbilders mit großem Aufwand didaktisch wohlvorbereitete Kindergottesdienste gefeiert. Es ist unglaublich, was da für eine Kinderarbeit geleistet wurde, und ich hatte das Glück, daran teilhaben zu können. Von dort wurde ich auch mitgeschleppt zum Kloster Knechtsteden, in die Blütezeit des Libermann-Hauses, wo es adventliche Vorbereitungstreffen für 12- bis 15-Jährige gab. Heute unglaublich: 100 Jugendliche trafen sich, um jeweils einen Aspekt von Advent und Weihnachten miteinander zu gestalten, zu hinterfragen, kreativ umzusetzen. Es war immer das dritte oder vierte Wochenende im Advent. Als ich mit 15 zu alt zu werden drohte, hat mich der schon erwähnte Willi Pfeil ins Vorbereitungsteam geholt. Zuerst quasi als Praktikant in der musischen Kreativgruppe von Thomas Nesgen, im Jahr danach mit 16 dann als alleiniger Leiter, weil sich Thomas die Knochen gebrochen hatte. Das war das gefürchtete kalte Wasser. Aber es ging. Mein Part war zunächst also das Kreative im Zusammenhang mit dem Theologischen. Für diese Advent-Treffen sind übrigens die ersten Lieder entstanden. Das Interesse an dem Theologischen kam erst durch das gemeinsame Planen mit den Spiritaner-Patres. Mit Pater Albert Claus und Pater Felix Porsch, eine Koryphäe für neutestamentliche Exegese, habe ich Ostern vorbereitet. Wer da kein Interesse bekommt ... – Am Schluss war ich der alte Hase, obwohl noch ältere mit drin waren, aber ich war der Dienstälteste. Es waren über 20 Jahre.

Warum wurde das eingestellt? Gab es keine Interessenten mehr an solchen umfassenden künstlerisch-spirituellen Angeboten?
Das Übliche: Irgendwann waren diese Treffen finanziell nicht mehr tragbar: Fünf Gastreferenten, zum Teil mit weiter Anreise, Fahrtkosten, Honoraren und

das Ganze bei zurückgehenden Teilnehmerzahlen. Gute Vorbereitung kostet Zeit und eben auch Geld. Außerdem bekamen die mitwirkenden Patres im Orden der Spiritaner in eben diesem Kloster Knechtsteden weitere Aufgaben. Konrad Breidenbach war zum Beispiel derjenige, der immer den Überblick in der Planung behielt. Man braucht einen, der das kann, und ich habe viel von ihm gelernt. Aber ich bin kein Organisator. Wenn jemand da ist, der so etwas zusammenbinden kann und die richtigen Leute zusammenholt, dann entsteht was ganz Tolles. Wir hatten immer jemand für das Theater, einen anderen für das Musikalische, dann noch jemanden für das kreative Werken mit den Händen usw.

Warum hat das aufgehört?
Ich weiß, dass solche Angebote anderswo noch funktionieren. Ich habe hier manchmal das Gefühl, dass im Großraum Köln ein Sättigungsgrad erreicht ist. Andererseits: Das Angebot, das den Kindern heute gemacht wird, ist auch so groß – es wird schon um die Freizeit der Dreijährigen gerungen, weil jeder Verein Mitglieder will –, dass die Leute halt woanders sind.

Kinder und Jugendliche sind eine umkämpfte Klientel geworden.
Ja. Und Fußball ist leichter als Theologie. Damit Kirche interessant wird, muss man selber denken, und das Interesse daran ist schwieriger zu vermitteln als „das kleine Runde muss in das große Eckige". Ich erlebe es ja auch bei meinen Kindern, wie das ist oder eben nicht ist.

Aber für dich selber, für deine Biografie war diese religiös-ästhetische Arbeit in Knechtsteden ganz wichtig; das erst zu erleben und dann selber gestaltend und leitend tätig werden zu können. Wie kamst du denn dann ans Texten und Komponieren?
Das lief auch stark über Knechtsteden. Anfang der 1980er Jahre war die Hochzeit des so genannten „Fests der Völker" in Knechtsteden. Die Spiritaner sind ein missionierender Orden, die in allen Kontinenten ihre Patres haben, und Pfingsten, zum Hochfest der Spiritaner eben, wurde ein großes Jugendfest gefeiert, und dorthin kamen Menschen aus allen fünf Kontinenten. Der erste Abend war immer grandios. Jeder brachte aus seinem Land etwas mit, sei es ein Lied, ein Theaterstück, ein Text, ein Gedicht, ein Bild. Was auch immer man sich vorstellen kann. Es war ein spannendes Erzählen, woher man kommt usw. Eine große Weltkarte wurde aufgestellt, um die Dimension klar zu kriegen. Das waren bis zu 400 Jugendliche, die plötzlich dort waren. Gegessen wurde im ehemaligen großen Schweinestall und dort wurde auch gefeiert.

Und es wurde jedes Jahr ein neues Lied gebraucht. Das wurde seinerzeit immer von Hans Florenz komponiert. DIE ZEIT IST DA FÜR EIN NEIN oder auch LÖSCHT DEN GEIST NICHT AUS stammen daher. Und ich musste immer seine „huddeligen" Flötenstimmen spielen. Das war eine Herausforderung für einen, der sich nicht gerne an Noten hält.

Hans Florenz hatte damals auch noch seine eigene Band.
Ja, aber nicht dabei. Die Fest-der-Völker-Band wurde immer aus den anwesenden Musikern gebildet. Thomas Nesgen und ich waren immer die Grundbesetzung. Irgendwann wurde den Spiritanern das Ganze zu Woodstock-mäßig. Daraufhin wurde das Konzept beruhigt und verschlankt. Letztendlich hat diese Konzeptänderung aber bewirkt, dass das „Fest der Völker" an Anziehungskraft verlor und heute als Jugendfestival nicht mehr existiert. Übrigens war auch Thomas Laubach oft mit dabei, sowohl bei den Adventtreffen als auch bei den Pfingsttreffen.

Daher dein Kontakt zu Ruhama!
Ja. Thomas Laubach und Thomas Nesgen fragten mich, als sich Ruhama vergrößerte, ob ich Querflöte spielen wollte. Sieben Jahre war ich mit im Boot. Es war eine gute Zeit, die aber zu Ende ging, als ich selbst anfing, Lieder zu schreiben.

Aus dem reproduzierenden Musiker Gregor wurde der kreative Texter oder Komponist?
Nee. Seit den Tagen der Pfingstband bin ich kein reproduzierender Musiker mehr gewesen. Schon damals habe ich mich nicht immer dran gehalten, auch wenn ich geübt hatte. Ich habe gelernt zu improvisieren. Auch auf der Gitarre. Das Liederschreiben war dann ein schleichender, aber logisch folgender Prozess. Es gibt einige Laubach-Linßen-Lieder.

Thomas Laubach textete ...
... und ich komponierte.

Also war erst der Komponist Linßen da.
Ja. Aber nicht lange. Es gab zum Teil drei- oder viermal im Jahr ein Wochenende in Knechtsteden. In dieser Zeit haben dort auch Lyrikforen mit Klaus Lüchtefeld stattgefunden, in denen er Schreib- oder Dichttechnik vermittelte. Daher haben Thomas Laubach und ich unser ...

... poetisches Handwerkszeug.
Genau; poetisches Handwerkszeug. Und außerdem erzählte Klaus auch etwas von sich als Kreativem, als Autor. Ich erinnere mich, wie er erzählte, dass er um Worte ringt, und erst wenn selbst jedes Komma am richtigen Platz steht oder dieses Komma eben nicht da steht, weil er spezielle Rückbindungen innerhalb des Textes erreichen möchte, zufrieden ist. Das sind so Dinge, die Klaus Lüchtefeld in seiner Poesie sehr stark tut. Dann erst lässt er einen Text frei und sagt, dieser Text ist fertig. Das war und ist übrigens beim Vertonen seiner Texte ein großes Problem, weil eine Liedmelodie diese Rückbindung innerhalb des Textes nicht so einfach leisten kann. Aber seine Workshops haben mir ein wenig die Augen geöffnet und ein Gefühl dafür gegeben, wie Texten funktioniert.

In dem Buch, für das wir uns heute unterhalten, wird auch ein Gespräch mit Thomas Laubach erscheinen, und da spielt dieser Kölner Autor ebenfalls eine wichtige Rolle. Klaus Lüchtefeld, von dem heute viel zu wenig bekannt ist, war auch Texter der Kölner Domfestmesse „Wo Jahr und Tag nicht zählt". Heute hört man viel zu wenig von ihm.
Das liegt, glaube ich, mit daran, dass sein Herzblut so in diesen Texten liegt, dass er es kaum verschmerzt, dass man in den Vertonungen seiner Texte so etwas wie die Schrägstriche, die Klaus Lüchtefeld ganz bewusst benutzt, nicht mithören kann. Es ist eigentlich unmöglich, einen Lüchtefeld-Text zu vertonen, und es ist auch drucktechnisch ein Problem.

Hans Florenz hat viele seiner Texte vertont.
Ja. Seit den 1980er Jahren haben die beiden viele Lieder gemacht. Auch dieses Gespann war Knechtstedener Inventar.

Zurück zu deiner Textarbeit. Warum hast du überhaupt angefangen zu schreiben?
Die Initialzündung war sicher die Vorbereitung der Treffen in Knechtsteden und die Aufgabe, eine Gruppe zu leiten. Wenn ich eine Gruppe leiten soll, kann ich mich ja nicht hinstellen und den Schnabel halten, sondern ich muss ein Ziel im Blick haben, und ich muss immer etwas in petto haben, falls die Gruppe nicht läuft. Dann muss ich sie ziehen können. Also muss ich mir ja vorher Gedanken machen, mir klar werden, was denke ich überhaupt? Der nächste Schritt ist dann, dies aufzuschreiben und auszuformulieren. Und damit beginnt Textarbeit.

Hast du damals schon gemerkt: „Mensch, ich kann das ja. Ich habe da eine Begabung"?
Nö, ich hab's einfach getan. Das ist sicher eine Eigenschaft von mir: Ich fange etwas an, ohne vorher zu wissen, ob oder dass ich es kann. Ich probiere es einfach aus und freue mich daran, wenn es funktioniert. Das ist rheinische Mentalität. Et hätt noh immer jot jejange.

Hast du da schon die Absicht gehabt, Texter und Komponist zu werden?
Überhaupt nicht – und ich warne jeden davor, das so zu versuchen. Dass ich in dieser Marktlücke existieren kann, verdanke ich einer engen Rückbindung an die Hörenden und Singenden. Nur wenn meine Texte angenommen werden, kann ich weitermachen. Dass sie mittlerweile in Stundenbüchern nur zum Beten ohne Singen abgedruckt werden, zeigt mir aber, dass sie so falsch nicht sind. Ich kann aber nicht wissen, wie lange ich das noch tun kann.

Wenn ich das richtig beobachte, sind die meisten deiner Lieder oder Stücke projektgebunden entstanden, das heißt, es gibt in der Regel Partner, die dich frühzeitig einladen, etwas mitzuentwickeln, etwa die Musikwerkstatt Freiburg oder das Erzbistum Köln. Von dort wird aus Anlass zum Beispiel einer Ministrantenwallfahrt ein Lied in Auftrag gegeben. Stehst du dabei mit vielen anderen Leuten, mit Theologen, Musikern, Jugendlichen in Kontakt?
Nein. Ich mache mir meine eigenen Gedanken und frage nach einer ersten Entstehungsphase Leute, die sich damit auskennen. Bei dem ersten Oratorium war es zum Beispiel Winfried Pilz, der heutige oberste Sternsinger, damals Pastor in Kaarst. Aufträge muss ich aber aus „familienfinanztechnischen Gründen" immer erwägen, aber Auftragsarbeiten halte ich für sehr gefährlich. Denn ein Lied zu erzwingen, weil es vertraglich zugesagt ist, verhindert die Suche nach dem Besseren. Bei einer ergebnisoffenen, langfristigen Projektarbeit ist das anders.

Sind so deine Oratorien entstanden?
Ja. Leo Langer von der Musikwerkstatt Freiburg ist so einer, der mich quasi „auf Risiko" fragt. Da ist auch ein guter Schuss Gottvertrauen im Spiel. Er sagt mir: Wir haben das und das ungefähr vor. Zum Beispiel: „Wir wollen eine Wallfahrt machen." So war es auch schon seinerzeit beim ersten Projekt „Die Spur von morgen". Er hatte nur gesagt, wir machen eine Musikwallfahrt nach Jerusalem. Wir wollen, dass die Leute, jugendliche Chorsänger, ein Stück haben, dass sie am Ende ihrer Wallfahrt eingeübt haben und am Pilgerziel aufführen können.

Das Stück als Weg- und Gebetsbegleiter...
Da war keine nähere Vorgabe, was es präzise geben soll. Ob ein einzelnes Lied dabei entsteht oder ein mehrstündiges Werk, wussten er und ich vorher nicht.

Aber du schaust auf den Anspruch und die Erwartungen und Bedürfnisse der Beteiligten. Wenn etwa solch eine Musikwallfahrt beginnt, muss ja etwas da sein, was ihr in der Hand habt.
Im Fall vom Oratorium „Die Spur von morgen" hat Leo Langer zwei Jahre vorher gefragt, und da konnte ich sagen: In den zwei Jahren werden Lieder entstehen und die werden auch sicherlich etwas mit dem Thema „Weg" zu tun haben und auch zum Wallfahren selbst passen. Die grobe Richtung zu treffen, konnte ich ihm zusagen, zumal ich so etwas immer schon einmal mitmachen wollte. Dass dann aber der Funke kam, ich sag bewusst Funke, und dass es mit dieser Idee in mir immer weiterging, dass mir immer klarer wurde, ich möchte dort etwas Umfangreicheres über das Thema „Geist" machen, das ist von selbst gekommen. Das habe ich auch nicht gesteuert. Zu Beginn landete ich ganz woanders, nämlich bei der Person des Simon von Zyrene. Die musiktheatralischen Sachen, die ich früher mit Ruhama erlebt und bei Peter Janssens gesehen hatte, fielen mir ein. Ich hatte immer schon mal gedacht, so etwas auch zu machen, aber es war nie wirklich konkret geworden. Und nun stellte sich die Idee wieder ein, auch einmal selber mit dieser Form zu arbeiten. Einige Monate später – da hatte ich noch ein Jahr Zeit, ehe die Wallfahrt losgehen sollte – waren wir also dabei, um diesen Simon von Zyrene herum eine Geschichte zu spinnen. Wie Simon Jesus das erste Mal sieht, wie er sich später an diesem Jesus orientiert usw. Dann dachte ich mit einem Mal: Was für ein an den Haaren herbeigezogener Stoff! Ich bin da nicht weitergekommen. Das war es einfach nicht.
Ich bin keiner, dem man eine konkrete Vorstellung sagt und der das genau ausführen kann. Ich sag immer: Es kann passieren, dass mir dazu was einfällt, aber es kann eben auch nicht sein. Und wenn mir dazu nichts einfällt, dann mach ich das auch nicht.

Das hätte das frühe Ende dieser Kooperation mit der Musikwerkstatt in Freiburg bedeuten können.
Mag sein. Mich hatte aber dann der Ort inspiriert, an dem die Wallfahrt ihr Ziel finden sollte: die Dormitio-Abtei auf dem Zionsberg in Jerusalem. Dies soll der Legende nach der Platz sein, wo sich das Pfingstwunder ereignete. Dort ist der so genannte Abendmahlsaal. Das löste bei mir einen Schub aus,

dass ich angefangen habe, stark mit der Bibel zu arbeiten und biblische Bezüge zu heute zu suchen. Das war 1998. Mir wird heute klar, dass es das Orientieren am Ziel war, das die mittlerweile drei Oratorien hat gelingen lassen. Mittlerweile sind Leo und ich schon ein eingespieltes Team.

Du hast zu Beginn deutlich betont, welche Bedeutung das Gemeinschaftserleben in deiner religiösen Sozialisation und für deine künstlerische Entwicklung hatte. Wann und wie kam denn das reflektierte theologische Denken dazu?
Das theologische Denken allgemein ist schon verwurzelt in meiner Kindheit. Ich habe nie Theologie studiert. Ich habe mich nur wenig darum gekümmert, theologische Fachliteratur zu lesen oder sonstiges Akademisches zu tun. Ich habe aber das Glück gehabt, mit beeindruckenden Theologen zusammenzukommen und ihnen zuhören zu können. Die Spiritaner-Patres und Winfried Pilz habe ich schon erwähnt. Sie haben Spiritualität und Theologie einfach erzählen und vermitteln können. Mit denen war ich unkompliziert auf einer Wellenlänge. Dort wurde nicht doziert, sondern ich habe einfach zugehört. Bis heute sind die theologischen Aussagen, die ich mache, ein Nachdenken über das, was mir begegnet. Besonders Willi Pfeil hat mich geprägt, weil er mir die Beziehung zwischen Musik und Kunst hergestellt hat. Es ist sein Prinzip des „Verwandelns von Gefundenem", das ich mir zu Eigen gemacht habe. Was mir wichtig ist, ist eine theologische Überprüfung meiner Texte, wenn ich mir nicht sicher bin. Felix Porsch machte mich einmal auf den Unterschied zwischen Gottes Geboten und den Gesetzestafeln aufmerksam. Ich habe daraufhin eine Zeile in einem schon fertigen Lied geändert. Das darf möglichst nicht mehr passieren. Heute kann ich zum Beispiel Friedhelm Kronenberg fragen.

… den ehemaligen Stadtjugendseelsorger von Neuss.
Ihn habe ich gefragt, als die ersten Strukturen des Konzepts zum Oratorium „Adam" klar waren. Mit ihm habe ich darum gerungen, die Texte in ein Ganzes zu binden. Den gesamten Rahmen für das Stück, in dem ja eben die Theologie in Beziehung gesetzt wird zu unserem Sein, habe ich mit ihm entwickeln können. Leuten wie ihm einfach zuzuhören, das ist eine wichtige Quelle meines theologischen Denkens. Es sind auch schon aus Predigten, die mich packten, Lieder entsprungen. Es gerät dann etwas in mir ins Schwingen und das dringt als Lied wiederum nach außen.

Du hast nicht ein einziges Semester Theologie oder Religionspädagogik studiert.
Nein, nicht eines.

Machst du da heute etwas dran?
Jein. Artikel in Fachzeitschriften – wie die der bayrischen Akademie „Zur Debatte" – lese ich nur dann, wenn mich das Thema gerade umtreibt. Generell baue ich eher weiter auf den bisherigen Weg, dass mir Menschen begegnen, denen ich zuhören kann. Gerade erlebte ich wieder einen wunderschönen Gottesdienst mit Heinz Vogel, einem Pfarrer aus Freiburg, den ich auch bei der Musikwerkstatt Freiburg kennen gelernt habe. Solche Leute haben eine Art, Theologie zu vermitteln, die offen ist, die eben nicht wie ein Katechismus einfach sagt, das hast du zu glauben. Diese Theologie, die noch etwas offen lässt, gibt mir die Möglichkeit, selber drüber nachzudenken und zu fragen, was mir das sagt. Meine Lieder sind die Gedanken, die ich mir dazu mache. Sie sind keine Theologie, die verschrieben und vertont wird und die ein anderer zu übernehmen hätte. Das ist mir ganz wichtig. Sie sind Lieder zum Weiterdenken.

Wie entsteht so ein Liedtext?
Ich nehme jetzt mal als Beispiel die Ministrantenwallfahrt des Erzbistums Köln nach Rom in 2003. Die Kölner machen wegen der Anzahl ihrer Ministranten ja die internationale Ministrantenwallfahrt nicht mit. Sie machen eine eigene Wallfahrt. Es sind allein schon 1500 Leute, und damit ist Maria Maggiore in Rom schon gut gefüllt.

Jede Wallfahrt hat ein Motto?
Es war für mich schon die dritte Wallfahrt mit ihnen. Die sagten mir also vorher, hast du ein Lied oder kannst du eins machen zu unserem Motto: Quo vadis? Meine Antwort: „Et kütt wie et kütt. Mal gucken. Ich kann's euch nicht versprechen. Vielleicht regt sich da was bei mir." Wenn ich so eine Anregung frühzeitig bekomme, kann ich davon ausgehen, dass so eine Anfrage gärt. Bei dem Titel „Quo vadis?" denkt jeder an den Spielfilmtitel. Auch ich, aber das führt beim Texten garantiert in eine Sackgasse. Ich drehte dann an der deutschen Übersetzung: Aus „Wohin gehst du?" wurde ein WOHIN SCHICKST DU UNS?, und so ging es dann weiter bis zum fertigen Lied mit genau dem Titel.
Ein Motto hat meist etwas Funktionärhaftes. Damit kann ich nichts anfangen. In der Regel gibt mir solch ein Motto nicht mehr als einen Input. Den nutze ich niemals wörtlich, es sei denn, es ist eine richtig gute Mottoformulierung, aber die sind selten. Im Fall des Wallfahrtsliedes für die Kölner Ministrantinnen und Ministranten spann sich der Faden weiter zu einem meiner immer wiederkehrenden Themen: dem Zweifel an Gott. Manchmal glaube ich, Gott wirklich gefunden zu haben, und dann wieder erlebe ich genauso stark, dass ich denke, das darf doch nicht wahr sein: Wo bist du, Gott, denn jetzt? Das

Wort „wohin" in „Quo vadis" reizte mich zu einer Themenvariation. Das formuliert einen unglaublichen Auftrag und gleichzeitig haben wir doch die Hoffnung, auf dem Weg nicht allein zu sein. Ich weiß aber nicht immer, ob Gott da ist. Ich bin ein Zweifler, und auch die Theologie, die dahintersteckt, ist ein Gutteil die, diesen Zweifel nicht ausblenden zu wollen. Ein Gedicht von Huub Oosterhuis ist mir wertvoll geworden: „Gott, du bist nicht hier." Es geht um die Tatsache, dass Gottes Existenz unserem Glauben anvertraut ist, und wir nichts haben außer einem Namen. Allerdings haben wir damit eine Möglichkeit, Gott anzusprechen. Aus diesem Gedanken ist mein Lied entstanden DAS ENDE IST EIN ANFANG.

> Gott, wie soll ich ahnen, was dein Wille ist,
> wo es doch scheint, dass DU nur an uns vorbeigegangen bist
> und nicht mehr da, um mich den rechten Weg zu führ'n.
> Doch den Glauben an dich will ich nicht verlier'n.
>
> Refrain: Wo keiner eine Antwort mehr kennt, fragen wir,
> wo keiner einen Ausweg mehr sieht, suchen wir.
> Das Ende ist Anfang, der Tod Neubeginn
> und DU, Gott unsres Lebens, darin.
>
> Gott, wie soll ich glauben, dass DU bei uns bist,
> bei all der Unmenschlichkeit, die unter Menschen ist,
> an der selbst dein Sohn, Gott, zu verzweifeln schien.
> Doch die Hoffnung auf dich will ich nicht verlier'n.
>
> Gott, ich werde weiterhoffen, dass wir uns wiedersehn,
> dass uns der Himmel offen ist und wir verstehn,
> warum DU, Gott, uns Menschen noch beim Namen nennst
> und trotz der Wunden, die wir schlagen, noch Vergebung kennst.

Ist deine Theologie mehr die einer Gott-Suche denn die einer Gott-Gewissheit?
Sagen wir: Ich bin ein optimistisch zweifelnder Sucher. Es gibt auch Lieder von mir, die sprechen von Gottgewissheit. Die sind aber nach ganz speziellen Erlebnissen entstanden.

DU BIST BEI MIR wäre eins dieser gewisseren Lieder.
Ja, aber auch das bindet die Zweifel mit ein. In diesem Lied werden Situationen, wie sie jeder Mensch erleben kann, in Bezug gesetzt zu Momenten, in

denen ich erfahren habe, dass da Gott drin ist. Sei es, dass einem ein Unfall passiert, sei es, dass man sich gut fühlt und stark. Ich habe einen sehr starken religiösen Bezug bekommen durch die Geburt meiner Kinder. Bei der Geburt meines ersten Kindes konnte ich mit einem Mal dieses Gottesbild eines Vaters auch selber nachvollziehen.

Ich finde das stark ausgedrückt in der ersten Strophe. Wenn man selber Vater ist, erlebt man das Bild von Gott als dem liebenden Vater anders, als wenn man immer nur Sohn gewesen wäre.
Ich bin ganz vorsichtig mit meinen vertonten Aussagen. Ich stelle mir oft vor, wie das ist, wenn Leute das Gefühl bekommen könnten, sie müssten jetzt diesen fremden Text singen. Da scheue ich mich vor. Ich weiß ja sehr wohl, dass es Familienverhältnisse gibt, wo diese starke und gute, positive Vater-Sohn-Beziehung nicht erlebt werden kann.

Für dich ist die Identifizierung mit deinem Text, also dass du dich selber mit deinem Text identifizierst, ganz wichtig.
Das muss hundertprozentig sein, sonst sing ich's nicht. Mittlerweile habe ich mir angewöhnt, mir bei jeglichem Lied diese Frage zu stellen.

Gibt es Lieder von früher, von denen du jetzt sagst, die stimmten damals für mich, aber heute würde ich das Lied nicht mehr so machen, weil heute die Identifikation nicht mehr hundertprozentig ist?
Nein, so weit geht das nicht. Aber ich würde heute das mittlerweile sehr bekannt gewordene und auch von katholischer Seite sehr weit transportierte Lied UND EIN NEUER MORGEN mit seiner Anredeform „Herr" nicht mehr so schreiben.

Kommt für dich eine Textrevision in Frage?
Nein. Das Lied ist so, wie es ist. Ich nutze heute das Wort „Herr" nur in ganz engem Zusammenhang mit Christus und nicht mehr in einer allgemeinen Gottesanrede. Insofern hat sich meine Theologie in Sachen Gottesbild schon geändert.

Ich sprach kürzlich mit Kathi Stimmer-Salzeder, die genau an dem gleichen Wort – „Herr" – einhakte und sagt, das habe sie viele Jahre unreflektiert verwendet.
So ist das.

Weil ein Gutteil der Menschen nicht weiß, wer hier mit „Herr" gemeint ist, mag sie diese Anrede gar nicht mehr verwenden. Sie will klarer, unmissverständlicher sagen, von wem sie spricht.
Dabei ist das phonetisch und fürs Singen natürlich ein grandioses Wort. Das Wort ist Atem pur. Wenn ich „Herr" singe, dann muss da richtig was raus. Da kann man eine Stimmung ausdrücken, aber es ist selten legitim, dass man musikalische Aspekte über den Text stellt.

Wir sprachen über die Arbeit in deiner kreativen Werkstatt. Wie geht es nach dem Impuls oder Input weiter? Wie gehst du mit einem Thema schwanger?
Ich fahre Auto oder Fahrrad. Ich brauche Bewegung, Zeit für mich alleine, dass sich Texte entwickeln. Irgendwann steht da ein Satz, vielleicht ein Refrain, von dem ich sage: Okay, das könnte der Kern eines Liedes sein. Es gibt aber auch Lieder, wo es eben nicht zu diesem Kernsatz kommt. Dann mag ein Strophenlied entstehen.

Der Kern wäre klassischerweise ein Refrain.
Wenn ein ganzes Lied als Conclusio einen einzelnen Satz haben kann, der immer wiederkehren kann, dann habe ich den Text für einen Refrain gefunden.

Sind also die Refrains deiner Lieder jeweils der Deuteschlüssel zu ihrem Verständnis?
Ich denke schon, denn was ich an Liedern nicht mag, ist, wenn der Refrain einfach drangeklebt ist. Bei mir ist es mittlerweile regelrechtes Kompositionsprinzip geworden, dass der Kernsatz den Rhythmus der gesprochenen Sprache führt. Und er führt auch mit diesem Rhythmus zur Musik. In einem meiner Lieder habe ich's mal wirklich richtig durchgezogen: GOTT SEI DANK HAT DER MENSCHEN MACHT EIN ENDE ist der Titel. Jeder, der versucht, über das Notenbild daran zu kommen, beißt sich die Zähne aus. Den normalen Sprechrhythmus konsequent gegen einen – meist geraden – musikalischen Rhythmus zu setzen, ergibt eine Art Polyrhythmik, an der ich einen riesengroßen Spaß habe, und das trau ich dann auch anderen zu. Meine Lieder entschlüsseln sich weniger über das Notenbild als über den Sprechduktus. Regelmäßig bekomme ich nach Chor-Workshops zu hören, dass dieser Ansatz begeistert. Ich lese mit den Leuten zuerst den Text und spreche ihn dann. Wir sind es aber nicht gewohnt, Sprache zu singen, sondern allenfalls Liedtexte. Es gibt eine quasi schon „normale" Rhythmisierung von Liedtexten, die aber nur bedingt etwas mit den Betonungen des Textes zu tun hat, sondern stark von der musikalischen Form abhängt. Ich gehe bewusst einen Schritt dahinter zurück und da-

mit in Richtung Gregorianik. Die Musik ist Dienerin des Textes, nicht anders herum.

Kriegst du die Vertonung, die dir im Kopf herumschwirrt, leicht notiert?
Das ist reine Übungssache und eine Frage des Handwerks. Eine Silbenbetonung im Sprechen verdoppelt ungefähr den Grundwert der Note. Das ist für den Norddeutschen womöglich leicht anders als für den Bayern, es kommt ja die regionale Sprachmelodie noch dazu. Die Aachener etwa gehen mit der Stimme am Ende nach oben, egal, was sie sagen. Es gibt da sicherlich regionale Unterschiede, aber letztendlich ist erstmal der normale hochdeutsche Sprachrhythmus der Rhythmus meiner Wahl. Und darüber hinaus ist es sicherlich leichter, meine Lieder durch Vorsingen und Nachsingen zu erlernen als vom Notenblatt, was übrigens das Vermittlungsprinzip aller Volks- und Popmusik ist. Erst also spricht man den Text, und wenn man dafür ein Gespür gewonnen hat, bleibt höchstens noch das Problem, gleichzeitig den geraden musikalischen Rhythmus durchzuhalten.

Ist bei dir der Text immer als erstes da, oder gibt es auch schon mal eine Melodie, die sich als erstes anbietet und auf die ein Text passend gemacht oder womöglich erst erfunden wird?
Das kann in Einzelfällen vorgekommen sein, aber das geht nicht so weit, dass ich wegen einer tollen Melodie einen kompletten Text erfinde, das habe ich noch nie gemacht. Pressen geht nicht!

Was braucht es konkret, um die kreative Arbeit zu tun? Vorhin sagtest du einmal, das könne beim Autofahren oder beim Radfahren sein. Die Inspiration ist ja das eine, aber das mühsame Tal des handwerklichen Prozesses kommt ja dann in der Regel noch. Gibt es dafür ein Ambiente, einen Raum, mit dem du versuchen kannst, das zu erleichtern?
Ja, auch wieder: alleine sein. Das kann heißen, dass ich im Zug sitze und irgendwo hinfahre. Das reicht schon. Es kann eben auch eine Autofahrt sein, wo ich alleine vor mich hin brummele. Meine Beifahrer wissen da ein Lied von zu singen. Ich trommle auf dem Lenkrad rum und bin nicht ansprechbar. Ich muss meine Zeit haben, um weiter zu suchen. Irgendwelche Reimlexika oder sonstige Hilfsmittel benutze ich bewusst nicht. Ich würde doch nur in eine Kiste greifen und mich für andere Gedanken versperren. Ich bestehe auch auf der Freiheit, einmal einen Nichtreim zu nehmen, der aber musikalisch von der Sprachmelodie her hereinpasst. Nähme ich mir diese Freiheit nicht, würde manchmal die Poesie eines Textes leiden.

Wann ist das Lied fertig?
Der Text ist fertig, wenn er mir wieder einfällt. Ich bin zwar unter meinen Mitmusikern dafür bekannt, dass ich meine eigenen Texte nie kann, aber in dem anfänglichen kreativen Prozess muss der Text, insbesondere der Kernsatz, fehlerfrei wiederkommen. Ganz am Anfang schreibe ich auch gar nichts auf. Es muss wiederkommen, nur dann empfinde ich es als gut. Wenn der Kernsatz entstanden ist und die Melodie sich dazugesellt hat und sich darüber hinaus die weiteren Strophen und Melodien entwickelt haben, suche ich noch die Harmonien dazu. Dann habe ich ein kleines schwarzes Büchlein, in dem Text und Melodie notiert sind, mehr nicht. Dann sage ich: Dieses Lied ist fertig, es kann so rausgehen. Was danach kommt, ist Arrangement-Arbeit.

Gibt es jemanden, dem du das Lied als Erstes vorstellst?
Nein. Es kann durchaus bei einem Liederabend, an dem mich der Spaß treibt, dazu kommen, dass ich es spontan vorstelle.

Wann ist das Lied ein gutes Lied?
Wenn's wieder da ist. Selbst zu beurteilen, wann mein Lied gut ist, fällt mir schwer. Es gibt im Prinzip wenige Kriterien, anhand derer man sagen könnte, dieses Lied ist gut. Ich könnte höchstens sagen, wann mir das Lied selber gut tut. Ich kann benennen, wo und wann es eine größere oder eben kleinere Bewandtnis hat für mein Leben. Es gibt auch Lieder, die haben jetzt einen Bezug in mein jetziges Leben, und es gibt Lieder, die in einer früheren Lebensphase entstanden sind, von denen ich das jetzt gar nicht mehr sagen könnte.

Gerade wenn man mit Liturgiewissenschaftlern und Kirchenmusikern zusammenkommt, wird die Frage nach dem guten Lied gestellt.
Ich finde wichtig, dass das Lied authentisch sein muss. Ich darf nicht das Gefühl haben, dass es irgendwie zusammengeklebt ist. Ich bin auch ganz entschieden der Meinung, dass der Text selber erst mal gut, richtig und wahr sein muss. Wie ich ihn dann musikalisch ausdrücke, ist eine Gefühlssache, aber es entzieht sich meiner Meinung nach der wirklichen Bewertung. Es gibt so viele verschiedene Musikgeschmäcker. Wenn man heute einen Rapper zwingen will, unbedingt Reggae zu hören, ist das nicht sein Ding – egal wie gut der Reggae ist.

Die NGL, die in den Händen der Kirchenmusiker gewesen sind, klingen dann oft auch anschließend danach.
Das ist sicherlich ein Problem. Aber für meine Lieder würde ich doch sagen, dass ihre eigentliche Substanz die Melodie ist. Da ist das Arrangement zweit-

rangig. Es gibt unendliche Möglichkeiten des Arrangements. Man kann auch als Kirchenmusiker etwas toll und im guten Sinne schräg begleiten.

Ist dir wichtig, dass deine Lieder reproduziert werden können?
Ja und nein. Zum einen lebe ich zu einem großen Teil davon und bin natürlich darauf angewiesen, dass sich die Lieder verbreiten und reproduziert werden können. Aber ich gehe nicht so weit, dass ich sie mit allen Mitteln so vereinfache, dass es jeder ausführen kann.

Peter Janssens gab unumwunden zu, so manches Lied – um der Reproduzierbarkeit willen – von der musikalischen Faktur her bewusst runtergezogen zu haben.
Wenn ich schreibe, frage ich nicht danach. Später dann deswegen etwas zu vereinfachen? Ich glaube nicht, dass ich das will. In den Band-Workshops arbeite ich mit den Musikern daran, wie sie selbst Lieder vereinfachen können.

Aber du hast den Markt schon „im Blick".
Ich habe den Markt durchaus im Blick, aber meistens gehe ich hin und sag: Der Markt ist mir egal. Ich würde sonst meine Authentizität verlieren.

Du machst damit die besseren Erfahrungen?
Ich habe die Möglichkeit, das sein zu dürfen und mir leisten zu können.

Wenn man einen Song fertig gemacht, aufgeführt und publiziert hat, lässt man ihn ja ein Stück weit auch los. Andere nehmen ihn wahr, arbeiten mit ihm und kritisieren ihn. Wie gehst du mit so einer Kritik um?
Ich erlebe es relativ wenig, dass mir gegenüber ganz offen kritisiert wird. Ich glaube, wir sind da in unserer Arbeit bei der „Überdiözesanen Fachtagung NGL" schon sehr weit, dass wir nämlich Kritikfähigkeit unter Autoren zulassen und dass bewusst auch dieses „Ich stelle mich" hinzukommt. Jeder hat seine eigene Art, mit seinen Gedanken umzugehen. Ich höre da viele Dinge, zu denen ich sage, ich würde das so nicht schreiben. Deshalb kann ich aber noch nicht hingehen und sagen, dieses Lied ist schlecht. Bei Kritik ist immer eine Menge an Fingerspitzengefühl gefragt. Manchmal wird die Kritik auch wieder so speziell, dass es darauf keine Antwort geben kann. Warum zum Beispiel die eine Note da nicht ein x-tel länger ist. So ernst sollte man mit Popmusik nicht umgehen. Andernorts erlebe ich häufig eine gewisse Vorsicht und auch Sprachlosigkeit; auch mangelnden Mut, zu sagen: „Hör mal, wie meinst du das?" oder „Ich find das nicht gut." Das Texten scheint vielen eine derart persönliche Arbeit zu sein, dass man sich nicht traut, Kritik zu üben. Das tut

mir oft leid. Andererseits habe ich, wenn ich mich bewusst der Diskussion stelle, regelrecht philosophische Gespräche erlebt, die mir sehr, sehr wertvoll sind. Wenn ich dabei tatsächlich überzeugt werde, dass ich was Falsches gemacht habe, ändere ich das auch. Das ist allerdings bisher nur in einem Lied passiert. In einer Strophe von WAGT EUCH ZU DEN UFERN heißt es ursprünglich: „Du bist der, der Gesetze schreibt". Über dieses Lied kam ich mit Pater Felix Porsch vom Kloster Knechtsteden ins Gespräch. Er meinte, es sei ein wunderschönes Lied, aber an der Stelle stimme was nicht. Gott schreibe keine Gesetze, wandte er ein, er gebe Gebote. Also, er schreibt dir nicht unter Strafandrohung vor, was du zu tun hast. In dem Gespräch wurden mir also seinerzeit die Augen für die Freiheit des Menschen geöffnet, und ich habe diese Zeile geändert. Es gibt nun eine vergrabene Urfassung davon, in der diese alte Fassung drin ist. Mittlerweile publiziere und verwende ich aber ausschließlich die revidierte Version mit der Zeile „Du bist der, der das Meer zerteilt ...".

Das ist ein völlig anderer Text ...
... und ein vollkommen anderes und dennoch ins Lied passendes Bild. Bei der Kritik der ganzen Messe „Lied vom Licht", aus der das erwähnte Lied stammt, taucht immer die Anfrage nach der Verwendung der Anrede „Herr" auf. Ich würde es heute anders auszudrücken versuchen, aber ich lass es aus musikalischen Gründen, wie es ist, und habe auch kein so großes Problem mit der Anrede, dass ich es nachträglich ändern wollte.

Wie wichtig ist dir der Austausch mit anderen Textern und Komponisten?
Die Fachtagung gibt mir die Gelegenheit, Kontakt zu halten zu dem, was sich in Deutschland publizistisch in Sachen NGL tut. Nach wie vor gibt es einen regional sehr unterschiedlichen Liedkanon, der jeweils von den Kreativen vor Ort geprägt wird. Auch wenn einige meiner Lieder sich in ganz Deutschland verbreitet haben, so heißt das noch lange nicht, dass mein Name vor Ort in den Gemeinden bekannt wäre. Insofern ist die NGL-Fachtagung auch so etwas wie eine Liederbörse. Und dazu kommt dann noch die thematische Arbeit, die immer eine Facette des NGL beleuchtet.

In der Szene der offiziellen Kirchenmusik gibt es eine Stimmung, das NGL ...
... sei tot.

Diese Meinung wird auch publiziert.
Darüber haben wir ja bei der letzten Tagung diskutiert. Das NGL steckt in der DANKE-Falle. Damit ist dieses beliebte und in Deutschland höchstbekannte,

allseits gemochte „Danke, für diesen guten Morgen ... danke für meine Arbeitsstelle" von Martin Gotthard Schneider gemeint. Die musikalisch und textlich leichte Schlagerecke macht es schwer, ein anspruchsvolleres Lied zu platzieren.

Ein Schlager sollte es ja damals nach Absicht seines Schöpfers Martin Gotthard Schneider durchaus sein.
Aber das Vertrackte ist, dass das komplette NGL in dieser DANKE-Falle drinhängt; dass ihm der Stempel „religiöser Schlager" aufgedrückt wird. Und man versucht, das Ganze in die Kuschelecke zu schieben. Auch manche Kirchenmusiker sehen es da und erklären das NGL zu minderwertiger Musik, was wiederum gerne von Journalisten aufgegriffen wird.

Vom Journalismus wird das NGL ohnehin selten als eine eigene Sparte wahrgenommen.
Es wird halt nicht genau hingeguckt. Das Vorurteil, NGL sei Schlager, schützt ja auch so manchen vor ernsthafter Auseinandersetzung. Dann ist das eine Subkultur, die die einfachen Menschen in der Gemeinde machen sollen, aber Kunst darf es nicht sein. Mein Anspruch an das NGL ist ein anderer.

Was ist denn der Anspruch des NGL, wie du es machst?
NGL ist musikalischer Gedankenaustausch zu und mit theologischen Inhalten. Ein starker Aspekt ist der soziale Bereich, das Gemeinschaftserlebnis. Ich bin ja groß geworden mit der Gemeinschaft stiftenden Wirkung von Liedern. Natürlich kann das auch beim Brahms-Requiem passieren, aber es ist was anderes, ob ich gepackt mitsinge und mitgroove, klatsche, auch mal stampfe und einfach Teil der Atmosphäre bin oder ob ich still dasitze und nur zuhöre.

Aktive Partizipation wäre also ein wichtiges Element des NGL?
Ja, aber eben nicht oder mindestens nicht nur als Schlager.

Was macht denn demgegenüber den Schlager aus?
Schlager sind von der Musik und vor allem vom Text derart einfach, dass sie innerhalb von Sekunden zu erfassen sind. Da muss ich mich nicht selber drum kümmern, ich muss mich mit Text und Musik nicht auseinandersetzen. Das gilt übrigens auch für die kommerzielle Popmusik. Innerhalb der ersten 20 Sekunden muss das Material vorgestellt sein. Ein gutes NGL fordert aber viel genaueres Zu- und Hinhören.

Der Schlager existiert auch außerhalb des Raums der Kirchen. Das ist beim NGL nicht so. Warum?
Auch das hat mit Vermittlung von Inhalten zu tun. Die großen Radiosender spielen keine Titel, in denen ausdrücklich von Gott gesungen wird. Schon gar nicht von einem auf eine Weltreligion festgelegten Gott. Das, was Xavier Naidoo macht, ist vom Inhalt auch immer offen. Es geht also nicht um die musikalische Qualität. In meiner Gruppe AMI habe ich Musiker, die auf der internationalen Pop-Ebene mitmischen. Dennoch kann es nicht zu einer Pop-Karriere kommen. Der Inhalt ist zu speziell.

Demgegenüber scheint die Bedeutung des NGL für die Kirchengemeinden bisweilen immens zu sein.
… für das Gottesdienstfeiern und das Gemeinschaftsleben: ja!

Tut die Kirche ihrerseits genug für das NGL?
Ich denke: nein. Schon in den 60er Jahren, als die Pop-/Rockmusik ihren Riesenschub gemacht hat, hat die Kirche nicht adäquat reagiert. Die Ausbildung der Kirchenmusiker hinkt hinterher, weil diejenigen, die eben seinerzeit ausgebildet wurden, das NGL nicht gewährt bekamen oder das NGL gar verteufelt wurde. Heute sitzen diese Leute auf der Orgelbank. Wie sollen diese Kirchenmusiker plötzlich den nötigen Entwicklungsschub in Sachen Popmusik nachholen? Mittlerweile drehen die Stile sich so schnell, entwickeln sich Sounds so rasant, da kommt man einfach nicht mehr mit. Für einen Orgelneubau oder eine Restaurierung wird nach wie vor sehr viel Geld gesammelt und ausgegeben, aber in eine taugliche Musik- und Gesangsanlage, mit der wir demonstrieren könnten, dass es auch in der Kirche gut, warm und verständlich klingen kann, wird nur selten investiert. Im evangelischen Raum ist es da etwas besser, aber auch nicht wirklich viel besser. Dass es anders geht, zeigt zum Beispiel die Gemeinde St. Rochus in Köln oder aktuell in der Jungen Kirche Neuss, in St. Pius.

Fehlt offiziellerseits das Zutrauen in diese Art von Musik?
Ich glaube, dass es immer noch ein Konkurrenzempfinden seitens der traditionellen Kirchenmusik gibt, auch seitens der traditionellen Kinderchor-Arbeit. Man hat Angst, es könnten die klassischen Wurzeln gekappt werden. Solch einer Angst gilt Popularmusik als Konkurrenz. Man fürchtet, das Niveau weiter herunterzufahren.

Als im Sommer 2004 in Köln das Welttreffen von „Pueri Cantores" war, wurde da kein einziges Neues Geistliches Lied gesungen. Im offiziellen Chorbuch zu dieser Veranstaltung taucht weder ein neues noch ein klassisches noch ein neu arrangiertes NGL auf. Wenn man Glück hatte, flutschte durch ein asiatisches Gastensemble schon mal immerhin ein flott dargebotenes Gospel ins Festkonzert in der Kölner Philharmonie, und prompt war eine tolle Stimmung da. Das war dann aber auch das höchste der Gefühle und war nach vier Minuten und riesigem Applaus passé.

Es gibt eine Art künstlerische Apartheid, von der ich nicht verstehe, dass auf Bedürfnisse nicht reagiert wird. „Pueri Cantores" hat ein Problem, wenn es darum geht, die Kinder in die klassischen Kirchenchöre hinüberzuleiten. Wenn die Jugendlichen in die weiterführende Schule kommen, wo ganz klar Popmusik läuft, wird es immer schwieriger, die noch irgendwie dafür begeistern zu können, weiter klassische Musik zu machen. Wenn man dann die Lösung darin sieht, die Popularmusik verächtlich zu machen und sie als Niveauverlust zu beargwöhnen, kommt man nicht weit. Besser wäre die unbewertete Förderung von Vielfalt. Ich habe mal in einem Musikgeschäft gearbeitet. Und es kam ein Australier in den Laden, und wir haben uns über Gitarren unterhalten. Ich wollte ihm ja ein Instrument verkaufen. Wir kamen auf Volksmusik zu sprechen, und mir rutschte raus, das sei doch keine Musik. „Natürlich ist das Musik!", antwortete er. „Erstens: Die Leute, die das machen, sind hochkarätige Musiker. Zweitens: Du musst erstmal den Groove rauskriegen, um das auch so durchzuziehen. Und Drittens sind es dieselben musikalischen Mittel, und du kannst nicht absprechen, dass das Musik ist." Es ist alles eine Frage des Blickwinkels, nicht eines theoretischen Niveaus.

Aber Kirchenmusik wird immer ein Niveau haben wollen.
Das ist vom inhaltlichen Aspekt auch gut so. Problematisch wird es, wenn sich Kirchenmusiker den Anstrich geben, sie hätten Kunst zu machen. Für mich ist Musik ein Bedürfnis. Und wenn ich die Kinder nicht bei und mit dem abhole, was sie gerne machen, werde ich nicht weit kommen. Ich kann ihnen doch nicht vorschreiben, was sie gut finden müssen. Wenn sie aber das eine gut finden und das andere auch, dann hat man was erreicht. Ich habe in Neuss mit dem hiesigen Regionalkirchenmusiker einen Chor, der sich sowohl um gregorianischen Choral und traditionelle Kirchenmusik als auch um NGL kümmert. Wir mussten feststellen, dass es zwar durchaus interessierte Leute gibt, aber dass es sauschwer ist, zwischen einem klassischen Gesang und einem NGL umzuschalten. Es sind zwei verschiedene Weisen, mit Musik umzugehen. Beides ist schwierig zu entwickeln und zu üben, aber das Herangehen unterscheidet sich. Es hat sich gezeigt, dass es grundsätzlich möglich ist, einen solchen Querbeet-Chor zu machen.

Das NGL ist ja auch längst nicht mehr nur eine Sache von Jugendchören. Diese Musik singen inzwischen 60-Jährige so gern wie 20-Jährige.
Aber so lange die Gremien der klassischen Richtung darüber entscheiden, was wofür angeschafft wird und was wofür gemacht wird, werden die Gemeinden und werden wir Kreative des NGL es schwer haben, das Neue wirklich gefördert zu bekommen.

Hier reden zwei Männer in den 40ern ... Siehst du eine nächste Generation von NGLern heranwachsen?
Ja, Beispiele dafür gab es bei den NGL-Fachtagungen der letzten Jahre. Darüber hinaus geschieht durchaus in den Gemeinden etwas; dass da Jugendliche sind, die dieses musikalische Feld für sich entdecken und auch die Auftrittsmöglichkeiten nutzen. Inwieweit daraus ein kreativer neuer Mensch mit neuen tragfähigen Ideen auftreten wird, weiß ich nicht. Das wird sich zeigen. Aber es gibt gute junge Leute.

Im Idealfalle gäbe es dann Qualifizierungsmöglichkeiten, wie sie dir damals in Knechtsteden geboten wurden.
Wir haben solche Angebote schon in diversen Kontexten gemacht. Oft ist das Problem der fehlende gute Text. Es ist sehr persönlich, sich textlich zu äußern, sich textlich festzulegen. Eine Musik auf einen guten Text zu machen, ist das kleinere Problem. Uns fehlen gute Texte. Die beiden Kurse, die wir in Altenberg angeboten haben, waren mit drei Teilnehmern recht schlecht besucht. Das ist für einen Ausrichter natürlich nicht tragbar.

Aber Mäzenatentum rentiert sich nicht finanziell. Wenn da drei kommen, und von denen ist einer in ein paar Jahren richtig gut, hätte es sich doch schon gelohnt. Der echte Mäzen guckt ja nicht auf einen raschen Effekt.
Solche Möglichkeiten der Aus- und Weiterbildung müsste es geben. Aber das zu finden, wird immer schwieriger.

Wie soll es weitergehen mit dem Neuen Geistlichen Lied?
Das weiß ich nicht. Ich werde keine Forderungen und Programme entwickeln. Ich weiß, dass es angesichts der kirchenfinanziellen Lage nichts zu fordern gibt. Ich werde mit der Arbeit, die ich leiste, selber etwas zu bewirken suchen. Solange mich Chöre und Bands fragen, ob ich mit ihnen arbeiten kann, solange habe ich die Möglichkeit, sowohl musikalische Gegnerschaften zu befrieden als auch etwas für die Qualität der musikalischen Aufführungspraxis zu tun. Vielleicht sagt dann hier und da einer, okay, es gibt NGL, die haben Qualität.

Offensichtlich ist, dass das NGL nicht am Ende ist. Nicht solange ich NGL schreibe. – Es gibt auch Leute, die bezweifeln, dass ich NGL schreibe. Aber das ist ein neues Fass. – Ich werde weiter der sein, der ich bin und sagen, was ich zu sagen habe. Solange das weiterführt, freue ich mich daran.

„Ich hab das Träumen noch nicht aufgegeben"

Thomas Quast im Gespräch[16]

Biografische Skizze
Thomas Quast, geb. 1962 in Köln.; verheiratet, Vater von drei Kindern.
Jura-Studium und Studium der Musikwissenschaft und Geschichte.
Im Hauptberuf Vorsitzender Richter am Landgericht Köln.
Mitglied der Kölner Band Ruhama (www.ruhama.de), gestaltete die Schlussgottesdienste der Katholikentage 1992, 1994, 2000 und 2008 sowie den Schlussgottesdienst des Ökumenischen Kirchentages in Berlin 2003 mit.
Komponist zahlreicher geistlicher Lieder: KEINEN TAG SOLL ES GEBEN, DER HOFFNUNG GESICHT, DU SEI BEI UNS, IM JUBEL ERNTEN uvm.; außerdem des Musikspiels zum Exodus „Ins gelobte Land" (1987), der Messe „... dass noch tausend und ein Morgen wird" (1988), der Musikrevue zur Eroberung Amerikas „Bartholomé de Las Casas" (1992) und des Liederzyklus „Eine Welt" (2000).
Seit 1994/95 entstanden Kabarettprogramme, über längere Jahre gemeinsam mit Hanns Dieter Hüsch. Zuletzt erschienen ist die Collage zur Menschwerdung „Du kommst zu uns" (2007).

Thomas, du bist einer der Begründer, Musiker und – neben Michael Lätsch – Hauskomponisten des Ensembles Ruhama. Der Bandname ist entlehnt aus dem Alten Testament, aus dem Buch Hosea, und dort bezeichnet er die Hoffnung auf das Erbarmen Gottes. Welche Bedeutung hat dieser Ensemblename für dich?
Nimm's einfach für jemanden, dem Menschenfreundlichkeit wichtig ist. „Ruhama" erzählt von der liebevollen, Leben schenkenden Zuwendung Gottes zu den Menschen.

Diese Haltung ist aber kein Garant für wohlige Kuscheligkeit?
Diese Assoziation läge nahe, wenn man uns und unsere Arbeit nicht kennt. Für mich steht der Name stellvertretend für Geborgenheit, Wärme und für ein

---
[16] Das Gespräch fand im April 2007 und im September 2008 in Köln statt.

gutes Zuhause. Das heißt aber auch: Eindeutigkeit, Beziehen klarer Positionen; auch politisch, auch kirchenpolitisch.

Da wären wir im Grunde bei einer ganz wichtigen Kategorie, die für das Neue Geistliche Lied, zumindest in seinen frühen Jahren, unverzichtbar war: nämlich Ausdruck einer Bewegung der Kirchenreform zu sein, sodann der ethischen Reform am eigenen Leben, also jener, die es singen, und schließlich auch der Liturgiereform. Wo würdest du da euer Ensemble platzieren?
Wir gehören möglicherweise zu den zu wenigen Gruppen, für die dieser Dreiklang noch eine eminente Bedeutung hat. Das spiegelt sich nicht nur in dem wider, was wir als Ensemble machen, sondern auch in den persönlichen Biografien unserer Leute: Die reichen von einem Privatdozenten für theologische Ethik und einem Vorsitzenden Richter am Landgericht in Köln bis hin zur Sonderpädagogin und zu einem Beamten bei der Stadt Köln, der sich seit vielen Jahren für die Leute am Rande der Gesellschaft, für Sozialhilfeempfänger einsetzt. Auch bei der Planung von Veranstaltungskonzepten und bei der Diskussion von Liedtexten fließen diese Zusammenhänge ein.

Versteht ihr euch ein bisschen wie das singende, sozialdiakonische Gewissen der Kirche?
Da gibt's viele andere, die mögen sich als Gewissen betätigen. Es ist für uns wichtig, dass wir nicht nur Geborgenheit kommunizieren, sondern ganz dezidiert diese anderen Dinge ins Lied oder in größere Werke und Kontexte hineinlegen. Wenn es gelingt, „den Armen Recht zu verschaffen und den Stummen eine Stimme zu geben", dann lacht mein Herz, und dann läuft mir nicht ein simpler Wohlfühler, sondern ein Identitätsschauer über den Rücken. Denn dann kommt zum Ausdruck, was mich im Tiefsten bewegt und treibt – und dann wird unser Musizieren eins mit dem Wünschen und Wollen, auch einem politisch bewussten Wünschen und Wollen.

Wie kommt ein gebürtiger Kölner dazu, sich mit dieser Art von Musik und politisch bewusster Theologie zu verbinden? Ist Köln nicht eher die Stadt der Gemütlichkeit und des Klüngels als des Engagements?
Erstens: Das Klüngeln der Kölner und das, was man eigentlich als Klüngel bezeichnet, ist die Fähigkeit, auf dem kurzen Dienstweg im allseitigen Interesse gute Dinge gut zu regeln. Dieses richtige Verständnis von Klüngel bedeutet nicht, rechtswidrige, strafwürdige Dinge zu tun. Ich möchte darauf hinweisen, dass die Leute, die unter der Überschrift „Kölscher Klüngel" durch die bundesweiten Gazetten geistern, weil sie Strafwürdiges getan haben, die

rechtskräftig verurteilt sind oder deren Verfahren noch schweben, alle so genannte „Immis" sind. Ein „Immi" ist ein „imitierter" Kölner, also gar nicht in Köln geboren, sondern von anderswo zugezogen. Da muss ich uns Kölner mal in Schutz nehmen.

Zweitens bin ich „ne kölsche Jung"; weil ich in Köln-Kalk geboren bin, habe auch eine solide kölsche Identität. Für mich heißt die gute kölsche Identität: Ich setze mich ein, ich engagiere mich – und ich bin mir nicht selbst genug. Aus einer solchen Grundhaltung ergibt sich konsequent meine Biografie. In meinem Elternhaus habe ich Engagement in der Welt und in der Kirche mit der Muttermilch und mit der väterlichen Zuwendung gewissermaßen aufgesogen. Meine Eltern waren beide in der „action 365"[17] engagiert.

Was waren deine Eltern von Beruf?
Meine Mutter war Grundschullehrerin, hat den Beruf wegen ihrer fünf Kinder schließlich aber nicht mehr ausgeübt. Mein Vater ist Beamter beim Landschaftsverband Rheinland gewesen. Er war aufgrund der Kriegsumstände ohne Abitur geblieben und hat es dann bis zum Landesverwaltungsdirektor gebracht. Er war kommunalpolitisch über Jahrzehnte sehr aktiv. Das hat mich in meiner Kindheit geprägt. Er hat nicht nur „in Parteipolitik gemacht", sondern ihm war etwa auch eine Freizeitaktion für Behinderte wichtig, für die er die Bürgerschaft vor Ort mobilisiert hat.

Und das Kind Thomas hat sich davon früh anstecken lassen, oder ging diese Saat erst später auf?
Das Kind Thomas hat mitbekommen, dass zu Hause viel los war, um nicht zu sagen zu viel. Dieses Zuviel ist heute auch bei mir – ich bin ja verheiratet und habe drei Kinder – manches Mal Thema. Das Kind Thomas hat also, getragen von viel Sympathie, mitbekommen, wie die Eltern sich vielfältig engagierten. Mittlerweile sind die beiden über 70 und treten noch immer engagiert für ihre Überzeugungen ein.

Gehörten zur klassisch kölschen Sozialisation auch Ministrantendienst und Mitgliedschaft in einem katholischen Jugendverband?
Ich bin nie Messdiener gewesen, aber immer in Kirche zu Hause und engagiert, vor allem musikalisch. Auch war ich in der Katholischen Studierenden Jugend (KSJ), nach einem Schulwechsel dann bei den Pfadfindern in der DPSG.

---

[17] Die „action 365" ist eine in den 1950er Jahren gegründete ökumenische Laienbewegung.

Wie kam es für dich zur Mitarbeit bei Ruhama?
Gründer von Ruhama sind Thomas Laubach, Andrea und Hanspeter Hommelsheim sowie Maria Manderscheid. Ich bin erst etwas später dazu gekommen, kurz vor Gregor Linßen, Klaus Theißen und Thomas Nesgen sowie Michael Scholl. Wir musizierten damals in Köln beim Chor- und Bandprojekt „Ezechiel" unter der Leitung von Hans Florenz. Bei ihm war ich Keyboarder und wurde von den anderen gefragt, bei Ruhama einzusteigen.

Das war zunächst das Reproduzieren bekannter Werke – also noch gar keine eigene Kreation?
Genau. Ende 1984 fanden wir uns zu einem Gesangsquartett mit Klavierbegleitung zusammen. Ich weiß noch, es war im März/April 1985, da kam Thomas Laubach mit etwas Selbstgeschriebenem zu mir: „Ich habe hier so einen Text, guck dir den doch mal an. Meinst du, das wäre was?" Und so hat ganz zart und vorsichtig unser künstlerisches Miteinander begonnen.

Was war das für ein Text, weißt du das noch?
Einer der ersten Texte war DIE VERHEISSUNG, ein Lied, das wir dann in unser Musikspiel zum Exodus „Ins gelobte Land" aufgenommen haben und das sich auch in unserem Ruhama-Liederbuch unter der Nr. 16 findet.

Ich zitiere:

> „Wie Tau am Morgen fällst du ein, im Sand blüht wieder Brot,
> und aus der Wüste wächst das Ziel, zu heilen jede Not.
> Wir brechen aus dem Brot der Hoffnung Leben,
> wir stillen mit dem Wein der Zukunft Durst.
> Wie Licht im Dunkeln brichst du ein, aus Stein quillt klarer Wein,
> und übers Wasser führt ein Weg weit in die neue Zeit hinein."

Ist dir damals schon aufgegangen, dass das eine Sprache ist, die nicht üblich war im Genre des NGL? Eine solche Poesie gab es schon damals nur bei wenigen Textern. Wilhelm Willms wäre als ein Name zu nennen, Klaus Lüchtefeld auch. Klaus Lüchtefeld ist wohl auch für den künstlerischen Weg Thomas Laubachs wichtig. – Was hat dich an diesem Text angesprochen? War es seine poetische Fassung?
Der Text hat mir einfach zugesagt. Er hat mir schlicht gefallen, denn er drückt etwas aus, was auch meine Sehnsucht und meine Zuversicht ist.

Was hast du für die Komposition gemacht mit dem Text?
Ich kann nicht präzise rekonstruieren, was ich gemacht habe, aber wahrscheinlich hat sich in meinem Umgang mit einem neuen Text bis heute nicht viel geändert. Das heißt: Ich habe ihn zunächst immer wieder gelesen, meditiert, zu begreifen versucht. Mit einem Mal hab ich eine Musik im Ohr. Das ist ein Geschenk. Dann setz' ich mich ans Klavier, manchmal auch nur vor ein Notenblatt, und schreibe auf. Danach gibt es Arbeit: ausnotieren, vorspielen, gegebenenfalls ein Arrangement erstellen. Aber das Eigentliche ist ja die frühe Phase, in der sich klärt, was ein solcher Text in mir in Bewegung setzt.

In einem früheren Gespräch hast du mal verraten, dass sich der musikalische Kerngedanke manchmal innerhalb von Minuten einstellt. Was braucht es dazu?
Es braucht nicht unbedingt etwas Bestimmtes. In der Regel genügen die stimmige Struktur des Textes und seine Aussagekraft, dass mir eine Idee kommt. Manchmal wird es wegen besonderer Anforderungen, wegen des Kontextes, etwa wenn Veranstalter mitzureden haben, wenn ein konkreter Aufführungskontext zu berücksichtigen ist, langwieriger. Das war zum Beispiel für den Schlussgottesdienst des Katholikentages 1994 in Dresden so. ÜBER MAUERN war damals so ein Lied, das nicht ganz einfach war. Die erste musikalische Idee war zwar schnell da, aber die wollte für den Verwendungskontext – Großveranstaltung, Besetzung mit Bläsern und Chor – entwickelt sein. Das wurde dann richtig harte Arbeit.
Ein anderes Beispiel: Es ist der 6. Mai 2004. Ich sitze morgens zu Hause an meinem Schreibtisch und widme mich meiner richterlichen Profession. Das Faxgerät, links neben mir auf dem Boden stehend, läuft an und druckt ein DIN-A4-Blatt aus, gefaxt von Uwe Seidel: ein Liedtext. KINDERFRAGEN, nach einem Text von Wolfgang Borchert. Die Sonne scheint, es ist irgendwie morgens um halb zehn. Ich hab mir dieses Fax genommen, durchgelesen, innegehalten; hab es noch mal gelesen und mich dann nach rechts gewendet, um mein E-Piano anzuschalten. Nach wenigen Minuten ist das Lied fertig. Ich habe zum Hörer gegriffen und Uwe angerufen, ihn kurz begrüßt und es ihm vorgespielt. Mit einer ganz kleinen Änderung ist es das Lied, wie es sich auch auf unserer CD „Leben" (2005) findet.

> KINDERFRAGEN (Text: Uwe Seidel, nach Wolfgang Borchert)
> Wenn dich die Kinder fragen: Wo wohnt der liebe Gott?
> Im Graben, im Graben.
> Was macht er da? Was macht er da?
> Er bringt den Fischen das Schwimmen bei,
> damit sie auch was haben, damit sie auch was haben.

Wenn dich die Kinder fragen: Was tut der liebe Gott?
Was macht er hier? Was macht er da?
Er ist nicht tot; er ist nicht tot.
Er bringt den Menschen das Lachen bei,
damit sie auch was haben, damit sie auch was haben.

Wenn dich die Kinder fragen: Wo hilft der liebe Gott?
Wem hilft er hier? Wem hilft er da?
Er hilft in Not, er hilft in Not.
Er bringt den Menschen die Liebe bei,
damit sie auch was haben, damit sie auch was haben.

Als Thomas Laubach dir damals zum ersten Mal einen Text gegeben hat, konntest du da auf irgendeine kompositorische Ausbildung zurückgreifen?
Nein. Ich hatte vorher schon einige Lieder komponiert, unter anderem für meine frühere Band auf der Internatsschule bei den Pallottinern in Rheinbach auf dem Vinzenz-Pallotti-Kolleg. Manches, was „in den frühen Jahren" entstanden ist, steht auch vorn in unserem Ruhama-Liederbuch. Von der Nummer 4, VATER HÖRE, weiß ich noch, dass sie in einer juristischen Vorlesung, die nicht so superspannend war, entstand; als heftig bittendes Stoßgebet …

… aber eine musikalische Qualifizierung, ein Kompositionsstudium gab es nicht. Dennoch erkennt man im Klang deiner Lieder einen Personalstil.
Als Kind schon habe ich große Freude gehabt, am Klavier zu sitzen, Klängen nachzulauschen und Akkorde zu variieren. Da hat sich etwas im Bereich des Harmonischen ausgeprägt. Was die Melodie anbelangt, so mag ich es, wenn ich sie auf dem Weg zur Arbeit, auf dem Fahrrad, singen kann. Die Melodie sollte auch ohne Instrument singbar sein. Als dritte Komponente kommt der rhythmische Puls dazu. Er macht den Atem des Liedes aus und muss einfach passen. Schließlich habe ich dann auch den Bass im Ohr. Im Rahmen meines Musikwissenschaftsstudiums habe ich mich natürlich intensiv mit diesen Grundlagen, mit Harmonielehre, Gehörbildung und auch mit Kontrapunkt beschäftigt.

Wenn heute junge Musiker, Jugendliche oder Kirchenmusiker selber Lieder komponieren möchten, was würdest du denen für ihr Handwerkszeug raten?
Zunächst sollten sie viel hören und musizieren, am besten gute Sachen nachspielen. Zum handwerklichen Rüstzeug gehört, dass ich in der Lage bin, das Gedachte und Empfundene in Töne umzusetzen. Wichtig ist also, ein Harmonieinstrument, insbesondere Klavier oder Gitarre, zu beherrschen.

Wenn bei dir ein Lied fertig ist, welches ist der nächste Schritt? Wer hört es als erster, wer darf seinen Senf dazugeben? Ist das überhaupt erwünscht? Wie geschieht das?
Ich arbeite aus Überzeugung nicht alleine vor mich hin. Die kritische Gegenlese durch andere, insbesondere und zunächst durch den Texter, ist sehr wichtig. Aber ich spiele es zu Hause auch den Kindern vor und meiner Frau; auch anderen lieben Mitmenschen. Da gibt's schon einige Anmerkungen; kritische, positive und so weiter. Und dann gibt's das Ensemble mit Bandprobe, Gesangsprobe, Gesamtprobe, da werden auch kritische Dinge gesagt – und manches Mal gibt es noch Änderungen.

„Ruhama" ist als Marke sehr gut eingeführt und geachtet. Könntest du eigentlich von Tantiemen und CD-Verkäufen leben?
Nein, aber das möchte ich auch nicht.

Warum nicht?
Weil mir zum einen der Richterberuf so lieb und so wert ist, dass ich ihn nicht missen möchte. Ich möchte aber auch deshalb nicht von der Musik leben, um nicht in Abhängigkeiten zu geraten. Ich bewege mich ja meist in einem konkreten kirchlichen Kontext, dazu gehört auch die real existierende römisch-katholische Kirche. Ich möchte im Zweifelsfalle Dinge sagen und singen können, die manchem aus der Hierarchie nicht passen, so dass mir daraus Nachteile erwachsen könnten.

Haben diese Befürchtungen sich im Lauf der letzten 20 Jahre nicht erledigt?
Für mich persönlich nicht. Ich lebe zum Glück – und bin da sehr froh und dankbar für – in der inhaltlichen und finanziellen Unabhängigkeit meines Richteramts. Meine Frau ist Ärztin und auch finanziell unabhängig. Wenn deine Frage auf die kirchenpolitischen Kontexte abzielt, dann kann ich sagen, dass meinem Eindruck nach in der Kirche insgesamt die Tendenzen, „von oben" zu agieren – bis hin zur Repression –, eher zugenommen haben.

Die musikalischen Touren, der kirchliche Kontext und die Probleme, die da dranhängen, die sind ja nun schon angeklungen. Dein musikalisches Tun versteht sich, wenn ich dich eingangs richtig verstanden habe, als ein Versuch, Zeuge Jesu in aufmerksamer Zeitgenossenschaft zu sein. Kann man das so sagen?
Der Begriff Zeitgenossenschaft drückt es gut aus. [Seufzt.] Immer wieder neu danach Ausschau zu halten: Was ist jetzt dran – und nicht nur, was ist verordnetermaßen von oben aus dran –, was liegt wirklich in der Luft? Was sind die

aktuellen Fragen und Herausforderungen? Wir waren damals eines der ersten Ensembles, die sich mit „Donum Vitae" solidarisiert haben. Unser Lied LEBEN IST EIN GESCHENK ist „Donum Vitae" gewidmet.

Es gibt eine Art inneres Programm von Ruhama: Es ist mit diesem alten und immer wieder aktuellen und wichtigen Wort Solidarität bezeichnet, mit Geschwisterlichkeit. Das bedeutet, miteinander auf Augenhöhe zu sein und umzugehen, möglichst wenig Hierarchie zu bedienen und zu nutzen. Das hat auch mit Lebendigkeit zu tun.

Wie kam es, dass die Hauptveranstaltungen beim Weltjugendtag 2005 nicht von Ruhama musiziert wurden?
Wir waren zunächst angefragt, zwei der vier herausgehobenen Großveranstaltungen zu musizieren. Wir waren im Herbst 2004 in der Planung schon sehr weit vorangeschritten, konkrete Lieder waren ausgewählt. Dass es im Ergebnis nicht dazu gekommen ist, hat, denke ich, damit zu tun, dass der von uns vorausgesetzte Umgang auf Augenhöhe nicht gewünscht oder aber nicht möglich war.

Solche Erfahrungen nehmt ihr aber bewusst in Kauf, weil ihr das „Programm" nicht aufgeben wollt?
Wir nehmen das bewusst in Kauf. Wir achten sehr darauf, wie in den Planungsgesprächen die Entscheidungsprozesse ablaufen. Wer antwortet wie auf Ideen, wer trifft und verantwortet Entscheidungen usw.? Selbst wenn man noch so viele hunderttausend oder Millionen Leute erreichen könnte, selbst wenn der „Auftritt" noch so interessant sein mag, kommen wir bisweilen an den Punkt zu sagen, es sollen andere tun.

Wenn ich versuche, dich mit deinem Wirken thematisch zu verorten, komme ich auf drei Angelpunkte, zwischen denen du dich mit Ruhama bewegst. Zum einen die Beatmessen mit einem ökumenischen und politischen Anspruch, kondensiert auch in den Lateinamerika-Tagen des Evangelischen Kirchentags, sodann die Kabarettprogramme und ein dritter Schwerpunkt, der Beatmesse verwandt, nämlich das Engagement für eine zeitgenössische Liturgie.
Das trifft das Anliegen gut. Mir ist dabei wichtig, dass wir immer wieder in ganz „normalen Gottesdiensten" in Gemeinden vor Ort spielen, oft verbunden mit einem Offenen Singen oder einem Workshop für Chor oder Band.

Das immer wieder spürbare Engagement der Politischen Theologie, besonders stark in Beatmessen und Kabarettprogrammen spürbar, ist umstritten. Hast du den Eindruck, die Politische Theologie ist im Grunde tot?

Die Politische Theologie ist ebenso wenig tot, wie die neuen Lieder auch nicht tot sind. Aber beide stehen weniger im Fokus innerkirchlicher und medialer Aufmerksamkeit. Wenn Theologie, Kirche und Gemeinde den Auftrag Jesu ernst nehmen, dann sind sie immer politisch, auch gesellschaftspolitisch. Ich bin ein großer Freund des theologischen Dreischritts: Sehen, Urteilen, Handeln. Beim Sehen helfen mir schon Lieder, indem ich ihre Texte lese, die Bibel als Inspiration lese, Psalmen musiziere und neu buchstabiere. Beim Urteilen helfen mir Lieder, die Richtung zu erspüren, für das Handeln sind mir Lieder Motivationshilfe und Ansporn und Trost auf langen Durststrecken.

Das NGL als ein Lied, das das Sehen schärft?
Unbedingt.

Das NGL als ein Medium, die Welt zu verstehen?
Ja. Dazu brauchen wir gute Liedtexte und einen anderen Umgang mit Liedern, nämlich einen bewussten Umgang aller mit dem Lied, das sie singen. Was nicht heißt, dass ich Lieder nicht auch mit Inbrunst und mit Begeisterung singen darf. Aber es ist ein Geschenk, wenn es gelingt, reflektierte inhaltliche Positionen – auch ethische, auch politisch-theologische Gedanken – mit ins Lied zu bringen.

Hat sich das Programm der Lieder nicht verflacht?
Die Lieder sind längst nicht mehr so stark politisch akzentuiert wie das Ende der 60er, Anfang der 70er Jahre bis in die 80er Jahre hinein war. Jenes NGL ist mittlerweile ein Stück Zeitgeschichte. Ich kann für uns von Ruhama aber sagen, dass wir uns heute auch darum bemühen. Ich meine, wenn ich so unser Ruhama-Liederbuch durchblättere, dass manches drin ist, das Stellung bezieht.

Wollen Veranstalter denn euer politisch ambitioniertes Musiktheater über Bartholomé de Las Casas heute noch buchen?
Wir haben Anfragen danach zwar auch in der letzten Zeit noch gehabt, aber den „Bartholomé" nicht mehr im Programm. Andere Projekte wie Kabarett und Songs sind an diese Stelle getreten.

Bei deinem Wirken und eurem Ensemble klingen Erinnerungen zum Beispiel an Katholikentage wie den 1994 in Dresden, an die Abschlussveranstaltung des Ökumenischen Kirchentages uvm. an. Welche Rolle spielt das Zentralkomitee der deutschen Katholiken für eure Arbeit?

Wir sind dem Zentralkomitee der deutschen Katholiken sehr verbunden. Ich glaube, das beruht auf gegenseitiger Wertschätzung. ZdK und Ruhama finden es wichtig, dass Kirche in der Öffentlichkeit nicht nur über die „Amtskirche" aus Papst und Bischöfen wahrgenommen wird, sondern genauso auch über die Strukturen, die Laien aufgebaut haben. Weil zum Wohlergehen von Kirche die Laien ganz, ganz wichtige Dinge einzubringen haben. Wir haben über die Jahre und Jahrzehnte festgestellt, dass sich im ZdK auch solche Personen engagieren, mit denen wir sehr gerne zusammenarbeiten, freundschaftlich verbunden sind, aber vor allem im gemeinsamen Engagement zusammenkommen. Schlussgottesdienste eines Katholikentages, erstmals in Karlsruhe 1992, dann Dresden 1994, Hamburg 2000, zuletzt Osnabrück 2008 bis hin – eine „Sternstunde" – zum Ökumenischen Kirchentag in Berlin 2003, sind Höhepunkte. Das sind auch Signale nach außen: Kirche lebt.

Es ist eine Facette in der einen Kirche, die aber ganz, ganz wichtig ist. Ein Beispiel, wo die Laien eigene Akzente setzen, ist der Umgang mit der Schwangerenkonfliktberatung. Ich respektiere, dass zum Beispiel der Kölner Erzbischof eine andere Auffassung hat als ich. Ich halte es aber für ganz wichtig, den Konflikt nicht dadurch lösen zu wollen, dass man sich heraushält. Für mich und viele im ZdK ist es ein praktisches Lebenszeugnis, den Frauen, die in diesem Konflikt drinstecken, zur Seite zu stehen. So ist mir die Position, die zur Gründung von „Donum Vitae" geführt hat, sehr nahe. An dieser Stelle zeigt sich für mich auch die Bedeutung der von Laien geschaffenen Strukturen innerhalb der Kirche. Nämlich eine gewisse Unabhängigkeit und die Möglichkeit zu haben, in der Nachfolge Jesu und durch das eigene geschulte und gebildete Gewissen zu einer eigenen, reifen Entscheidung zu kommen und sie dann auch umsetzen zu können.

Ambivalent ist das Verhältnis der offiziell verfassten Kirchenmusik zum NGL. Im Zusammenhang mit dem neuen Gebet- und Gesangbuch gibt es Kollateraldiskussionen, die an die Stelle früherer Gehässigkeiten getreten sind. Statt hämischer Verunglimpfung und partieller Kooperation gibt es jetzt eine gewisse Tendenz, dem NGL onkelhaft zu seinem Ableben zu kondolieren. Das ist ja auch eine listenreiche Spielart, eine Konfrontation auszuleben.

Reden wir mal Klartext: Wir hatten zuletzt auf dem Saarbrücker Katholikentag 2006 eine Podiumsveranstaltung zu der, aus meiner Sicht, überflüssigen Frage, ob das NGL jetzt tot sei. Es gibt Leute, denen die Positionierung, das Selbstverständnis der „Macher" und Autoren Neuer Geistlicher Lieder nicht in den kirchenpolitischen Kram passt. Neue Geistliche Lieder sind lebendige nachkonziliare Kirche, vertragen sich in keiner Weise mit dem starken Festhalten an Hergebrachtem und vertragen sich insbesondere nicht mit einem Verständnis von Kirche, das in den letzten 20 Jahren, nicht zuletzt auch im Erzbistum Köln, wieder kräftig Rückenwind bekommen hat. Neue Geistliche Lieder sind aber nicht totzukriegen. Sie entstehen und werden gewünscht, wo Kirche und Gemeinde sich der Geschwisterlichkeit, der Achtsamkeit, dem Zuhören öffnen. Die Liturgie dieser Kirche ist nicht rubrizistisch, sondern die einer bewussten Gemeinschaft. In dieser Kirche bin ich mit meinen Liedern zu Hause.

Siehst du Unterschiede oder Berührungspunkte zu anderen Bereichen christlicher Popularmusik, etwa der allgemeinen Christian Contemporary Music, der Lobpreis- und Erweckungsmusik, dem wiedererstarkten Gospel? Es gibt ja durchaus Bewegung, Märkte auch, gerade im evangelischen, freikirchlichen und evangelikalen Raum. Warum sind deiner Meinung nach die NGLer nicht auf der Künstlermesse Promikon vertreten?
Der Ansatz von Ruhama ist stark kirchlich und liturgisch orientiert, er ist inhaltlich bestimmt. Marktgängig ist so was nicht. Ich möchte keine Marktgesetze bedienen. Der „Markt" ist nicht der Kontext, in dem wir uns bewegen. Wir könnten das, was durch eine Teilnahme zum Beispiel an der Promikon an Nachfragen ausgelöst werden könnte, auch zeitlich gar nicht befriedigen. Wir bekommen jetzt schon mehr Einladungen, als wir annehmen können. Es gibt aber auch innere Gründe: Stilistisch ist unsere Musik eher Kammermusik ...

... Kammerpop/-rock ...
... nicht Gipfelstürmer der Charts. Und unser Kabarett ist Kleinkunst. Ich bin aus tiefem Herzen Kabarettist. Mir liegt das Kammermusikalische.

Siehst du weitere Differenzen zu den anderen Szenen?
In den Produktionsweisen gibt es Unterschiede, im betriebenen finanziellen Aufwand und der nichtökonomischen, sondern ideellen Ausrichtung. Wir haben zudem einen großen Schatz an Textdichtern wie Wilhelm Willms, Alois Albrecht, Klaus Lüchtefeld, Thomas Laubach, um nur einige zu nennen. Hiermit gilt es achtsam umzugehen, diese gehobene Qualität darf man nicht „verraten". Auch theologisch und sprachlich sehe ich Unterschiede. Mit Worten wie „König", „Herr" und „Allmächtigster" will ich nicht so leichtfertig umgehen. So einfach, so ungebrochen und glatt poliert, wie es in der CCM[18] und der Lobpreis-Szene in manchen Liedtexten präsentiert wird, sind mir Leben und Glauben nicht.

---

[18] Abkürzung für Christian Contemporary Music

Wie sehr ist das NGL davon abhängig, dass es die Reibungsfläche Liturgie, Liturgiereform, Leidenschaft für einen zeitgenössischen Gottesdienst gibt?
Ich hab das Träumen noch nicht aufgegeben und habe eine Idee davon, was wäre, wenn sich Kirche zu einer allumfassenden, wirklich katholischen und ökumenischen Kirche entwickelt hätte oder noch entwickeln wollte. Wenn wir uns in einer wirklich geschwisterlichen Kirche bewegen würden, dann würden wir auch neue Lieder singen, weil die Menschen immer Lieder brauchen, die ihre konkrete Glaubens- und Lebenssituation benennen.

Auch in der nächsten Generation?
Ich vermute, dass ich das mit Ruhama nicht über eine so lange Zeit und nicht so gemacht hätte, wenn ich nicht der festen Überzeugung wäre, dass das wichtig ist; für unsere Kinder, für die eigenen, aber auch für uns alle als Gottes Kinder.

Ist es für Kinder heute schwerer, Christ zu werden und zu sein, als für uns?
Ja, denn einerseits ist die Umwelt säkularisierter als vor 35 Jahren und andererseits, weil ich noch in einer Kirche groß geworden bin, die für Aufbruch und für Offenheit und offene Fenster stand. Das ist heute leider anders.

Aber macht die Kirche denn nicht viel mehr für junge Menschen als vor 35 Jahren? Wir haben jede Menge Kinderliederbücher, wir haben jetzt schon zum zweiten Male einen Heiligen Vater, der die Jugendlichen begeistern kann. Sie stehen zu Hunderttausenden auf den Feldern und Plätzen, jubeln und sind glücklich und bewegt und werden offensichtlich erreicht. Ist da im Vergleich nicht das ganze religionspädagogische Bemühen früherer Jahrzehnte hinterfragt?
„Die Kirche" als die offizielle Kirche tut manches; Gutes wie vielleicht auch Falsches. Ich weiß nicht, ob „die Jugendlichen" zu Hunderttausenden auf den Plätzen stehen. Meine Beobachtungen mache ich gerne da, wo nicht so viel gejubelt wird und wenn der Jubel verhallt ist. Es gibt meiner Beobachtung nach ganz massive Schwierigkeiten, dass die ab 1970 oder 1975 Geborenen in der Breite der Gesellschaft Kirche als stärkenden und ermutigenden Raum und Lebenskontext erfahren. Ich will es mal aus meiner Erfahrung als Richter sagen: Was wir anstreben sollten, sind Menschen, die stark geworden sind durch einen Lebenskontext der Achtung, der Achtsamkeit, der Augenhöhe; die aus einem Kontext leben, der einlädt: Bringt eure guten Dinge ein, werdet groß, werdet stark. Geht durchs Leben: gesünder – an Leib und Seele –, besser, solidarischer. Da haben eine gute, dauerhafte Erfahrung von Kirche und

Gemeinde und eine solide Religionspädagogik, glaube ich, die längere Halbwertzeit als das Großevent alle paar Jahre.

Und Lieder helfen bei all dem?
Unbedingt. Das ist für mich eine ganz wichtige Antriebsfeder. Mit Liedern und in Liedern können hoffentlich möglichst viele Kinder, Jugendliche, Erwachsene sich aussagen, aussingen, einstimmen. Mit diesen Liedern kann Liturgie menschlicher, lebendiger und bewegter sein und ihr Rhythmus federt voller Leben. Mit dieser Liturgie und ihren Liedern kann ich atmen.

Wie geht es weiter mit dem Neuen Geistlichen Lied?
Das ist mir – insoweit „das Neue Geistliche Lied" ein Begriff ist – ziemlich egal. Wichtig ist vielmehr: Es muss Lieder geben, für heute, morgen und übermorgen. Das können auch immer wieder neue Lieder sein. Es wird stets neue Lieder geben müssen, weil sich immer wieder aufs Neue Fragen stellen und insbesondere, weil Menschen auf die alten Fragen immer wieder neue Antworten finden wollen. Antworten in einer aktuellen künstlerischen Sprache, die Strömungen aus Gesellschaft und Welt aufgreift.

Siehst du auf dem Feld für dieses Anliegen künstlerischen Nachwuchs?
Sicher, aber es sind allein schon deshalb weniger als früher, weil sich immer weniger Jugendliche und junge Erwachsene überhaupt noch in Kirche und Gemeinde engagieren wollen. Ich bemühe mich, in meinem unmittelbaren Umfeld zu helfen, indem ich zum Beispiel über lange Jahre zur Hochschule für Kirchenmusik nach Aachen gefahren bin und dort den Kirchenmusiker-Nachwuchs unterrichtet habe. Leider wurde die Hochschule von den beteiligten Bistümern „dicht gemacht". Im Arbeitskreis SINGLES hier in Köln arbeite ich mit. Und dann reise ich auch immer wieder zu Workshops und Kursen durch die Republik. Aber guter Nachwuchs an Textern und Komponisten ist auch ein Geschenk. Das lässt sich nicht erzwingen, allenfalls begünstigen.

Gibt es bei dir eine Lust, dich nach anderen Textern als Uwe Seidel und Thomas Laubach umzuschauen?
Ich bin nicht auf diese beiden Autoren beschränkt, habe auch einige Texte von Hanns Dieter Hüsch, von Raymund Weber und Eckart Bücken, auch von mir selber, vertont. Zu Thomas Laubach gibt es aber praktisch, menschlich und inhaltlich eine schöne Nähe. Dasselbe galt für Uwe Seidel, der am 19.12.2007 verstorben ist, und dessen Abschieds- und Auferstehungsfeier wir mit Ruhama natürlich musikalisch gestaltet haben.

Soll diese Nähe es auch noch erlauben, kreativ zu sein und aufzutreten, wenn dereinst die ersten Gelenke ausgetauscht sind?

Bis auf Weiteres werde ich, so stelle ich mir das vor, mit „Original-Bauteilen" leben! Deine Frage, ob ich mir vorstellen kann, das alles auch mit 70 oder mit 80 Jahren noch zu machen, möchte ich mit einem Hinweis auf unseren Freund Hanns Dieter Hüsch beantworten. 1925 geboren, stand er bis ins Jahr 2000 auf der Bühne. Er war Zeit seines Lebens Kabarettist. Ich denke, ich werde Zeit meines Lebens Menschenfreund sein und aus dem Glauben heraus versuchen, meine Sicht der Dinge zu sagen und zu singen.

„Wir brauchen eine Liturgie, die mit unserem Leben zu tun hat"
Kathi Stimmer-Salzeder im Gespräch

Biografische Skizze
Kathi Stimmer-Salzeder, geb. 1957 in Aschau; verheiratet, Mutter von drei Kindern; lebt in Aschau am Inn (Oberbayern); studierte Grundschullehramt.
Ihr Lied DU FÜR MICH gewann zum Weltjugendtag 2005 in Deutschland einen geschlossenen Wettbewerb für das Lied zum WJT-Kreuz; zahlreiche Auftritte mit dem „Aschauer Stimm-Kreis". Autorin und Komponistin von über 800 Liedern: GLORIA, EHRE SEI GOTT, MAHLLIED/EIN TISCH UND EINE BANK, ZEIG UNS WIE LEBEN IN ERFÜLLUNG GEHT uvm.
Zahlreiche Veröffentlichungen von CDs und Noten, u. a. CD „Wirklich. Franziskus-Singspiel" und „Einen Weg such ich" und „Herzgeschrieben". Verlegerin (www.musik-und-wort.de).

Liebe Kathi, ein paar Worte zum Biografischen vorneweg. Geboren bist du in Aschau am Inn und lebst da auch immer noch.
Ja, ich bin in Aschau geboren, auf einem Bauernhof, und bin dort aufgewachsen mit vier Geschwistern. Nach der Volksschulzeit waren neun Jahre Altötting dazwischen, wo ich das Gymnasium besucht hab, im Internat war; neun Jahre „fern der Heimat". Nach der Studienzeit in München ging's wieder heim. Die ersten Lehrerjahre nach dem Studium habe ich auch zu Hause wohnen können. Mein Mann und ich haben uns dann in Aschau ein Haus gebaut, und dort leben wir jetzt mit drei Kindern.

Aschau stelle ich mir vor als kleinen, unscheinbaren Flecken.
Ah, das ist total falsch. [Beide lachen.]

---

[19] Das Gespräch fand im Juli 2004 und im August 2008 statt.

Richtig wäre vielmehr?
An einen nicht allzu kleinen, durch Industrie wohlhabend gewordenen Ort zu denken; gelegen in Oberbayern, in Nordoberbayern; 30 Kilometer westlich von Altötting, wem das was sagt. Wir haben eine Stunde nach Salzburg. Zwischen Salzburg und München – kann man sagen – liegt Aschau. Wir haben das Glück, im Hügelland der Endmoränen zu leben, wo die Berge ein bisserl näher gerückt sind. Eine Stunde weiter südlich gibt es schon Hochgebirge. Also langweilig ist es bei uns überhaupt nicht.

Was sagt die Bevölkerung von Aschau, eine Liedermacherin in ihren Reihen zu haben?
[Lacht.] Da gibt's Leute, die dem Ganzen sehr reserviert gegenüberstehen, die mich deswegen, ja so ein bisserl vorsichtig anschauen. So spür ich's jedenfalls. Dann gibt's Leute, die sich drüber freuen, die mich in die Pfarrei einbinden und zur Mitarbeit ranholen. Was zum Beispiel beim Familiengottesdienst und beim Jugendgottesdienst geschieht. Und es gibt Leute, die wissen überhaupt nicht, dass ich so was mache. Das sind vielleicht die meisten.
Aber neulich hab ich so ein großes Angenommensein beim Gottesdienst erlebt, den ich mit vorbereitet hab ... Das hat mir unheimlich gut getan.

Du merkst plötzlich, deine Kunst kommt an und findet Widerhall ...
Weniger meine Kunst, sondern ich als Mensch in Aschau. Dass ich aktiv bin, dass ich was tu, das bringt einen so schnell in den Geruch „Na ja, die muss ja immer was machen". Wenn man in Aschau geboren und aufgewachsen ist, steckt ja auch gleich die ganze Familiengeschichte mit dahinter. Man lebt ja nicht nur so, wie man jetzt ist, sondern man hat die Eltern, die Geschwister und alles immer gleich mit dabei. Das alles gehört zu einem dazu.

Und da waren die Stimmers immer irgendwie schon bekannt?
Meine Eltern waren sehr aktiv, auch außerhalb des Dorfes, im katholischen Landvolk, ihr ganzes Leben. Da gibt's allerhand Positives und Negatives an Erfahrungen – und Gerede natürlich auch. Manche lehnen so was ab. Ich hab mal gehört, grad wenn jemand außerhalb des eigenen Dorfes was erreicht oder was gilt, das ist für die Dorfleute verdächtig.

Der Prophet gilt ja auch nichts im eigenen Land.
Ja, spür ich schon manchmal.

Wie ist denn die gemeindliche oder kirchliche Situation in diesem Aschau? Ich stell mir das, wenn ich das so geschildert bekomme, vor, als wäre da, oberflächlich betrachtet, die Welt noch in Ordnung.

Es gibt starke Traditionen, in die viele eingebunden sind. Wir sind eine Pfarrei, die noch einen eigenen Pfarrer hat. Das kommt daher, dass wir das Berufsbildungswerk der Salesianer Don Boscos in Waldwinkel in der Nachbarschaft haben, und die stellen uns seit einigen Jahrzehnten den Pfarrer aus dem Orden. Sonst hätten wir wahrscheinlich schon gar keinen mehr. Es gibt ein vielseitiges Gemeindeleben bei uns: Frauenarbeit, Seniorenarbeit, aber es gibt auch immer mehr Leute, die fern bleiben. Aschau wächst, es wird immer wieder gebaut, aber die Kirche wird deswegen nicht voller. Aber das ist ja heute eigentlich ein ganz normaler Prozess.

Wie kommt man in dieser Welt dazu, neue Lieder zu singen oder gar sie selber zu kreieren? Gab es für dich ein Ersterlebnis, an das du dich erinnerst? Mit anderer, mit neuer Kirchenmusik? Damals mag man das noch nicht Neues Geistliches Lied genannt haben.

Doch, so ein Schlüsselerlebnis gibt's. Ich war ja im Internat in Altötting, und dort hat uns eine Schwester das erste Mal solche neuen geistlichen Lieder, „rhythmische Lieder" hat man damals noch dazu gesagt, beigebracht: DIE ERDE IST SCHÖN, LASS UNS AN DICH GLAUBEN usw. Und ich, damals so 13 oder 14 Jahre, erlebe das, und es war eine Offenbarung, dass man Glauben auch anders ausdrücken kann, in einer anderen Sprache, in einer anderen Musik, und das hat mich so getroffen, dass es gezündet hat. Ich hab dann einen Text auf einer Karte gefunden, einen Vierzeiler nur, und ohne dass ich das irgendwie beabsichtigt hab, war auf einmal eine Melodie dazu da mit diesem fremden Text. Das weiß ich heut noch. Das ist ein ganzes schlichtes, einfaches Lied: „Gott ist der ewig Eine, der unser nicht vergisst. Der Herr, der ganz alleine, hier unsere Zuflucht ist." Ich weiß nicht, von wem dieser Text stammt. Er war einfach da, und dann war die Melodie dazu da. Dann hab ich Strophen dazu gebastelt und zwar, weil ich diese Form gekannt hab. Hab's meinen Eltern, meiner Familie vorgesungen, und die haben gesagt: „Ja, das ist ganz schön." Und dann hab ich angefangen, Notenlinien zu ziehen, habe meine Notenköpfe gemalt. Alles von Hand auf ein weißes Blankopapier, die Notenlinien mit Kuli.

Ich hab immer dieses Wohlwollen gespürt von daheim. Wenn man am Wochenende daheim war, war ja auch viel Arbeit zu tun: Ich hab auch in den Stall gehen müssen, aber ich hab immer Zeit gekriegt, wenn bei mir so was gekribbelt hat. Das war das Eine. Und im Internat in Altötting bei den Englischen Fräulein, da war es auch so, dass ich dieses Wohlwollen gespürt hab. So kamen immer mehr Lieder zusammen, und ich habe sie auch im Gottesdienst einsetzen dürfen. Im Internat haben wir dann sogar zum Abiturgottesdienst eine eigene, also von mir komponierte Messe gespielt. Das war ja eigentlich unglaublich.

Eine Kompositionsausbildung, Kompositionsunterricht hast du nie gehabt?
Nicht in der Gymnasialzeit – und dann ist das Studium gekommen. Es war für mich immer klar, Volksschullehrerin zu werden. Das war damals noch die alte Lehrerbildung, wo man Grund- und Hauptschule in einem hatte. Ich war in Pasing, in München, und hab dort das Glück gehabt, einen Musikprofessor zu haben, zu dem ich mit kompositorischen Fragen kommen hab können. Da waren die ersten Aufnahmen da, und ich hab dann gespürt, das passt nicht so; bin einfach mit ein paar Liedern zu ihm gegangen und hab sie ihm gezeigt. Durch Kritik lernt man einfach am meisten. Das hat mir sehr geholfen, wenn mir jemand gesagt hat, was geht und was nicht gut geht. Ich hab dann in diesen drei Jahren Studium alles, was irgendwie an Harmonielehre und Musiklehre zu belegen war, belegt, so dass ich von daher auch ein bisserl Grundlage gekriegt hab. Aber das meiste hab ich einfach durch praktisches Tun gelernt, durch Ausprobieren.

In welchem Zeitfenster hat sich das abgespielt? Als das begann, warst du 13 Jahre alt.
1977 hab ich Abitur gemacht. Dann waren die drei Jahre Studium, '80, genau, dann haben wir geheiratet, ja genau in diesem Zeitraum zwischen 1970 und 1980 etwa.

Damals gab es ja so eine hohe Zeit neuer geistlicher Musik. Protagonisten waren textlicherseits Alois Albrecht und Wilhelm Willms, musikalisch Ludger Edelkötter und vor allem aber Peter Janssens. Wie hast du diese Musik in der Zeit wahrgenommen? War das für dich eine Inspiration; waren das Vorbilder, oder wolltest du etwas anderes?
Wir haben damals eine Gruppe gegründet, um Gottesdienste zu gestalten. Das kam aus uns selber, dass wir mit Gitarre einfach vom Chor heruntergesungen und -gespielt haben. Wir haben diese Lieder gehabt, viel von Peter Janssens. Wir haben uns zusammengesetzt, haben Lieder ausgewählt nach Texten, nach Musik. Manches hat uns angesprochen, bei manchen sind wir total ins Diskutieren gekommen, sogar ins Streiten. Eines hat es gegeben, das war von einem Schlager abgeleitet, mit einem deutschen Text. Da haben meine Geschwister

und ich gesagt, nein, das können wir nicht mehr singen. Alle anderen fanden es aber so schön, und da hat's dann gekracht.

Was war das für ein Lied?
SINGT MIT MIR EIN HALLELUJA. Es klang wie ein Schlager. Besseres war da, was man hat brauchen können: UNSER LEBEN SEI EIN FEST. Solche Sachen haben wir gern gesungen, und dann fehlte aber manches einfach. Wir planten Jugendgottesdienste mit Themenwallfahrten zu ausgewählten Bibelstellen: „Ich bin der Weinstock". Da habe ich angefangen, wieder etwas selber zu machen; für diese Gottesdienste, für unsern Bedarf, für unseren Raum.

Das Emanzipationspotenzial des NGL begann zu wirken: dass sich das Volk Gottes die musikalische Frage wieder zu einer eigenen macht und es sich selbst zur Aufgabe macht, die Lieder zu schaffen. Musik des Volkes, nicht nur vom Volk gesungen, sondern auch aus dem Volk heraus entstehend. In eurem Fall war da ein Gemeindemitglied, das sagt: Ich mach für unser Volk Gottes hier vor Ort die Musik. Eigentlich beispielhaft. Gab es Widerstände gegen eure Art zu musizieren?
Ärger gab es auch. Es gibt immer noch Leute, die bei so was aus der Kirche rausgehen. [Lacht.] Das trifft einen schon ein bisserl, aber ich habe auch immer wieder Zustimmung erlebt.

Der Vorwurf, das würde ja im Grunde Gemeinden auch spalten, diese Art von Musik, der trifft dich zwar, aber du verzichtest nicht darauf? Oder ändert sich dadurch etwas an deinem Liederschaffen?
Doch, ich versuch ein bisserl drauf einzugehen. Wenn ich einen Werktagsgottesdienst nur mit meiner Gitarre gestalte, dann versuch ich, ganz „harmlose Lieder" auszuwählen, alles bekannte, ganz einfache, dass die Gemeinde Bekanntes erlebt. Andererseits lass ich mich bei speziellen Gelegenheiten nicht davon abbringen, anderes zu machen. Die Lieder sind nun mal Gespräch mit Gott, und das kann auch eine Auseinandersetzung bedeuten. Wenn ich andererseits merke, in unserer Gemeinde wird's nicht mehr gewünscht, dann könnt ich's da auch nicht machen. Ohne einen gewissen Rahmen von Wohlwollen kann man nicht singen. Aber es gibt da wieder junge Familien und Familiengottesdienste, wo man den Rückhalt einfach spürt.

Zu den Liedern von Peter Janssens gehörte ein eindeutiges theologisches Programm. Manchmal hatte man das Gefühl, diese Texter sitzen im Auditorium Maximum der Universität in Münster, hören Johan Baptist Metz, der über eine christliche Theologie jenseits der bürgerlichen Religion nachdenkt, der eine politische Theologie entwickelt, gehen anschließend an den Schreibtisch und machen den passenden Liedtext zu dieser Theologie. Peter Janssens sagte über die Texte von Alois Albrecht, das sänge sich fast mit hochgereckter Faust. Zumindest die „Münsteraner Fraktion des NGL" war in den 70er Jahren gesungene politische Theologie. Die Songs boten die gesungenen Enzykliken der Kirchenreform. Das ist bei dir, glaube ich, weniger gewesen. Oder könntest du für dich ein Programm benennen, eine Richtung, in die das geht? Du sagtest, deine Lieder seien Gespräch mit Gott.

Ich bin überhaupt kein politischer Mensch im engen Sinne. Das ist eine schwierige Frage, aber das trifft's einfach gut: Gespräch mit Gott. Für mich sind Lieder der Versuch, mit dem Leben zurechtzukommen. Drum nenn ich sie gern Lebenslieder. Oft sind es ganz einfache Sachen, die einem im Alltag begegnen, grundsätzliche menschliche Verhaltensweisen, um die die Lieder sich bewegen. Ich bewege mich im alltäglichen Rahmen, am Arbeitsplatz, im Umgang miteinander.

Ist das als Gegensatz gemeint zu einer kirchenreformerischen Bewegung? Würdest du sagen, wir brauchen zwar neue Lieder, aber bitte nicht so reformerisch vom Ansatz her? Ich mach die mehr nach innen gewandten Lieder?

Es braucht beides. Es gibt die Leute, die diese politischen Lieder schreiben und schreiben müssen, und ich kann's nicht, ich schreib die anderen. Ich mach so, was aus mir kommt. Wenn ich jetzt versuchen würde, ein politisches Lied zu schreiben, dann wäre das einfach aufgesetzt.

Ein Gespräch mit Gott, das man veröffentlicht, kann ja unheimlich peinlich sein. Ich denke an manches, was man so im Bereich der Erweckungsbewegung oder der Praise Music findet. Das ist ja manchmal unerträglich vor Glaubensglühen. Wie verhinderst du, dass dein Gespräch mit Gott als Lied peinlich ist?

Das seh ich als Geschenk. Mit geht's auch oft so, dass ich Texte lese und sage: Nein, so was könnte ich nicht singen. Da sträubt sich was, wie du sagst, das ist peinlich. Warum sind meine Texte nicht peinlich? Ich weiß nicht, woran es liegt, das ist wahrscheinlich einfach mein Stil.

Sagst du denn in diesen Texten alles, was dich bewegt, oder gibt es einen Filter, der in dem Augenblick, in dem dir bewusst wird: Ich schreibe gerade einen Liedtext, ich schreibe nicht ein Gebet für mich oder eine geistliche Tagebucheintragung? Gibt es einen Filter, der dann arbeitet?

Genau. Das ist so. Das ist mir nicht so bewusst, aber ich schreib Lieder nicht nur für mich. Den Filter macht die Frage aus, ob sich jemand anders drin wiederfinden kann. Dann muss ich manche Zeile auch von mir wegschieben.

Verändert sich dieser Filter im Laufe der Jahre?
Auf alle Fälle, ja.

Nämlich?
In meinen frühen Liedtexten war sehr viel Nachgebetetes. Das Wort „Herr" zum Beispiel war ganz oft drin. So wie man's halt einfach verwendet hat. Ich hab mich in Formen bewegt, die ich von den anderen Liedern her gekannt hab. Dann war auch mal eine Zeit dazwischen, wo ich sehr gerungen hab mit Gott. Wo die enge Beziehung des Kinderglaubens dem eigenen reifen Weg weichen musste und ein regelrechter Gärungsprozess ablief.

Der Glauben muss sich firmen, und das geschieht nicht mit 17 oder 18, das geschieht meinem Empfinden nach weit über 20 ...
... mit 40, dann noch mal und immer wieder, ja. Darin entstehen neue Lieder, die den Glauben wagen und ihn in andere Worte fassen.

Singst du denn noch die älteren Lieder, die unter den früheren Bedingungen entstanden sind, oder sagst du, nein, ich möchte lieber die aktuellen, die mir derzeit gemäßen Songs verwenden? Wird man nicht auch Gefangener seines früheren Repertoires?
Es gibt manche frühen Lieder, die kann ich immer noch singen. Bei anderen sträubt es sich in mir. Ich merke, da bin ich inzwischen einen Schritt weiter, oder es hat sich was verändert in meinem Glaubensbild. Dann muss ich das Lied bearbeiten, dann kann ich's so nicht stehen lassen.

Änderst du dann womöglich auch den Refrain, den die Gemeinde erwartet?
Nein, das sind oft nur kleine Sachen in Strophen. Das passiert ja auch nicht häufig. Aber es gibt schon ein paar Lieder, wo ich merk, da hat eine Entwicklung stattgefunden. Das ist ja eigentlich ganz natürlich, dass die neueren Lieder einem mehr ans Herz gewachsen sind, weil man ja grad da drin steht.

Es gibt Leute, die finden deine alten Lieder schön, und du bist längst woanders?
Ja, ist doch klar, weil das Vertraute so wichtig ist. Und manchmal entdeck ich in einem alten Lied Sachen wieder, dass ich mich wundere, dass ich das vor 20 Jahren schon so erfasst hab. Da bin ich ganz überrascht.

Ich möchte noch einmal auf die theologischen Veränderungen zu sprechen kommen: Die Anrede „Herr" verwendest du heute gar nicht mehr?
Gar nicht mehr, ja. Mir war damals nicht ganz klar, was mit „Herr" eigentlich gemeint war, und als ich merkte, dass das vielen anderen auch nicht klar war, habe ich nach anderen Worten gesucht. Die gescheiten theologischen Erklärungen halfen auch nicht weiter.

Es war nicht irgendwie ein frauenemanzipatorischer Aspekt, der dich dazu bewegt hat, sondern eine theologische Unklarheit.
Auf einmal wird man unsicher, weil jemand sagt, „Herr" ist eigentlich der, und du hast es immer andersrum verwendet; du hast dir nichts dabei gedacht. Die Unterscheidung der drei göttlichen Personen in Gottvater, Gottsohn und Geist ist für mich in vielen Liedern so wichtig, dass ich sie nun präziser benenne. Ich will nicht verwischen und geh daher sehr vorsichtig damit um.

Von feministischer Theologie bist du unbeleckt?
Na, die ausschließliche Anrede der „Brüder" in früheren Liedern ist mittlerweile problematisch für mich. Die Brüder sind halt einfach die Brüder und nicht die Schwestern. Inzwischen bau ich beide ein und versuch das Männliche, das ich ja anfangs wie so vieles einfach übernommen hatte, mit dem Weiblichen zu ergänzen. Ich habe aber kein grundsätzliches Problem, mich auch in den Brüdern wiederzufinden. Eine brüderliche Liebe ist doch ganz was Schönes. Das seh ich nicht so eng.

*Lass uns noch etwas beim Thema Sprache verweilen. Sie muss poetisch sein, soll keine einfache Wiederholung von Katechismustexten sein, wie man es in der Christian Contemporary Music findet, wo Glaubensgewissheiten einfach verblüffungsfest wiederholt werden. Du formulierst und vertonst Texte wie: „Nimm uns dem Dunkel, gib uns der Freude" oder bei deinem Lied zum Weltjugendtagskreuz: D*U FÜR MICH, WIE SO GROSS IST DIE LIEBE *– das ist ja keine prosaische Sprache, aber sie ist auch nicht, ich sage mal, bilderstürmerisch. Wie findest du zu dieser Sprache?*
Durch Gespür. Hinspüren, sich auf den Weg machen, was fließen lassen, was sagen, mit einem gewissen Anspruch an Poesie, der das Ganze weitet. Poesie macht weiter, offener. Aber ich kann mich selber schlecht definieren.

Aber es gibt nicht den Anspruch, dein Text muss per se poetisch neu sein, dass neue Konstellationen entstehen müssten. Ein Beispiel: Wilhelm Willms' „Ave Eva": Es hieß „Ruckediku, ruckediku, schön bist du, Ave Maria", und schon knallten die Türen, weil Leute sagen, das darf man nicht zusammenbringen. Das Kauen und Drehen, Wenden und Beklopfen der Worte und einzelner Silben von allen Seiten, aus dem plötzlich ein ganz neues Wort entsteht. Ein aktueller Texter, bei dem man so was schon mal findet, ist Gregor Linßen. Das ist nicht dein Bestreben?*

Es kann mal sein, dass mir ein neues Wort entsteht. In einem meiner neueren Texte verwendete ich das Wort „liebewärts", das es ja auch noch nicht gibt. Ich hab dann keine Scheu, wenn so aus der Textarbeit ein neuer Begriff kommt, der jetzt werden will, dann trau ich mich schon, den zu verwenden. Aber alles andere ist eigentlich mehr: Hinhören – was ist da? Und dann nehm ich's auf, dann setz ich's mit meinen Möglichkeiten um.

Wir waren gerade schon in der Textwerkstatt angekommen. Gibt es Leitbilder für dich in der Textarbeit? Liest du selber viel Lyrik? Liegen da die Bücher von Gottfried Benn, Günther Eich, Reiner Kunze bei dir im Arbeitszimmer? Gibt es überhaupt ein Arbeitszimmer?

Ja, es gibt ein Arbeitszimmer, ein relativ großes. Ein Raum unten im Haus zum Garten raus mit relativ viel Platz, der auch inzwischen absolut gefüllt ist, so dass eigentlich kein Platz mehr ist, zum Beispiel für Belegexemplare von Büchern – was mir ein bisserl Kummer macht, weil ich gerne ein bisserl mehr Luft hätte. Aber es liegt sehr viel rum bei mir. Aber es gibt auch noch einen Platz, an dem ich bisher gern an Texten arbeite: an unserem Küchentisch mit Blick auf die Kirche raus ins Freie. Ich brauch immer einen Blick ins Freie. Das ist einfach ein guter Platz für mich. In der Küche, da setz ich mich, wenn ein Lied am Wachsen ist, dann nehm ich die Gitarre dazu und hab das Gefühl, da kann ich einfach gut arbeiten.

Ich geh noch mal den Schritt zurück. Gibt es poetische Paten deiner Textarbeit?

Ich glaub eher nicht. Ich les zwar gern Lyrik, aber nicht ständig und nicht bewusst. Wenn mir ein Text in die Hand kommt, der mich anspricht, dann bin ich dankbar dafür. Das ist ein kostbares Geschenk, aber es geschieht zufällig, vielleicht beim Blättern in einer Zeitschrift. Dann lege ich ihn einfach eine Weile hin, um ihn immer wieder zu lesen. Und die Liedertext-Vorbilder sind klar die, mit denen ich aufgewachsen bin: zum Beispiel Wilhelm Willms. Er hat mich bei der Lektüre von seinem „Franz-von-Assisi"-Singspiel unglaublich angesprochen. Das war für mich unglaublich. Zum Beispiel die Stelle mit dem Wolf von Gubbio ...

[Singt:] „*Wir sind der Wolf von Gubbio, ohne Zweifel sine dubio, sind wir der Wolf von Gubbio.*"
Wer es auch noch ganz toll schafft sich auszudrücken, so dass ich oft denke, besser könnt ich's auch nicht, das ist der Reinhard Mey. Wie der etwas sagt, das find ich einfach gekonnt, sehr gekonnt.

Liest du regelmäßig theologische Zeitschriften, wie „Christ in der Gegenwart" oder so was?
Ich habe „Bibel heute" abonniert, aber die lese ich eher sporadisch. Ich hab eine Ausbildung gemacht zum Bibelkursleiter in der Pfarrei, und da ist einfach das Interesse an der Bibel, am Bibliodrama in mir wach geworden. Und im Zuge dieser Ausbildung hab ich die Zeitschrift abonniert. Die haben inzwischen einen Layoutwechsel durchgemacht, der mich total begeistert. Die Zeitschrift ist einfach toll, auch von den Kunstwerken, die abgebildet sind. Sehr ansprechend. Aber lesen tu ich eigentlich sehr wenig. Ich hab zu viel in meinem Kopf, um viel zu lesen. Ich mach lieber in der Freizeit Kreuzworträtsel [lacht], wandere oder laufe.

Dieses Gespräch werden manche Leute ob seiner Offenheit bewundern. Schön! [Beide lachen.] Also textliche Paten gibt's eher weniger. Gab es denn so zu den großen Machern, zu den Protagonisten der 70er Jahre, gab es da persönlichen Kontakt? Gespräche über die Kreativität etwa, die zur Selbstauskunft einluden?
Überhaupt nicht, ich war ja bis zur „Überdiözesanen Fachtagung NGL" 2002 eigentlich eher für mich. Blieb in Süddeutschland und ohne Kontakt in der deutschlandweiten Szene.

Das war die Fachtagung in Augsburg. Das war der Büchsenöffner für die bundesweite Präsenz?
Genau, da hat mich der Peter Hahnen in die Öffentlichkeit geholt. [Beide lachen.] Ja, ich wär auch nicht gekommen, wenn er nicht gesagt hätte, ich solle unbedingt kommen. Da ist's um Liedtexte gegangen, und du hast gesagt, du brauchst eine Frau, die textet, und ich soll mich doch unbedingt anmelden. Was ich dann auch getan hab, vor allem weil's eben in dem Jahr ein bisschen näher war, die Tagung ist ja jedes Jahr in einem anderen Bistum zu Gast, und ich kann mich erinnern, ich hab richtig Bammel gehabt vor Augsburg.

Und vorher hat es keine Kontakte zur bundesweiten Szene gegeben?
Ich war in meiner frühen Zeit, Jahre vorher, einmal in Bonn, im Haus Venusberg. Ich bin dort im Plenum interviewt worden, hab eine Frage einfach we-

gen der Sprache nicht richtig verstanden und hab so geantwortet, dass alle gelacht hatten. Damals war ich froh, als ich wieder zu Hause war.

Das war keine Taufe, das war eine Feuertaufe.
Aber ich hab gespürt, ich kann Lieder schreiben, ich kann mich ausdrücken in Musik, aber es ist eben nicht meine Stärke, irgendwie vor vielen Leuten zu reden oder „in Sachen Kathi" Werbung zu machen. Inzwischen hat sich das ein bisserl geändert.

Welche Bedeutung hat dieser kollegiale Austausch für dich?
Beim zweiten Mal in Würzburg 2003 hab ich mich schon sehr drauf gefreut. Ich hab dann ganz viel Offenheit gespürt und ja, jetzt sind dort die Leute, mit denen ich regelmäßig in Kontakt bin, und das ist einfach schön und sehr wichtig.

Verändern diese Begegnungen deine eigene Arbeit? Man stellt ja auf dieser Tagung auch eigene Produktionen vor. Manche Songs sind schon fertig, manche wachsen noch. Verändert das Feedback der Kollegen etwas in der Arbeit?
Vielleicht unbewusst. Ich seh's mehr so: Es hat mir den Blick geweitet für das, was es in Deutschland alles gibt an Möglichkeiten. Und man ortet sich selbst und sagt: Gut, das ist das, was ich bisher gemacht habe, und es hat seinen Platz. Man sieht seinen Platz in der Vielfalt. Ich brauch mich jetzt deswegen nicht zu verstecken oder zu schämen, sondern das ist meine Art; und erstaunlicherweise wird sie von vielen Leuten akzeptiert. So wag ich mich weiter.

Wie erklärst du dir, dass es so wenige textende oder komponierende Frauen gibt?
Es war ja einmal eine Frau noch da, Claudia Nietzold aus Rostock, aber warum Frauen nicht so aktiv sind, weiß ich nicht.

Ändert das oder prägt das, bestimmt das in irgendeiner Weise deine Arbeit?
Dass ich eine der wenigen Frauen bin? Nein!

Sprechen wir noch mal über die Werkstatt. Wie entsteht so ein Lied bei dir? Ist am Anfang immer der Text?
Der Text steht am Anfang. Manchmal kommt er gleichzeitig mit der Musik. Dann ist im Textwerden auch schon die Musik mit dazugekommen. Aber meistens ist es so, dass ich an einem Text arbeite und erst wenn er seine

rhythmische Form hat, geh ich an die Musik. Sie verändert manchmal auch noch etwas am Text, dass ich zum Beispiel etwas kürze.

Wie kommt es dahin? Gibt es Inspiration oder machst du auch Auftragsarbeiten? Muss es womöglich Aufträge geben als Anstoß von außen? Dass jemand etwa sagt, ich brauche etwas zur Gabenbereitung oder eben für die Arbeit mit dem Weltjugendtagskreuz. Wie geht das bei dir?
Es gibt beides, es gibt einmal die Auftragsarbeiten, was übrigens ganz spannend sein kann, weil man sich hinsetzt, mit der Bibel arbeitet oder mit anderen Texten, etwa wenn's um einen Heiligen geht. Man schöpft erst einmal aus dem Vorgegebenen und drückt es dann für heute aus. Das find ich sehr spannend. Dann gibt es aber auch die anderen Lieder, dass sich aus einem Erlebnis, aus einer Not ein Text herausschält. Der wird allmählich zum Liedtext, fließt in Musik und verarbeitet das Erlebte, Gedachte als Lied.

Kannst du ein Beispiel nennen?
Ich erlebte einmal eine sehr dunkle Fastenzeit. Ostersonntag sollte die Taufe meiner Nichte sein, dem ältesten Kind meiner jüngsten Schwester. All dies verdichtete sich zu einem Lied: KLEINER SEELENVOGEL FLIEG. Dieses Kind, das jetzt getauft wird, das seinen Weg vor sich hat, brachte meine Not ins Sprechen und Singen. Die Welt wurde mir erkennbar mit nicht nur ihrer Enge, sondern Weite. Ich erkannte, dass aus den Wunden Narben werden ...
Dieses Lied war für mich wie ein Heilungsprozess. Das ist ein Beispiel, wo Not zu einem Lied wird. Aber auch Freude kann zu einem Lied werden, wenn einfach das Jubeln raus muss, weil es keinen anderen Weg findet. KRATZ AN DEINER SCHALE ist ein Lied, in dem ich das Stachlige, das Raue im Umgang mit unserem ältesten Sohn verarbeitet hab.

Der ist inzwischen wie alt?
24 Jahre. Damals war er gerade pubertär, und ich setzte mich an den Küchentisch, an diesen eben schon erwähnten Platz, und schrieb nach einem frustrierenden Erlebnis auf: „Kratz an deiner Schale. Schau mal wo du bist. Such doch nach dem guten Kern, der da in dir ist." Dieser Text stand auf einem Block. Nach einem Jahr fand ich ihn wieder, setzte mich wieder an den Tisch, und dann kam plötzlich die Melodie dazu.

Wer ist der erste, der so ein neues Lied hört? Gibt es ein festes Verfahren dafür? Spielst du das deinem Mann vor, ja, interessiert den das überhaupt? Er hat ja zumindest zeitweise in eurer Gruppe mitmusiziert.

Er hat in unserer Gruppe mitgespielt, übt das nicht mehr aus. Er singt aber gern. Ich sing's also meinem Mann vor, der ist sehr, sehr kritisch, was ja ganz gut ist. Dann hab ich inzwischen noch eine ganz gute Rückmeldung durch meine Tochter, die Katharina. Die ist inzwischen 20, spielt Geige und die macht alles mit. Wenn ich jetzt zum Beispiel ein Stück setze, dann sag ich: „Katharina, spielst du es mal mit der Geige, bitte?", und sie spielt alles vom Blatt, und dann hör ich schon, ob es passt. Oder wenn ich ein neues Lied hab, dann hört sie es sich sehr kritisch an. Wir sind ein bisserl auf der gleichen Welle.

Ich würde gern noch mal auf deine Textarbeit schauen: Am Anfang steht eine Inspiration. Das kann ein fremder Text sein oder eine zugeflogene Idee. Ein andermal wirst du gebeten, dich mal um ein Thema zu kümmern. Friedrich Dürrenmatt hat mal über das Stückeschreiben gesagt, es sei wie Schachspiel. Beim ersten Zug sei man völlig frei, ab dem zweiten folge die Partie aber einer gewissen eigenen Logik. Wie viel ist Freiheit im Texten und wie viel ist dann aber doch auch Handwerk? Inspiration oder Gefühl allein trägt meist nicht weit.

Wenn der Anfang mal gesetzt ist, dann weiß ich, wohin ich will. Wird das Lied zum Beispiel für den Gottesdienst gemacht, weiß ich schon, dass ich sprachlich nicht allzu große Sprünge machen kann, dass es vertraut sein soll, auch von der Musik her; dass die Form eingehalten werden muss. Wenn das Lied zum Vorsingen gedacht ist, hab ich ganz andere Möglichkeiten. Das handwerkliche Denken, das schaltet sich nach dem ersten Schritt ein. Das ist einfach da, entwickelt sich natürlich, wenn man viel, ein paar hundert Sachen werden's schon sein, die da zusammenkommen, schreibt.

Und ab der zweiten Strophe muss man ja aufpassen, dass die Silbenverteilung identisch ist.
Eine anstrengende Rhythmusarbeit ist immer dabei. Einen Liedtext zu schreiben, ist für mich eine unglaublich rhythmische Sache.

Sitzt du da mit dem Stift und klopfst die Silben?
Ich mach das innerlich. Ich klopf nicht, aber ich erleb den Rhythmus gleich mit. So merk ich Fehler sofort. Ich spür aber auch immer mehr, wie wichtig das Unterwegssein beim Textmachen ist. Im Sitzen oder im Gehen zu arbeiten, ist ein Riesenunterschied. Im Gehen fließen die Gedanken ganz anders. Das hab ich jetzt grad in den letzten Jahren erfahren und mittlerweile versuch ich, das gezielt als Möglichkeit einzusetzen.

Du sagtest früher einmal: „Ich bin erst mal auf den Berg gegangen, damit ich arbeiten konnte."
Aus dem Alltag heraus, mit diesem vollen Kopf irgendwas kommen zu lassen, ist schwer. Ich nehm mir die Zeit und schau, dass ich mich auf den Weg mach. Dabei sind ein Block und ein Bleistift.

In deiner Diskografie finde ich 20 CDs, zwölf Chorhefte, dazu eine Reihe Liederbücher und Liedhefte sowie drei Hefte mit Instrumentalmusik. Rund 800 Titel sind es schon geworden ...
... mindestens.

Wie bewahrst du dich davor, wie Schiller es einmal ausgedrückt hat, zu viel Wasser in die Tinte zu kippen?
Manchmal habe ich das Gefühl, es geht nichts Neues mehr. Es wiederholt sich nur noch. Aber es gibt in der Musik trotzdem immer wieder so viele neue Möglichkeiten. Das erstaunt mich selber. Vielleicht gibt es auch deswegen immer wieder einmal Neues, weil man selber ja immer wieder ein bisserl anders ist.

Wie kommt bei dir die Musik zum Text? Manchmal, so sagtest du schon, entsteht sie bei den Texten, drängt sie sich förmlich auf. Ich vermute mal eher, das betrifft dann nur eine oder zwei Zeilen. Wie findest du die Musik zu deinem Text, wie wird der Text vertont?
Ich brauche einen guten Platz, dazu die Gitarre oder das Klavier. Diese zwei Möglichkeiten hab ich. Und je nach dem Liedcharakter weiß ich schon, ich brauche mein Klavier, weil es lauter, fordernder ist. Mit der Gitarre entstehen mehr die schwingenden Sachen. Und dann überlass ich mich mal dem Instrument und der Musik; und meist ist es so, wenn der Text gut ist, dann findet der Text seine Melodie. Das ist ein Überlassen. Ich seh das wirklich so. Sobald ich mich nämlich verkrampfe, wird's schwierig. Dann ist es besser, eine Pause einzulegen, das Ganze einen Tag liegen zu lassen und in der Früh mit einem ganz frischen Kopf wieder ranzugehen; und spätestens dann kommt's einfach oft von selber.

Ich hatte auf dem Katholikentag in Ulm 2004 in einer Talkshow Thomas Quast zu Gast. Das gesamte Auditorium war völlig verblüfft, dass Thomas Quast auf die Frage, wie dieser Prozess bei ihm vonstatten geht, uns verriet, dass ein Lied – wenn der Moment der Inspiration bei ihm gezündet habe – innerhalb von drei bis fünf Minuten dastehe. Ist das bei dir auch so?

Das gibt's durchaus, dass ich den Text nehm und lossinge und weiß: super! Es kann aber auch anders sein, dass es ein tagelanger Prozess ist, wo sich immer wieder was abschleift. Aber die besten Lieder sind oft diese Würfe, wo man weiß, es geht nicht anders als so.

Wann ist ein Lied ein gutes Lied?
Es muss weit sein, es muss eher Platz haben für vieles, ohne platt zu sein. Es muss stimmig sein in sich. Sein Text muss eine Entwicklung haben. Er sollte eine poetische Dimension haben. Text und Musik dürfen nicht banal sein, wobei das natürlich schwierig zu definieren ist. Es muss mich treffen, ohne kitschig zu sein.

Wie gehst du mit Kritik an deinen Liedern um?
Ich nehm sie ernst, weil man ja oft in Gefahr ist, nur die eigene Sicht zu haben. Ich geh aber auch – je nachdem woher die Kritik kommt – gelassen damit um. Mir ist zu meiner eigenen Arbeit ein gewisses Vertrauenspolster gewachsen. Nicht zuletzt durch die Rückmeldungen, die ich krieg, die ich bekomme. Kritik ist wichtig, positive und negative. Ich bin immer dankbar dafür. Ins Nichts hinein zu arbeiten, wär mir nicht möglich.

Das Forum, das dir dieses Feedback am ehesten geben kann, so vermute ich jetzt, ist die Gemeinde, in der du dich engagierst?
In der Gemeinde engagier ich mich eigentlich ganz weit weg von diesem Wort „Auftritt". Was in der Gemeinde läuft, ist eigentlich nur Gebrauchsmusik für unseren Gottesdienst, und da steht nicht im Vordergrund, ob das Lied von mir ist oder von jemand anderem. Es wird einfach zweckmäßig ausgewählt, wobei natürlich in Aschau automatisch mehr Kathi-Stimmer-Lieder gesungen werden.

Machst du eigentlich auch noch viele Auftritte und wenn ja, was sind das für Gelegenheiten?
Wo ich am meisten unterwegs bin und Auftritte im engeren Sinn hab, das ist im weiteren Umkreis, wo ich eingeladen bin zu Liederabenden und auch zu Chortagen und zu Chorabenden.

Du machst viele Seminartage mit Lehrerinnen und Lehrern.
Es gibt ganz viel Drängen von außen: Komm doch zu uns. Womit ich zum Teil gar nicht mehr zurechtkomme, weil ich gar nicht so viel unterwegs sein will. Ich merk, wenn ich zu viele Termine habe, dann hab ich keine Zeit mehr

für die Verlagsarbeit und fürs Liederschreiben. Es ist jetzt seit langer Zeit kein neues Lied mehr gekommen, weil ich in den letzten Monaten sehr, sehr viel Auswärtstermine hatte; und das ist einfach so ein Wechselspiel. Ich bräuchte immer wieder viel Zeit dazwischen, wo Ruhe ist. Das ist momentan ein bisserl schwierig.

Wie geht deine Familie mit dieser wachsenden Prominenz um?
Auch sehr gelassen. Mein Mann unterstützt mich sehr. Da gibt's das nie, dass er sagen würde: „Nein, mach das doch nicht. Das ist zu viel." Die Kinder sind inzwischen so groß, dass es kein Problem ist, wegzufahren, wobei ich doch merke, es ist für die Familie schon belastend, wenn man allzu viel weg ist. Und drum schränk ich das auch ein, versuch's zumindest. Ich möchte in der Familie auch meine Arbeit als Hausfrau einfach tun können. Die nimmt mir keiner ab. Die bleibt mir treu. Das spielt vielleicht auch eine ganz wichtige Rolle in der Arbeit einer Frau als Komponistin: dass sie halt Hausarbeit nebenher hat, dass sie die Wäsche wäscht und dass sie putzt und diesen ganz normalen Alltag hat.

Könntest du von den Tantiemen keine Bügelhilfe bezahlen?
Könnte ich schon, und ich habe auch eine Putzhilfe, einmal in der Woche. Das ist mir eine große Hilfe. Es war schon ab und zu im Gespräch, uns jemanden für den Haushalt zu suchen, aber da hätt ich das Gefühl, zu viel Privatsphäre abzugeben. Ich denk mir, es ist besser, zu schauen, selber über die Runden zu kommen. Dass Familie noch Familie bleibt. Wir versuchen es jetzt so, und die Kinder sind ja inzwischen auch relativ selbständig.

Die musikalische Formation, in der die meisten deiner Lieder eingespielt und aufgeführt werden, ist die Aschauer Musikgruppe. Früher hieß das „Aschauer Rhythmusgruppe", jetzt heißt das Ensemble „Aschauer Stimm-Kreis". Wie kommt es zu dieser auffälligen Namensgebung?
„Aschauer Rhythmusgruppe" war ein ganz unbedachter Name. Man hat uns damals halt einfach Rhythmusgruppe genannt. 1972, als wir die Gruppe gegründet haben, war das.

... die dann halt die so genannten rhythmischen Lieder gespielt hat, obschon per se jedes Lied rhythmisch ist, aber das ist ja nicht jedem begreiflich zu machen.
Da haben uns also die Leute damals so genannt. Den Namen haben wir uns gar nicht selber bewusst gewählt. Die Leut' haben es auf einmal so gesagt: Da

spielt die Rhythmusgruppe. Das war nicht unsre Eigenschöpfung. Und dann waren wir unter diesem Namen bekannt, und als uns klar geworden ist, dass dieser Begriff „Rhythmusgruppe" eigentlich Unsinn ist, haben wir halt doch noch 25 Jahre damit gelebt. Als sich abzeichnete, dass mit dieser Gruppe so kein Weitermachen war, weil die Interessen zum Teil auseinandergegangen sind, und meine Geschwister und ich auch mal neue Wege gehen wollten, haben wir versucht, dieses Wort „Aschauer" im Namen beizubehalten. Wir suchten einen Namen, der was aussagt. Ein „Stimm-Kreis" ist ja etwas Politisches. Wir haben ein Lied, in dem wir singen: „Unseres Herzens Stimme, für dich unsern Gott." Das wurde der Auslöser für den neuen Namen „Stimm-Kreis". Wir geben unsere Stimme ab für Gott.

Ach, das soll auf die Wahlkreise für den Deutschen Bundestag anspielen?
Ja, das heißt bei uns Stimm-Kreis. Drum war auch der Bindestrich im Namen so wichtig.

Weil das auch im Politischen so geschrieben wird?
Nein, eben nicht. Im politischen Sprachgebrauch ist es ein Wort. Wir wollten „Stimm-Kreis" heißen als Runde einer Gemeinschaft. Aber das Wort scheint schon für manche sehr schwer auszusprechen. Wir waren schon angekündigt als Singkreis und als alles Mögliche. „Stimm-Kreis" gibt's halt nicht in dem Zusammenhang. Inzwischen lebt der Name aber gut mit uns.

Welche Rolle spielt in deinem Schaffen die Familie?
Ein ganz einfaches Beispiel: Wenn's daheim kracht und Unfrieden ist, dann fühl ich mich nicht wohl, dann leide ich drunter und ich spür einfach, dass die Harmonie in der Familie wichtig ist, dass ich arbeiten kann. Wenn ich spüren würde, meine Leute würden das nicht mittragen, ich könnt mir nicht vorstellen, dass ich so arbeiten könnte.

Wie würdest du für dich das Genre NGL fassen?
Es ist der Versuch von Menschen unserer Zeit, den Glauben in Worten und Musik unserer Zeit zu fassen. Und ich stell das Wort „Versuch" dabei ganz groß hin.

Das würde auch auf irgendeinen religiösen Schlager passen.
Für mich sind der Glaube mit seinen festen Vorgaben und die Theologie wichtig. Die Kirche hat ein Gebäude errichtet, in dem wir uns aufhalten, und für dieses Gebäude versuchen wir, Lieder zu schreiben. Sie müssen in dieses Ge-

bäude passen, dazu aber auch mit rausgehen können ins Leben. [Lacht.] Das ist manchmal auch ein Spagat.

Bei den Textern und Komponisten, die aus dem katholischen Bereich kommen, stellt man stark ein „Arbeiten für" die Gemeinde und ihren Gottesdienst fest, das manchmal auch ein kritisches „Abarbeiten an" den Vorgaben der Liturgie ist. Die liturgische Vorgabe, die im katholischen Bereich sehr viel bestimmender ist als die Agende in evangelischen Kirchen, ist eine Reibungsfläche und zugleich eine Einladung. Das NGL ist ja bei Weitem nicht unökumenisch, aber es gibt doch einen starken liturgischen Bezug, wobei das Bedürfnis spürbar ist, Liturgie damit zu verlebendigen oder verständlicher zu machen. Würdest du diese Einschätzung teilen?
Auf jeden Fall! Eines der wichtigsten Wörter in Bezug auf das NGL ist für mich das Wort „lebendige Liturgie". Wir brauchen eine Liturgie, die mit unserm Leben zu tun hat.

Allgemein christliche zeitgenössische Pop-/Rockmusik – die Christian Contemporary Music – gibt's ja viel. Bei einem entsprechenden Verlag wie Gerth Medien würde man Kathi Stimmer-Salzeder oder Gregor Linßen aber nicht vermuten. Das sind doch vom Klanggewand und der musikalischen Faktur überhaupt zwei unterschiedliche Paar Schuh. Dennoch ist schwer zu definieren, was das Unterscheidende ist. Kannst du diese Unterschiede klarer benennen? Deinem Nicken entnehme ich, du nimmst die auch wahr. Was macht die Unterschiede aus? Also, ich käme nicht auf den Gedanken, Siggi Fietz oder Hella Heizmann als NGLer zu bezeichnen.
Ich hab einige von diesen Liedern gehört und Texte gesehen. Diese Künstler haben ein anderes Gefühl für Sprache, für Musik als ich. Also das ist was Unterschiedliches, wie Menschen einfach einen unterschiedlichen Geschmack haben.

Was ist das denn für ein unterschiedliches Gefühl?
Da muss ich jetzt nachdenken, das ist ein bisserl weit weg. Es ist auch schon lang her, dass ich so einen Text gelesen hab, muss ich sagen.

Das gehört nicht zu deiner Lebenswelt?
Die begegnen mir normalerweise überhaupt nicht.

Da haben sich unterschiedliche Szenen entwickelt. Das eine ist die evangelische Liedermacherszene und das andere ist NGL. Man kann die sehr wohl

unterscheiden. Ich merke das daran, wenn ich in Arbeitskreisen mit evangelischen Christen zu tun habe, die fragen mich immer: „Was ist eigentlich NGL?"
Da laufen auch mehr die Lobpreislieder und Gospels. Ich glaube, dass dort Gott verstanden ist als jemand, der relativ hoch über einem steht. Als der Herr, den wir preisen und loben. Ich habe mehr Gott im Blick, der mir nah ist; der bei mir ist, mit dem ich spreche. Musik ist ein unglaublicher Weg für die Spiritualität, da läuft ganz vieles nicht über den Kopf, sondern übers Gefühl. Musik spricht auf mehreren Ebenen an, die wir selber auch gar nicht so steuern. Was ist das, dass ich beim Singen eine Gänsehaut bekomme oder weinen muss?

Vielleicht weil wir singen, was wir nicht sagen können?
Ja.

Ist das auch ein Grund für das Liederschaffen?
Ja, bestimmt.

Was können Einrichtungen der Kirche, zum Beispiel Jugendämter und die Arbeitsstelle für Jugendseelsorge, tun, um musisch-kulturelle Ausdrucksformen zu fördern?
Ich hab als Jugendliche sehr bedauert, nicht mehr Ausbildung in diesen Bereichen bekommen zu haben. Wir hätten mehr Rückmeldung brauchen können. Da müssten Hauptamtliche und auch engagierte Ehrenamtliche geschult werden. Solch eine Qualifizierung habe ich eigentlich auf ganz anderem Weg bekommen, als ich es erwartet hätte – nämlich über die Initiative eines Theologen, der geistliche Volkslieder mit uns beackert hat. Wir haben die Lieder kritisch untersucht, auch auf Fehler. Dabei habe ich ganz, ganz viel gelernt. Man braucht solche kritischen Gesprächspartner, muss Berührungsängste vor Dialog und auch vor dem Lernen abbauen. Wenn etwa ein junger Mensch herkommt und anfängt, Lieder zu schreiben, dann ist einfach Offenheit nötig füreinander. Es braucht Räume geschützter Kommunikation. Wo kann der sich hinwenden? Wo bekommt er kritische Hilfestellung? Hoffentlich bei euch.

Gibt es von dir Wünsche für deine kreative Arbeit als NGLerin?
Mir wird immer mehr bewusst, dass das eine echte Aufgabe und Berufung ist. Ich soll manchmal wohin gehen, wo ich gar nicht so gern hingehen möchte. Aber immer mehr spüre ich: Ich soll! Mein Wunsch wär, dass ich dieser Aufgabe gewachsen bin, dass ich die Kraft dazu hab. [Lacht.] Und natürlich wünsch ich mir auch, dass die Lieder, die ich jetzt so auf die Welt losgelassen

hab, ihren Weg finden dürfen. Dass das oft so ist, das freut mich sehr. Ich wünsch mir, dass ich das nicht kommerziell mach, sondern einfach aus der Seele.

Gibt es Wünsche für das Neue Geistliche Lied? Wie soll es weitergehen?
Da kommt ein wichtiger Punkt ins Spiel. Man kann diese Lieder nicht „machen". Ganz vieles, was heute auf den Markt kommt, wird „gemacht". Vielleicht weil man einen Verlag hat und weil man einfach produzieren muss. Mein Wunsch an das Neue Geistliche Lied ist, dass Lieder kommen, die aus der Seele fließen.
Und wenn wir eine junge Generation ansprechen: Das können wir gar nicht machen! Wenn jemand käme, der spürt, was dran ist, dem das aus dem Leben kommt, dann wird eine jüngere Generation wieder ihren Ausdruck finden. Gleich welche Stile das dann sind. Es muss nur echt sein und authentisch. Dann wird man es auch annehmen. Was für mich nicht akzeptabel ist, wenn man merkt: Das ist jetzt „produziert".

Wie stehst du zu Techno oder Rap? Liegt in dieser Art von Musik eine Zukunft für diesen Sektor?
Diese Stile stellen eine Einschränkung dar: Sie sprechen nur eine bestimmte Altersgruppe an. Wenn's dort, wo es ist, passt und Leute sind, die das auch mögen, finde ich es gut. Als allgemeines Gemeindelied sehe ich die Basis nicht dafür.

Und für dich käme es auch nicht in Frage?
Dass ich so was schreibe?

Hast du schon mal zu rappen versucht?
Einmal, so ein bisserl, aus dem Bauch raus. Aber es ist nichts, mit dem ich wirklich umgeh. Die Musik, die meine Kinder hören, ist mir meist zu unruhig. Ich mag's nicht, wenn's zu laut wird.

Sagen deine Kinder schon mal: Mama, mach mal andere Musik?
Nein, sagen sie nicht. Meine Aufnahmen legen sich die beiden jüngeren immer wieder mal ein, ich kann allen dreien Texte vorlesen, sie fragen, ob es passt, oder ihnen auch ein neues Lied vorsingen. Das ist eigenartig. Wenn man ihn fragt, sagt mein Sohn Johannes – und der ist 22: „Ich bin stolz auf meine Mama!"

„Nix geht flöten! Alles kommt!"
Wilhelm Willms im Gespräch[20]

Biografische Skizze

Wilhelm Willms, geb. 1930 in Rurdorf; nach einigen Semestern im Studium der Kunstgeschichte Wechsel zur Theologie (Studium in Bonn und München); 1957 Priesterweihe; Kaplan in Aachen und in Krefeld (City-Kirche); Pfarrer in Heinsberg; von 1980 bis 1990 an der Theresienkirche in Aachen (Personalgemeinde); nach einem Schlaganfall während einer Messe am ersten Adventssonntag 1990 war er für freie Mitarbeit in seiner Diözese freigestellt.

Autor zahlreicher Sammelbände zu liturgischen und katechetischen Anlässen; Lyriker und Verfasser von über 200 Liedtexten (ALLE KNOSPEN SPRINGEN AUF, WENN DAS ROTE MEER GRÜNE WELLE HAT, DER HIMMEL GEHT ÜBER ALLEN AUF, WEIßT DU, WO DER HIMMEL IST uvm.); erster, zweiter und dritter Preis für seine Liedtexte beim Wettbewerb „Kiel oben – Kiel unten" zum Neuen Geistlichen Lied anlässlich der Segelolympiade 1972 in Kiel. Librettist mehrerer Musiktheater: „Ave Eva" (1974), „Franz von Assisi" (1977), „Wir mauern Jericho" (1980) und „Wagnis und Liebe" (1985). Zusammenarbeit mit u. a. den Komponisten Hans-Jörg Böckeler, Peter Janssens und Ludger Edelkötter.

Wilhelm Willms starb, für viele unerwartet, am 25. Dezember 2002 im Alter von 72 Jahren.

---

[20] Das Gespräch fand im November 1995 in Heinsberg statt.
Begegnungen mit Wilhelm Willms waren zum Zeitpunkt des Interviews aufgrund seiner Erkrankung bereits rar geworden. Sie trugen neben dem Charakter des Seltenen mitunter Züge nicht einfach eines Gesprächs, sondern einer Dichterlesung. Mitten im Satz, nach einer Antwort suchend, griff Willms zu einem Ordner, in dem er Texte und Gedanken der letzten Tage gesammelt hatte und trug vor, was ihm geeignet schien, Auskunft zu geben. Es passierte auch, dass Willms seinen Gast bat, selbst laut zu lesen, was er niedergeschrieben hatte. So konnte es vorkommen, dass im Gespräch Bruchstücke oder längere Passagen gesprochen wurden, die Willms in Vorbereitung des Gesprächs notiert hatte, und die also im strengen Sinne Zitate oder besser: Rezitationen waren.

In den Veröffentlichungen zu Ihrer Person, Herr Willms, findet man kaum Notizen über Ihre Kindheit und Jugend.
Ich bin in Rurdorf bei Linnich vier Jahre auf die Volksschule gegangen. In Jülich besuchte ich für drei Jahre das Gymnasium. Der Krieg an der Rur unterbrach den Schulbesuch, und nach dem Krieg bin ich in Düsseldorf-Oberkassel auf dem Comenius-Gymnasium gewesen. Das hat mich sehr geprägt. Im Unterricht haben wir uns sehr mit moderner Literatur beschäftigen können. Ein junger Referendar las mit uns alle die modernen Autoren. Und er machte das so gut, dass zeitweilig sogar unser Direktor in einer Bank Platz nahm, um jetzt auch etwas über diese neue Literatur zu erfahren. Rilke war zu jener Zeit mein großer Schwarm. So sehr, dass ich zunächst selbst „rilkte". Ich erinnere mich, einmal in einem Aufsatz ein Rilke-Gedicht zitiert zu haben, das es gar nicht gab. Das hatte ich selbst geschrieben.

Das Leben in Düsseldorf dürfte ziemlich anders gewesen sein als Ihre Kindheit in Rurdorf.
Ich bin da in Düsseldorf „unheimlich schön" in die Kunstszene hineingeschlittert.

Joseph Beuys hat da gelebt ...
Der lebte in unserer Nachbarschaft, aber auch andere Künstler und eine ganze Reihe Schauspieler vom Theater, und ich wohnte mittendrin. Da habe ich die ganze Szene der neuen Kunst, die zuvor als entartet verpönt war, sehen können. Wir durften ins Schauspielhaus gehen und Gustaf Gründgens erleben, Elisabeth Flickenschildt, Marianne Hoppe, Will Quadflieg und viele andere. Von meinem vierzehnten Lebensjahr an bis zum Abitur habe ich dort eine herrliche Zeit erlebt. Ich wohnte bei Großonkel und -tante, die mich nach Düsseldorf eingeladen hatten, weil ja in Jülich noch alles plattgewalzt war vom Krieg.
Nach dem Abitur habe ich einige Semester an der Kunstakademie studiert. Alle rieten mir, Buchillustrator zu werden. Das habe ich dann aber nicht gemacht. Ich wollte noch gerne Germanistik studieren, und unter der Hand kam dann die Idee, Theologie zu studieren. Dafür bin ich zunächst nach Bonn gegangen. Düsseldorf hatte ja noch keine Universität, und später ging ich in das Priesterseminar nach Aachen.
Meine erste Kaplansstelle war fast auf dem Land, in St. Peter/Viersen. Die Situation dort war gar nicht einfach, weil es eine Gemeinde war, die sich über drei Ortschaften verteilte. Das hat mir sehr viel Freude gemacht. Ich hab meine Phantasie spielen lassen. Ich sagte mir: So kann es gar nicht weitergehen. Die Leute glaubten an die Sünde, wo sie gar nicht sündigten. Mein Pastor

war insofern ein Wunder für mich, weil er zu seiner eigenen Kaplanszeit bei einem Pastor eingesetzt gewesen war, der kein geringerer war als Josef Thomé. Der stand seinerzeit auf dem Index und hat kurz vor seinem Tod noch Uta Ranke-Heinemann promoviert. Er hat ein Buch geschrieben mit dem Titel „Der mündige Christ". Dieses Denken hat – das können Sie sich vorstellen – unsere Arbeit wirklich beeinflusst. Mein Pastor in Viersen war also von diesem Mann geprägt. Das Konzil stand vor der Tür, und die Bücher von Leuten wie Thomé hatten eine Türöffner-Funktion gehabt. Wir haben das Konzil bei uns schon etwas vorweggenommen. Wir haben beispielsweise schon mit dem Gesicht zum Volk zelebriert.

Dann kam ich nach Aachen. Und das war auch wieder ein Glück, ich wurde nämlich in das Prominentenviertel von Aachen, nach St. Michael, versetzt. Da gab es einen Pastor, der hieß Hugo Bauermann. Bauermann war Diözesanjugendseelsorger gewesen und ermutigte mich sehr, etwas mit den Jugendlichen zu unternehmen. Der sagte zu mir: „Wenn du jetzt was mit den Jugendlichen machst, bekommen wir bald ein richtiges Jugendheim." Wir hatten damals nur eine ganz primitive Baracke zur Verfügung, wirklich ganz einfach. Die nannten wir scherzhaft „Saint Michél". Ich fuhr einmal mit dem Omnibus mit 50 Jugendlichen nach Rom, Assisi und Ravenna und als ich nach Hause kam, stand meine Mutter in der Tür und sagte: „Du bist nach Krefeld versetzt." Und das war dann erst ein Schock und später ein weiteres Glück. St. Dionysius war in der City von Krefeld, und Krefeld war ja größer als Aachen, das muss man wissen. Krefeld war die größte Stadt unserer Diözese, war auch urbaner als Aachen. Als ich die Kirche dort sah – es war schrecklich: ein neoklassizistischer Bau. Aber nach kurzer Zeit vergaß ich diesen Raum. Der Pastor ließ mich gewähren. Er überließ mir die Sonntagsmesse um 12 Uhr und die Abendmesse um 18 Uhr als feste Zeiten. So wussten die Leute genau, wo sie hingingen.

Und dort kam es dann zu dem Kontakt mit Hans-Jörg Böckeler...
Die Gemeinde bekam einen frischgebackenen, begabten Kantor, wie vom Himmel gefallen. Zu ihm meinte ich: „Wollen wir hier alles so weitermachen wie bisher oder ganz neu beginnen?" Er fragte mich: „Was meinen Sie?", und ich sagte: „Ich schreibe neue Liedtexte und Sie vertonen die." Er hatte nämlich in Düsseldorf am Robert-Schumann-Konservatorium auch komponieren gelernt. Gesagt, getan. So geschah es zur großen Freude aller Beteiligten. Es wuchs ein neuer Jugendchor in unserer City-Kirche. Wir durften erleben, dass mitten in der Großstadt neues Leben aus den Ruinen erblühte. Wir sangen ein neues Lied im alten Land. Und wo solch Neues wird, da sammeln sich Menschen, die

sehnsüchtig darauf gewartet haben. Die Dionysiuskirche füllte sich von Sonntag zu Sonntag, und dies war überwiegend junge Generation – aber nicht nur. Es waren auch jung gebliebene Alte, die da Feuer und Flamme waren.
Und wie das dann so geht. Wer Realist ist, wird fragen, ob das ohne Komplikationen abging. Der Neid wuchs sprichwörtlich. „Invidia clericalis" soll ja das Schlimmste vom Schlimmen sein. Gerade an heiliger Stätte feiert der Diabolus seine Feste. Aber, um mit Hölderlin zu sprechen: Wo Gefahr ist, da wächst das Rettende auch! Als wir schließlich mit einem ersten, zweiten und dritten Preis von dem Liedwettbewerb anlässlich der Kieler Segelolympiade 1972 zurückkamen, war es damit vorbei! Es war eine Freude und war eine Lust. In allem, was wir sangen und was ich sagte, war ich verwurzelt in biblischen Urgründen. Ich las die Kirchenväter und dazu klassische und neueste Literatur. Bis hin zum Gipfel, zu Paul Celan und seinen „Freundinnen": Nelly Sachs, Else Lasker-Schüler, Hilde Domin, Christine Lavant und Ingeborg Bachmann. Dann nicht zu vergessen Max Frisch, Dürrenmatt, Georg Trakl, Musil, Karl Kraus, Ernst Jandl und nicht zuletzt Peter Handke. Es kamen auch Krefelder Schauspieler in die Gottesdienste, und der Theatermusiker Georg Koch – ein Jude – vertonte meine Texte, obwohl er kein gläubiger Jude war. Aber wo Neues wird, sind alle im besten Sinne grenzüberschreitend katholisch.

Irgendwann erhielt diese Arbeit eine Breitenwirkung über Krefeld hinaus.
Ja, das war wesentlich mit der Segelolympiade 1972 in Kiel der Fall. Als es die Münchener Olympiade gab, war von der evangelischen schleswig-holsteinischen Landeskirche über Bischof Hübner ein Wettbewerb für Neues Geistliches Lied ausgeschrieben worden unter dem Titel „Kiel oben – Kiel unten". Gefragt waren zunächst Texte zum Thema Spiel und Völkerverständigung. Ich schickte sieben Texte ein. Fünf wurden angenommen und auch mehrmals vertont. Einer sogar siebenmal. Am Ende empfing ich als Katholik aus des evangelischen Bischofs Hand die Preise. Von da an war der unterirdische Verleumdungskampf gebremst.
Von nun an wurde fast alles gutgeheißen, was wir so sagten und sangen. Es war häufig multimedial, wie man heute sagt. Unser Neues eroberte Katholiken- und Kirchentage. Es gab dann bald den Düsseldorfer „Ökumenekreis Altstadt" an der Neanderkirche mit Oskar Gottlieb Blarr und an der Andreaskirche mit Pater Diethard Zils, einem Dominikaner. Das Wort und die Tatsache „Liturgische Nacht" wurden damals aus der Taufe gehoben. Wir haben in der Bahnhofsunterführung von Krefeld mit vielen Gästen unterschiedlicher Nationalitäten Gottesdienste mit sinnlichen, vielfältigen künstlerischen Elementen gefeiert.

Würden Sie sagen, dass Sie damit in Krefeld noch vor dem Evangelischen Kirchentag 1973 die „Liturgische Nacht" erfunden haben?
Wir haben das gemacht, was bald darauf als „Liturgische Nacht" bekannt wurde. Ob wir diese Bezeichnung schon verwendet haben, daran kann ich mich nicht mehr mit Sicherheit erinnern.

Die Initiativen eines Aufbruchs, einer Ahnung, dass es alles auch noch mal ganz anders sein könnte mit der Kirche, bündelten sich allmählich überregional, taten sich zusammen?
Von nun an gab es jedes Jahr irgendwo in den deutschsprachigen Ländern ein Treffen von Textern und Komponisten unter der geistigen Führung von Professor Johannes Aengenvoort. Er war Dozent an der Folkwangschule. Ihm verdanken wir ein jahrelanges intensives und fruchtbares Arbeiten. Es ging da mitunter liebevoll kritisch zu. Arnim Juhre – selbst ein Texter – war zuständig für uns Texter. Wir waren nicht nur wie selbstverständlich Ökumeniker, sondern auch ein Gemisch von Frauen und Männern, Österreichern, Schweizern und Niederländern. In Kiel gab es ja bei der Preisverleihung auch zwei Frauen: Erna Woll und Felicitas Kuckuck.

Ihr „Olympia"-Text traf dann ja plötzlich mit großem Ernst auf die Geiselnahme im Olympia-Dorf zu.
In den Zeitungen stand dann eines Morgens: Gestern wurde in Kiel der Text preisgekrönt, der genau das traf, was in München geschah: „zwischen abel und dem bruder kain hängt alles an einem haar, weil kain für bruder abel nicht bruder war". So holen mich immer Dinge ein, die vorweg geschahen. Das liegt daran, dass wir, wenn wir tief genug sind, radikal sind, nie von unserer Geschichte überholt werden können. Die Eintagsfliegen erkennen wir an ihrer modischen Raschvergänglichkeit.

Dann kamen Sie nach Heinsberg ...
Ich musste erst mehrere Jahre lang mit meinem Vorgänger hier zusammenarbeiten. Das war auch ein Glück, denn so hatte ich Freiheit. Hier sollte ursprünglich ein Meditationszentrum gegründet werden. Daraus ist aber nie etwas geworden. So war ich frei, andere Dinge auszuprobieren und zu tun. Wir haben damals zwei Hungertücher hier in Heinsberg gemacht. Später hat dann Misereor übrigens so getan, als hätten die den Brauch des Hungertuches wiederentdeckt. Ich hatte schon in Aachen batiken gelernt und das hier der Jugend und den Frauen beigebracht. Und das Ergebnis war unter anderem ein großes, wunderschönes Hungertuch, das heute noch in St. Gangolf aufgehängt wird.

Das wurde auch in Ihrem Buch „aus der luft gegriffen" abgebildet und vorgestellt.
Da hat sich Misereor nachher mit geschmückt. Ich habe ja damals auf Anregung von dem Dr. Mock von Misereor für das Misereor-Hungertuch aus Indien Texte unter dem Titel „Fest der Hoffnung" gemacht. Das war 1976. Peter Janssens sollte die Liedtexte vertonen. Die Eröffnungsveranstaltung war für Regensburg vorgesehen. Dort hat dann aber der Bischof die Veranstaltung verboten, weil es in München Krach um Aufführungen von „Ave Eva" gegeben hatte. Der Bischof von Regensburg hielt uns für Häretiker und wollte uns bei sich nicht haben. Der fand es schlimm genug, als er erfuhr, dass wir uns kurz zuvor zu einer Besprechung über die geplante Veranstaltung in seinem Generalvikariat getroffen hatten. Bischof Döpfner konnte damals gerade noch verhindern, dass Sektierer im Liebfrauen-Dom gegen „Ave Eva" beteten. Der hat den Dom einfach geschlossen, und „Ave Eva" wurde in der Abtei St. Bonifatius in der Münchener Innenstadt aufgeführt.

Und die Gegner zogen in Sühneprozessionen um die Kirche ...
... und verkauften wundertätige Medaillen!

Wann haben Sie denn das erste Mal gedacht, dass die Lieder, die das „Laudate" und die übrigen diözesanen Liedsammlungen mitbrachten, nicht ausreichen? Dass also eine neue Sprache hermusste, die Sie selber mitprägen wollten.
Das war im Zusammenhang mit den Liedern, die der Wettbewerb der Evangelischen Akademie Tutzing hervorgebracht hatte. Ich dachte „gut und schön", aber mir kam das alles etwas naiv vor, wenn ich einmal an DANKE und EIN SCHIFF, DAS SICH GEMEINDE NENNT erinnere. Das war nicht mein Geschmack. Mein Geschmack war literarisch orientiert und hatte sich an der Weltliteratur gebildet; an der französischen einer Gertrud von LeFort und auch eines Sartre und besonders an der deutschsprachigen Nachkriegsliteratur. Ich schleppte immer Claudels „Der seidene Schuh" mit mir rum. Ich konnte mich nicht mit dem Hausgebackenen von Tutzing anfreunden. Ich liebe ja wirklich auch die alten Kirchenlieder.

Es geht also nicht primär um die neue Form.
Es geht darum, dass der Text trifft oder nicht trifft. Man muss den richtigen Ansatzpunkt finden, um ein Lied singen zu können.

Was ist es, das da trifft?
Ich kann etwas erzählen, und wenn ein anderer es erzählt, stimmt es plötzlich nicht mehr. Der Ton macht die Musik. Das ist aber viel zu kompliziert, um sagen zu können, wo die Gründe dafür liegen.

Grundlegend ist vielleicht eine Haltung, die spürbar wird hinter einem Text und die sich in dem Text nachweislich, spürbar, herauslesbar mitteilt. Wo das der Fall ist, kann ich manches singen und sagen, was ich nicht selbst gemacht habe?
Warum stimmt heute etwas nicht, das gestern noch stimmte? Wir wissen es nicht. Der Triumphalismus, den etwa EIN HAUS VOLL GLORIE SCHAUET transportieren sollte, ist natürlich schlimm, weil Triumphalismus immer schlimm ist. Aber wenn Sie das reduzieren auf seinen Kern und analysieren, ist an dem Text im Grunde nichts verkehrt. Wenn dieser Text aber von einer *stolzen* Kirche gesungen wird, und wenn er gesungen wird gegen andere, dann stimmt es nicht mehr. Wenn es gesungen wird, weil man die Sehnsucht hat und die Hoffnung, es möge doch so kommen, wie es der Text beschreibt, dann stimmt es. Es ist also, wie Sie sagen, die Haltung, die dahintersteckt, die darüber entscheidet. Und das meint das französische Sprichwort ja auch, das sagt, der Ton mache die Musik.

Sie haben also die „textlichen Grundklänge" der neueren Lieder nicht gut gefunden und sahen sich von daher veranlasst, eigene Vorschläge zu machen?
Ich war ja mehr von einer anderen Seite geprägt. Wenn Sie in Oberkassel aufgewachsen sind und das alles mitbekommen haben, dann konnte Sie Tutzing und was da so im Umfeld entstand nicht vom Hocker reißen. Es war also – wie Sie sagen – wesentlich ein Erleben von Ungenügen, das mir dann den Stoß versetzte, oder das mich spüren ließ, ich müsse mich selber daranmachen, solche Beiträge zu liefern.
Ich hatte erste Erfahrungen mit Hans-Jörg Böckeler gesammelt, und als Professor Aengenvoort mit der Gründung des Ökumenischen Arbeitskreises kam, vermehrte sich das ganz von selbst. Ich schreibe ja nicht aus mir selbst heraus, sondern weil ich „muss". Dort habe ich auch zum ersten Mal den Peter Janssens getroffen. Dort wurden die Kontakte zu den Komponisten intensiver, und so wurden die Lieder für uns auch immer wichtiger. Die Komponisten flogen auf meine Texte wie die Bienen auf die Blüten.

Auch Oskar Gottlieb Blarr war dabei. Er publizierte seine Lieder aber zum Teil unter dem Pseudonym „Choral Brother Ogo".
Das lag daran, dass er Lektor beim Verlag Schwann und bei Patmos war. Und er hatte Angst, man würde meinen können, er wolle sich einschmuggeln. Obwohl er da gar nicht der Typ für war. Er hat nie seine Beziehungen benutzt, um sich bekannt zu machen.

Haben Sie damals die großen Projekte wahrgenommen, mit denen etwa die KJG 1972 Gottesdienste mit Breitenwirkung feierte, von denen Lieder ausgingen und schließlich auch Schallplatten veröffentlicht wurden? Ich denke etwa an die Platte „Wir haben einen Traum"/„Unser Leben sei ein Fest" oder an das große Projekt der „Liturgischen Nacht" auf dem Evangelischen Kirchentag 1973 in Düsseldorf.
Nein. Wir waren in Krefeld mit unserer eigenen Arbeit genug beschäftigt. Ich hatte ja allein sechzehn Schulstunden Religionsunterricht zu erteilen und bekam als erster Priester in Deutschland die Erlaubnis, in der Waldorfschule zu unterrichten. Und ich muss sagen, nicht alles konnte mich begeistern. Begründen kann ich das aber im Einzelnen nicht. Die Cordelia Spaemann, Ehefrau von Robert Spaemann, hat einmal gesagt, sie würde am liebsten einmal ein Buch nur über meine Epigonen schreiben. Das Epigonale führte mit zum Niedergang dieser Kirchenmusik. Mittlerweile ist es so, dass jeder Komponist, der Geld verdienen muss, drauflos vertont und so den größten Unsinn schafft. Ich habe, um ein Beispiel zu nennen, das Laute nie geliebt. Manches geht darin unter, man hört sich dann als Musiker oder Komponist selbst gern, statt den Text. Das ist immer gefährlich. Das passierte auch mit dem Pit Janssens. Das Laute hat mich von Anfang an gestört. Mir tut das weh, wie ein Wort verkommt zum Krach! Es geht ja auch anders. Das Wort zum Kirchenlied ist ja mehr als bloß ein Anlass zur Musik.

Das unterscheidet das Neue Geistliche Lied von weiten Teilen der gängigen Pop- und Rockmusik und auch vom Schlager.
Sehr richtig. Das Kirchenlied muss ehrlicher sein als der Schlager. Musik ist ja das Schönste, aber sie ist nicht das, was wir in unserem theologischen Sinne Offenbarung nennen. Komponisten können da, wie Aaron als Sprachrohr des ungelenk redenden Mose, eine Nachricht durch ihre Musik verfälschen! Das ist mir immer wieder passiert. Zum Beispiel mit vielen Stücken, die der Reinhard Horn aus Lippstadt komponiert hat. Der wollte mal den „Song of Love", meine Texte zum Hohen Lied, neu vertonen. Das habe ich gerade noch verhindern können. Das ist alles nicht zu gebrauchen. Musik kann vom Text so ablenken, als würde man während eines Vortrages mit Papier rascheln.

Wann wäre ein Lied in Ihrem Urteil ein gelungenes Lied?
[Lacht.] Wenn ich mich dran erfreuen kann, dass mein Geist dabei noch zum Ausdruck kommt. Wenn das Lied kongenial ist, wenn also zwei zusammenkommen, die wie füreinander gemacht sind. Solche Musik ist dem Text angemessen, ist gleichwertig zum Text. Musik kann zum Textsinn hinzutreten, kann ihn manchmal eröffnen. Das ist dann das Schönste. Der Hans-Jörg Bö-

ckeler hat da gegenüber dem Ludger Edelkötter und auch gegenüber meinem Freund Peter Janssens die größere Sensibilität. Seine Tante war Nonne in Eibingen und hat die Gesänge und Musik der Hildegard von Bingen herausgegeben.

Hans-Jörg Böckeler also, würden Sie sagen, ist der Mann, der dem Wortsinn am besten nachspüren und den Text vertonen kann?
Wenn Sie den Hans-Jörg Böckeler in der Messe an der Orgel haben, dann kann der die Predigt mit seiner Musik weiterführen. Das können nur wenige. Der komponiert auch nicht auf den Ohrwurm-Charakter hin. Eine Gemeinde darf sich um ein gutes Lied ruhig bemühen müssen. Nichts ist schlimm daran, wenn sie es *einstudieren* muss. Sie muss es sich allmählich aneignen können. Nicht wenn es leicht eingeht, ist es schon ein gutes Lied.

Wenn Sie so hoch vom Liedtext denken, ist es im Grunde überflüssig zu fragen, ob Sie einverstanden sind, wenn Komponisten Ihre Texte ändern.
Ich hatte einmal im Sommer 1992 eine Anfrage von einem Kirchenmusiker aus dem Bistum Limburg, der eine Strophe von mir ergänzen wollte. Ich habe ihm ablehnend geantwortet. Oft geht es dabei nur darum, Signalworte einzuführen, die die Bildkraft des Originals nichts als schmälern würden. Ich habe dem Mann damals geschrieben, dass ich ja auch Hilde Domin nicht bäte, zu ihrem Gedicht „Abel, wach auf" noch eine mir genehme Zeile zuzufügen. Das ist dichteln, nicht dichten.

Könnten Sie sich ein Kirchenlied im Klanggewand von Rap oder Techno Music vorstellen?
Das kenne ich gar nicht! Was ist Rap-Musik? Es müsste nicht mein musikalischer Geschmack sein, aber sie müsste dazu dienen, den Text ankommen zu lassen. Aber die Musik muss auch selbst was taugen. Sie muss Qualität haben im objektiven Sinne. Ich kenne mich da zu wenig aus. Ich bin kein Musiker und kein Komponist. Ich singe nur gerne, dann aber meistens falsch. Es kann ja auch sein, dass eine Sprache, die heute nicht mehr gesprochen wird, trotzdem die Sache trifft. Ich denke an unsere deutschen Mystiker oder an Paul Celan. Das liest ja kaum einer mehr, ich empfehle es auch nicht jedem. Aber man findet dort große Gedanken so bereitet, dass es selbst einfachste Leute verstehen. Die Reduktionen, die sich bei Celan finden lassen, sind teilweise wirklich einfach und verständlich.

Woher kommt dieses Bemühen bei Ihnen, das Große oder Heilige dem Menschen von heute nahbar zu machen?

Als Jesus am Kreuz, sich radikal hingebend, seinen Geist aushauchte, da zerriss der Tempelvorhang von oben bis unten und ließ den Vorraum als Profanum mit dem Heiligen, dem Fanum und dem allerheiligsten Innenraum des Tempels eins werden. Die Hüllen fallen. Das ist Offenbarung. Wir vermögen zu sehen, was noch nicht ist und dennoch schon ist.

Wie anspruchsvoll sind Sie an Ihre Gottesdienste? In den Materialsammlungen der 70er und 80er Jahre fällt auf, wie oft Sprech-Stücke vorkommen, die doch geschulte Lektoren verlangten.
Das waren alles Leute aus der Gemeinde, die ich geschult habe. Das geht alles ohne Profis.

Wie vollzieht eine Gemeinde das mit?
Eine Gemeinde muss man „gewöhnen". Gewöhnen und: Ab-Gewöhnen. Man darf die Gemeinde nicht unterfordern; immer ein bisschen überfordern. Man muss aber sehen, dass sie noch mitkommt. Und wenn sie etwas nicht ganz versteht, ist es auch nicht schlimm. Dann sagen die Menschen: „Ach, da ist noch was, was ich nicht verstehe!" Das ist besser, als alles schon zu wissen. Auf die Verständlichkeit kommt es an. Das nennt man ja, etwas „offenbar" machen, etwas öffnen.

Mögen Sie eigentlich den Begriff „Neues Geistliches Lied"?
Er ist komisch! Was ist „geistlich"? Ist eine schöne Blume geistlich? Eine Rose ist eine Rose ist ein Rose. „Beatmesse" oder „Neues Geistliches Lied" oder: „Liturgische Nacht" – da habe ich mir noch keine Gedanken drüber gemacht. Ich weiß auch nicht, ob sich diese Begriffe halten werden. Ich weiß wohl, dass ich nie Texte „für Jugendliche" machen wollte. Ich habe auch nicht reine „Jugendmessen" machen wollen. Ich habe immer so gedacht: Wenn Kinder dabei sind, dann nehmen die das an, was ihre Eltern schön finden. Das überträgt sich auf die Kinder, gleich ob sie es verstehen oder nicht. Aber sortieren fand ich immer unnatürlich. Sortieren Sie mal danach eine Familie auseinander! Morgens gehen die Kinder, abends gehen die Eltern zum Gottesdienst. Das ist doch unnatürlich. Wir haben das hier noch nie so gemacht.

Haben diese Lieder Gemeinden gespalten?
Es blieben schon mal Leute weg, aber gespalten wurde dadurch keine Gemeinde, die ich kenne. Da haben wir nie Streit gehabt. Ich kann das verstehen, wenn manche Leute nicht mitkamen, aber oft habe ich auch erlebt, dass Ältere viel weiter waren als manche Jugendliche.

Die Musikwissenschaften sagen uns, dass Lieder in den Idiomen der Pop-/ Rockmusik identitätsstiftend wirken.
Da stimme ich sofort zu! Diese Lieder einigen! Das hat schon Luther gewusst, der darauf drängte, die Theologie zu singen. Was übrigens *immer* einigt, so habe ich erfahren, ist, wo etwas Neues passiert. Wo etwas Neues passiert, identifiziert man sich, da geht man hin, gleich ob alt oder jung. Dort sammeln sich die Leute. Denn die Neugier und die Sehnsucht nach etwas darüber hinaus stecken in jedem ganz tief drin. Man ist nie zufrieden mit dem, was gerade ist.
Was geschieht, wenn wir singen? Ich höre da mich selbst und ich höre mich in den andern. Das ist eine unheimliche Einigung, die möglich ist mittels eines guten Liedes, bei dem man außer sich gerät und so bei den andern ist.

Sigisbert Kraft, der ehemalige alt-katholische Bischof, hat in diesem Zusammenhang einmal von „Stimm-Abgabe" gesprochen, in dem Sinne, dass ich nicht nur mich zur Sprache und Zustimmung bringe, sondern mich gleichzeitig auch in einen größeren Zusammenhang stelle.
Dem würde ich zustimmen. Das ist richtig. Die Freude eint und lässt mich nicht draufgehen. Ich werde von dieser Freude nicht weggeräumt. Bei einer Oper ist das anders, weil ich da nur zuhöre.

Aus der Liturgietheologie kommt mitunter der Vorwurf, man singe im Gottesdienst Lieder anlässlich der Liturgie, statt die Liturgie selbst zu singen.
Ich bin der Meinung, ein Großteil meiner Lieder seien solche Gebete. Den Kern des eucharistischen Hochgebetes habe ich ohnehin nie angetastet. Ich denke, damit sollte man auch vorsichtig sein.

Manche Theologen formulieren den Vorwurf, das Neue Geistliche Lied sei liturgieuntauglich, weil es unheilige Musik verwende. Ich denke an einen Beitrag Kardinal Ratzingers, der der Pop-/Rockmusik vorwarf, sie ziele unter die Gürtellinie und weise überhaupt keine Qualität auf.
Ich will Ihnen mal was sagen: Was da passiert, ist das Gleiche wie damals, als man über die ganze Menschheit das Latein ausbreitete. Niemand versteht das. Die vielfachen Kulturen wurden aus der Liturgie ausgelöscht. Die Kulturen Afrikas wurden ausgelöscht. Das Tamtam durfte nicht verwendet werden. Wo will Herr Ratzinger den Verstand herholen, zu sagen, alle Lieder, die Pop sind, taugten nichts?! „Pop" heißt „populär" und meint „das Volk". Wir sind das Volk! Besser ein bisschen unterm Strich als so hoch überm Strich, dass keiner was versteht!

Wenn Sie sich an die Textarbeit begeben, wissen Sie dann im Einzelnen, was da vor sich geht und worauf Ihr Schreiben hinausläuft?
Es ist ein natürlicher Drang, dem ich da folge. Meist tendiert etwas hin zu einem Ziel, an dem dann der Text aber schließlich gar kein orientierendes Interesse mehr hat. Claudel sagt einmal: „Kolumbus steuerte Indien an und entdeckte unterwegs Amerika." Man fängt an und ahnt nicht, wo das endet. Einen Text *machen* kann ich auch gar nicht. „Machen" ist in diesem Zusammenhang ein schreckliches Wort.

Reiner Kunze sagt einmal: „Das Gedicht sucht sich seinen Autor." Er meint damit auch etwas Autonomes, das sich den Schreiber als Werkzeug sucht. Als einen Mitgestalter, der mehr ist als ein ausführendes Organ, der aber doch auch wesentlich gebunden ist daran, dass ihm etwas zufällt.
Das ist richtig. Wenn ich anfange zu schreiben, tue ich zunächst nichts anderes, als bei mir und in mir für Ruhe und Stille zu sorgen. Seelenruhe. Ich habe das einmal für den Katholikentag in Karlsruhe 1992 mit den Worten auszudrücken versucht, dass ich in dieser Tätigkeit einem Huhn gleiche, das sich plötzlich auf befruchtete Eier niedersetzt und anfängt zu brüten. Ich kann dann auch in meiner näheren Umgebung sehr aggressiv werden, wenn ich dabei gestört werde. Da ist dann was auszubrüten aus heiligem Zwang. Zeit haben dafür und Ruhe und Stille – das ist dabei das wichtigste Gebot. Was da hochkommt, ist das, was ich gerne das „neue Junge" nennen möchte, das „neue Junge", vor dem wir selbst in Entzücken geraten, weil wir selbst uns darin wiederfinden, so neu und fremd es auch sei. Dennoch erleben wir es als das Unsere, das sich ent-hüllt. Derjenige, der durch sein Werk, sein Wort, durch sein Wirken diese Enthüllung bewerkstelligt, ist der Künstler. Er ist nur Werkzeug, das ist ihm Freude genug. Wenn sich dann auch noch andere daran erfreuen, was will einer mehr?!
Das Neugeborene, dieser ausgebrütete Text, ist dann aber ein selbständiges Geschöpf; ist nach seiner Geburt eine neue Schöpfung. Es wurde doch nur geschöpft aus dem Überfluss des Alls, der Schöpfung – davon kündet es. Dass so ein Geschöpf dann Kreise zieht, dass es – wie in dem Lied gesagt wird – „die Welt umkreist", das „macht" man nicht, nie und nimmer. Der Künstler muss hinter das Kunstwerk zurücktreten.

Haben Sie jeden einzelnen Gottesdienst, jeden einzelnen liturgischen Anlass so gewissenhaft vorbereitet, wie es hier anklingt?
Ich wiederhole auch nichts.

Daraus spricht ein großer Respekt vor der Situation und vor den Menschen, die kommen werden.
Das hat etwas mit dem Manna in der Wüste zu tun. Wir dürfen nichts verwahren. Das stinkt dann zum Himmel. Nur für heute ist das Wort, so haben Sie es ja auch jetzt in dem Beitrag für die Kirchenzeitung des Bistums Aachen über mich ganz treffend geschrieben.

Was halten Sie von dem Improvisieren, das manche Priester am Altar pflegen?
Ich habe das nie gemacht. Das eucharistische Hochgebet im Kern sollte man sowieso so lassen, wie es ist. Das ist so genial einfach! Das Verbessernwollen ist so schrecklich wie primitiv. Da kommen die von Höckchen auf Stöckchen und erfinden alles Mögliche.

Präfationen haben Sie ja einige formuliert und auch veröffentlicht, aber dann bricht das eigene Formulieren ab.
Ja, dann spricht der Eine! Dann habe ich mich an das Ordinarium gehalten. Ich würde mir das Ordinarium aber kürzer wünschen, konzentrierter auf die Hingabeworte.
Und wir kommen dann schließlich auch zu der Frage, ob da immer einer vorstehen muss, der hochgelobt und geweiht ist. Weiht das nicht selbst ein, wenn man es wahrlich gut macht?

Was wäre dann das priesterliche Amt?
[Lacht.] Was ist denn daran Amt? Hatte Jesus ein Amt? Die Formulierung halte ich für fragwürdig. Wer hat ihn den Hohenpriester genannt? Er selbst hat sich nicht so genannt. Da gibt es dann welche, die klagen: „O weh, was geht da alles flöten?" Ich sage Ihnen: „Nix geht flöten! Alles kommt!"
Wir gehen einer neuen Zeit entgegen, die es in sich hat. Ich habe das einmal in einem Text auszudrücken versucht:

vision

am rand
am strand
der welt
liegen
große
schöne
bizarre

leere
schneckenhäuser
kölner dome
petersdome
hagiasofias
karolingische
romanische
gotische
byzantinische
19.
20. jahrhundert
schneckenhäuser
daraus das leben
ausgezogen

man sieht
schwarze ströme
touristeninsekten
heraus herein
eilen
wimmeln
in einer unbegreiflichen
hektik
europa
ist zu einem
großen
christlichen museum
geworden
zum rand und strand
der welt
mit schönheit aus bronze
marmor
aus sandstein backstein
beton
europa
ein kostbares grab
das grab ist leer
der held erwacht
aber anderswo

Anhang

Tipps, Kontakte, Lesehinweise

Ausführliche Informationen, Hintergründe und vor allem zahlreiche Links zu allen Fragen rund um das Neue Geistliche Lied findet man auf dem Internetportal www.ngl-deutschland.de. Es wurde auf Wunsch der Texter, Komponisten und Diözesanreferenten für NGL von der „Arbeitsstelle für Jugendseelsorge der Deutschen Bischofskonferenz" (afj) eingerichtet.

Eine Adressliste mit den Kontaktdaten der wichtigsten Texter und Komponisten sowie der Diözesanarbeitskreise und wichtiger Verlage erhält man über das Referat für Ministrantenpastoral und musisch-kulturelle Bildung bei der afj in Düsseldorf (0211-48476621) oder unter www.ngl-deutschland.de. Dort kommt man auch in Kontakt mit jenen Künstlern, für die Gespräche zu führen im vorliegenden Band leider kein Platz mehr war (Robert Haas, Dietmar Fischenich, Johannes Keßler uvm.).

Eine aktuelle, kommentierte Literaturliste zu allen Fragen rund um das NGL führt Peter Deckert aus Köln. Sie ist zu finden unter
http://www.afj.de/download/literaturliste_2008.pdf und auch unter
http://www.ngl-deutschland.de/download/literaturliste_2008.pdf.

Eine aktuelle Auswahl neuer und einfach einsetzbarer NGL bietet das jährlich erscheinende Liedheft SONGS, das die afj im Verlag Haus Altenberg (Carl-Mosterts-Platz 1, 40477 Düsseldorf) herausgibt
(www.jugendhaus-duesseldorf.de/shop/index.php).

Regelmäßige Rezensionen von Neuerscheinungen aus dem Genre des NGL finden sich u. a. in den Zeitschriften „Unterwegs" (Mitgliederzeitschrift des Deutschen Katechetenvereins München), „Musica Sacra" (hrsg. vom Allgemeinen Cäcilien-Verband für Deutschland) und in größerer Zahl im Mitgliedermagazin von Musica e vita e. V. (Verein zur Förderung des Neuen Geistlichen Liedes, Ensdorf; www.musica-e-vita.de).

Wer tiefer in das Thema einsteigen will, dem sei die Dissertation von Peter Hahnen ans Herz gelegt. Es ist bislang die einzige katholisch-theologische Forschungsarbeit zum Thema. Sie bietet ausführliche Analysen und praktischtheologische Darlegungen zum Neuen Geistlichen Lied und ist im Buchhandel erhältlich: Das „Neue Geistliche Lied" als zeitgenössische Komponente christlicher Spiritualität, Lit-Verlag Münster 1998, ISBN 978-3-8258-3679-5. Darin finden sich auch Gespräche mit den Textern Peter Horst und Friedrich-Karl Barth (SELIG SEID IHR uvm.).

Eine CD, die aktuelle Entwicklungen des NGL seit dem Jahr 2000 dokumentiert und neue Tonträger empfiehlt, erschien im Februar 2009 unter dem Titel „Liederzünden! Neue Lieder zwischen Himmel und Erde" im tvd-Verlag Düsseldorf.

Der Autor

Dr. Peter Hahnen (geb. 1963), Kinderkrankenpfleger und Diplomtheologe, ist – nach Tätigkeit als Dramaturgie- und Regieassistent – seit Ende 2000 in der theologischen Lehre und in der Hochschulpastoral Referent für Ministrantenpastoral und musisch-kulturelle Bildung bei der „Arbeitsstelle für Jugendseelsorge der Deutschen Bischofskonferenz" (afj) in Düsseldorf. Beim Ökumenischen Kirchentag 2003 in Berlin war er Vorsitzender der Projektkommission Musik-Theater-Kleinkunst.

Von ihm stammt die erste (und bislang einzige) katholisch-theologische Dissertation zum Neuen Geistlichen Lied (Münster 1998, 2. Aufl. 2004). Er ist Autor zahlreicher Fachbeiträge zu Spiritualität, Jugendpastoral, Liturgietheologie und Kulturkritik. Einer seiner Forschungsschwerpunkte sind „Bibelmusicals". Seit 2001 ist Peter Hahnen Produktionsleiter des Liedheftes „Songs"/ „Liedheft zum Dreifaltigkeitssonntag" (Verlag Haus Altenberg/Jugendhaus Düsseldorf), das jedes Jahr gut 20 teils neue, teils bereits bewährte NGL für Gemeindearbeit, Jugendpastoral und Gottesdienst publiziert.

Im Verlag Butzon & Bercker erschien zuletzt sein Buch über den Ministrantenpatron Tarsitius („Miteinander für Gott", 2007).

Peter Hahnen ist verheiratet, Vater von zwei Kindern und lebt in Neuss.